LE LIVRE D'OR

DE LA

FAMILLE BONAPARTE

POISSY. — TYPOGRAPHIE ARBIEU.

LE

LIVRE D'OR

DE LA

FAMILLE BONAPARTE

ÉTUDES HISTORIQUES

BIOGRAPHIES ET PORTRAITS NAPOLÉONIENS

PUBLIÉS

D'APRÈS DES DOCUMENTS AUTHENTIQUES ET DES NOTES PARTICULIÈRES

RECUEILLIES ET MISES EN ORDRE AVEC LE PLUS GRAND SOIN

PAR UNE SOCIÉTÉ DE LITTÉRATEURS ET DE PUBLICISTES

TOME TROISIÈME

PARIS

ADMINISTRATION GÉNÉRALE DES PUBLICATIONS ILLUSTRÉES

A. BOURET Jne, ÉDITEUR

RUE DE LA VICTOIRE, 18

1855

L'HÉRITIER PRÉDESTINÉ

ENFANCE ET EXIL

APOLÉON, accoudé un jour, sur une table où s'étendait une carte de l'Europe, était plongé dans une de ces tristesses prophétiques qui saisissent les plus grands cœurs au sommet des prospérités humaines, il contemplait cette

France immense qu'il avait taillée à coups d'épée. « Qui, après moi, s'écria-t-il, pourra porter un pareil fardeau ! »

Et plus tard, à Sainte-Hélène, quand il réfléchissait sur les causes de cette chute immense, il définissait ainsi lui-même les conditions de l'hérédité :

« Ce qui m'a perdu, disait-il, c'est surtout que ma dynastie n'était pas assez ancienne : je me serais relevé même du pied des Pyrénées si seulement j'eusse été mon petit-fils; ce que c'est pourtant que la magie du passé !.... J'étais l'élu des Français, leur nouveau culte était mon ouvrage ; dès que les anciens ont reparu, voyez avec quelle facilité ils sont retournés aux idoles. »

Qui eût dit au vainqueur d'Iéna et de Friedland, au prisonnier de l'Angleterre, que celui-là était déjà choisi dans sa famille qui devait porter le glorieux fardeau de la France ; que celui-là était déjà marqué qui recevrait l'Empire pour en développer toutes les gloires sans en subir les malheurs ! Et cet élu de la destinée, ce n'était pas l'enfant couronné dès le berceau sous le nom de roi de Rome. La Providence avait décidé que le fils de César n'aurait en héritage que l'exil et la mort, et que l'héritier de l'avenir serait un de ces enfants dont les veines renfermaient à la fois le sang des Bonaparte et le sang de l'Impératrice déchue, de la noble Joséphine. Mystérieuse leçon donnée aux prévisions de la sagesse humaine !

C'était pendant les splendeurs de l'Empire. La France s'étendait alors de l'Arno au Zuiderzée et renfermait dans ses vastes flancs cent vingt millions d'hommes. Le 20 avril 1808, le canon tonna dans Paris et les échos de la France entière y répondirent. De Hambourg à Bayonne, de Rome à Cherbourg, l'airain sacré des églises remplit les airs de tintements joyeux. Un enfant venait de naître, héritier indirect de l'Empire, c'était Charles-Louis-Napoléon Bonaparte, second fils de Louis Bonaparte et de la reine Hortense de Beauharnais.

Le premier-né d'Hortense avait vu le jour en 1802. Il portait ces mêmes noms de Napoléon-Charles-Louis, et on se rappelle qu'il était mort en 1807, prince royal de Hollande. Un second fils était né au roi Louis, le 11 octobre 1804, et sa sainteté Pie VII l'avait baptisé sous le nom de Napoléon-Louis. L'enfant dont nous racontons l'histoire, était donc le troisième fils d'Hortense, devenu le second par la mort du prince royal. On sait quelles raisons personnelles à la reine de Hollande lui avaient fait quitter son royaume. Charles-Louis-Napoléon, c'est ainsi que nous appellerons le futur Empereur de France jusqu'à la mort de son aîné le prince Napoléon-Louis, dut à ces circonstances de naître à Paris, dans le palais impérial.

L'air brumeux de la Hollande n'avait pas été plus favorable au prince Napoléon-Louis qu'à sa mère. L'Empereur, redoutant un nouveau malheur, donna des ordres pour que l'enfant ne sortît plus de France. Le prince aîné fut donc élevé surtout à la Malmaison où il se portait à merveille, *rose et blanc*, disait Joséphine qui l'aimait avec passion, et ne l'appelait que son *petit Oui-Oui*.

Le nouveau prince, Charles-Louis-Napoléon ne fut pas immédiatement baptisé; sa naissance fut seulement constatée dans les formes voulues. En conformité de l'article XL des constitutions du 28 floréal, an XII, S. A. S. monseigneur le prince archichancelier de l'Empire avait été présent à l'accouchement. Le prince archichancelier avait reçu l'acte de naissance, assisté de S. E. M. Regnault de Saint-Jean-d'Angély, ministre d'État et secrétaire de l'état de la famille impériale. Mais, attendu l'absence de l'Empereur, le prince nouveau-né n'avait reçu aucun prénom.

Le baptême n'eut lieu, en effet, que plus de deux ans après, le 4 novembre 1810, au château de Fontainebleau. L'enfant fut tenu sur les fonts par l'Empereur lui-même, qui avait déjà servi de parrain aux deux premiers fils d'Hortense. La marraine du jeune Charles-Louis-Napoléon, fut la nouvelle impératrice Marie-Louise. On trouve la signature de l'impératrice Joséphine sur le registre civil de la dynastie impériale. Entre la naissance et le baptême s'était placé un divorce. C'est le cardinal Fesch qui procéda à la cérémonie religieuse. Le même jour, dit le *Moniteur*, et dans cette même chapelle du palais, vingt-deux enfants furent ondoyés par les mêmes mains, tenus sur les fonts par l'Empereur et par l'Impératrice. Ces compagnons de la première heure, c'étaient les enfants :

De S. A. S. le prince de Neuchâtel,
De LL. EE. le duc de Montebello,
  le duc de Bassano,
  le duc de Cadore,
  le comte de Cessac,
  le duc de Trévise,
  le duc de Bellune,
  le duc d'Abrantès.
De MM. le comte de Beauharnais,
  le comte Rampon,
  le comte Daru,
  le comte Duchâtel,
  le comte Caffarelli,
  le comte de Lauriston,
  le comte Lemarrois,
  le comte Defrance,
  le comte de Turenne,
  le comte de la Grange,
  le comte Gros,
  le baron Curial,
  le baron Colbert,
  et le comte Becker.

Charles-Louis-Napoléon fut accueilli par la France comme un gage de plus de la perpétuité de l'Empire. L'Empereur n'avait pas encore d'héritier direct et les fils du roi Louis paraissaient destinés à recueillir cette haute succession. Trois ans après, tout était changé. Napoléon avait un fils et cependant Charles-Louis-Napoléon devait occuper dans le livre de la destinée, la même place qu'un mystérieux hasard lui avait assignée dans le livre même de la famille impériale. Chose étrange, le registre de l'état civil particulier de la dynastie impériale n'avait été dressé et déposé au Sénat que quelques jours avant la naissance du prince Charles-Louis-Napoléon. Son nom fut le premier qu'on y inscrivit. Le second fut celui du roi de Rome.

La première enfance de Charles-Louis-Napoléon se passa dans l'hôtel que sa mère possédait rue Cérutti, aujourd'hui rue Laffitte. Hortense éleva ce fils comme les deux autres, en vue de ses destinées futures. Une bienveillante sévérité, qui ne fléchissait que devant la maladie, forma son corps et son âme. Cette éducation virile ne trouvait guère qu'un adversaire, la bonne et sensible Joséphine dont cet enfant était l'idole.

Quand l'éducation maternelle ne suffit plus à l'enfant, on le confia aux soins éclairés de deux hommes dont le caractère se trouva merveilleusement apte à cultiver les qualités naturelles de leur jeune élève. L'un était M. Hâse, savant helléniste, cachant sous des dehors lourds et grossiers une finesse singulière et une sensibilité vraie. L'autre, M. Lebas, fils du conventionnel, tête énergique et cœur loyal, avait gardé, au contact de la cour impériale, ses sympathies d'enfance pour la vieille liberté révolutionnaire. Tous deux s'appliquèrent à développer chez le jeune prince les sentiments naturels et la féconde simplicité de sa riche organisation. On comprend dès lors comment, élevé par sa mère dans l'amour des faibles et des souffrants, par ses maîtres dans des idées de justice et d'égalité, l'enfant impérial put échapper aux séductions ordinaires de la richesse et de la grandeur. On ne s'étonnera plus de le voir, au milieu des splendeurs de l'Empire, au milieu des respects de tous ceux qui courbaient la tête devant son jeune front, penser aux retours possibles de la fortune et décider, dans sa philosophie enfantine, qu'il vendrait des bouquets de violette si, un jour, la puissance et l'argent venaient à lui manquer.

Napoléon avait toujours marqué pour cet enfant une prédilection particulière ; et, avant la naissance du roi de Rome, il s'inquiétait souvent de la santé des deux fils d'Hortense, alors seuls héritiers de l'Empire. La nourrice du jeune prince Louis était une petite personne douce, bienveillante, brune et fort jolie, madame Bure. Un jour qu'elle avait été conduire son cher prince aux Tuileries, l'Empereur dit en levant les yeux sur elle : *Ce gaillard-là a une jolie nourrice !* Ces mots, dit mademoiselle Cochelet dans ses Mémoires, ont probablement valu à madame Bure le seul petit mouvement de vanité qu'elle ait eu dans sa vie ; son attachement pour son prince était la tendresse d'une mère passionnée, et a été le sentiment dominant de toute sa vie. Elle le suivit partout.

La naissance du roi de Rome ne changea rien à l'affection

de l'Empereur pour ses neveux. Quant à Charles-Louis-Napoléon, il y gagna un camarade de ses jeux. Une vive amitié unit bientôt les deux cousins. Au milieu de ses préoccupations immenses, l'Empereur aimait à se délasser un moment au milieu de sa petite famille. Les deux fils du roi de Hollande étaient admis, par exception, dans son cabinet quand il y déjeunait seul. Il s'assurait par lui-même des progrès de leur éducation, consultait leur jeune mémoire et interrogeait leur petit jugement. Il ouvrait parfois un Lafontaine, et, choisissant quelque jolie fable, il la leur faisait réciter, appelant avec soin leur attention sur le sens humain de ces immortels apologues.

Cependant la coalition armée menaçait la France, vaincue, au fond de la Russie, par les éléments plus encore que par les hommes. Les alliés du vaste Empire français s'en détachaient tour à tour. Bientôt le lion blessé fut entouré par ses ennemis trop nombreux. Il fallut abdiquer, partir pour l'exil. Le prince Charles-Louis-Napoléon avait six ans alors. Il resta à Paris avec sa mère, demeurée en butte aux haines et aux vengeances de la royauté restaurée. Quand un bruit s'éleva que Napoléon avait reparu sur le sol français, la pauvre Hortense fut tellement menacée qu'il lui fallut se cacher et cacher ses enfants.

Remonté sur le trône, Napoléon regarda autour de lui et, de ces trois enfants qu'il aimait tant, il n'en vit plus que deux jouer à ses côtés. L'autre, le fils de son sang, était déjà prisonnier des ennemis de la France. L'affection de Napoléon pour ses neveux ne fit que s'accroître de cette douloureuse absence.

Vint la catastrophe suprême. Le conseil de régence décida le départ de l'Impératrice. En vain Hortense s'écriait-elle du fond de son cœur français : On perd à plaisir la France et l'Empereur. On neutralisa la défense. Il fallut céder. Un message du roi Louis lui redemandait ses enfants. Elle partit le 29 mars, deux jours après Marie-Louise.

Dans ces jours douloureux de 1814 et de 1815, comme si l'enfance trouvait dans son instinct cette justesse de sentiments qui manque si souvent à la réflexion des hommes, deux enfants montrèrent à quitter Paris plus de répugnance que bien des généraux dévoués. L'un, c'était le roi de Rome, s'accrocha de ses petites mains suppliantes aux meubles de l'appartement impérial. L'autre, c'était Charles-Louis Napoléon, s'écriait qu'il aimait mieux rester et qu'il saurait bien se battre pour son oncle.

Et ce n'était pas la première fois que se montrait chez le jeune prince cette généreuse sensibilité. Quand Napoléon allait partir pour sa dernière campagne, l'enfant, qui ne devait plus le revoir, avait eu comme un pressentiment de cet immense malheur. Il avait voulu s'opposer à ce départ de toute la force de son affection et de ses naïves terreurs. Écoutons un témoin peu suspect dont le récit, publié il y a longtemps à Londres, renferme des traits singuliers qu'on croirait écrits d'hier pour justifier et pour annoncer une grandeur alors impossible à prévoir.

J'avais été, dit-il, introduit auprès de l'Empereur. Il paraissait triste et soucieux, quoique sa voix fût brève et accentuée, sa pensée claire et précise. J'écoutais avec la plus profonde attention tout ce qu'il me disait, lorsque, détournant les yeux par hasard, je m'aperçus que la porte par laquelle était entré l'Empereur, était restée entr'ouverte. J'allais faire un pas pour la fermer, quand je vis tout à coup un petit enfant se glisser dans l'appartement et s'approcher de l'Empereur : c'était un charmant garçon de sept à huit ans, à la chevelure blonde et bouclée, aux yeux bleus et expressifs. Sa figure était empreinte d'un sentiment douloureux ; toute sa démarche révélait une émotion profonde qu'il s'efforçait de contenir.

L'enfant, s'étant approché, s'agenouilla devant l'Empereur, mit sa tête et ses deux mains sur ses genoux, et alors ses larmes coulèrent en abondance.

— Qu'as-tu, Louis ? s'écria l'Empereur d'une voix où perçait la contrariété d'avoir été interrompu ; pourquoi pleures-tu ? — Sire, ma gouvernante vient de me dire que vous partiez pour la guerre. Oh ! ne partez pas ! ne partez pas ! — Mais pourquoi ne veux-tu pas que je parte ? ajouta l'Empereur d'une voix subitement adoucie par la sollicitude de son jeune neveu, car c'était le jeune Louis-Napoléon lui-même, le jeune favori de l'Empereur ; pourquoi ne veux-tu pas, mon enfant ! lui disait-il en relevant sa tête et en passant sa main dans ses blonds cheveux. Ce n'est pas la première fois que je vais à la guerre : pourquoi t'affliges-tu ? Ne crains rien, je reviendrai bientôt.

— Oh ! reprit le jeune prince, toujours en pleurant, oh ! mon cher oncle, c'est que les méchants alliés veulent vous tuer ; oh ! laissez-moi aller, mon oncle, laissez-moi aller avec vous !

Ici l'Empereur ne répondit rien ; la tendresse de cet enfant lui allait au cœur. Il prit le jeune prince sur ses genonx, le serra dans ses bras et l'embrassa avec effusion. En ce moment, animé par cette scène touchante, je ne sais quelle idée me passa par la tête, j'eus la sottise de parler du roi de Rome, alors prisonnier de l'Autriche.

— Hélas ! s'écria l'Empereur, qui sait quand je le reverrai ?...

L'Empereur paraissait profondément ému. Bientôt, reprenant toute la fermeté de sa parole : — Hortense ! Hortense ! appela-t-il ; et comme la reine s'était empressée d'accourir, il lui dit : Tenez, emmenez mon neveu, et réprimandez sévèrement sa gouvernante, qui, par des paroles inconsidérées, exalte la sensibilité de cet enfant. Puis, après quelques paroles douces et affectueuses au jeune prince pour le consoler, il allait le rendre à sa mère, quand, s'apercevant sans doute combien j'étais attendri : — Tenez, me dit-il vivement, embrassez-le. Il aura un bon cœur et une belle âme. Et pendant que je couvrais le jeune prince de mes baisers et de mes larmes : Eh! mon cher, ajouta-t-il, *c'est peut-être l'espoir de ma race!!*

Singulière intuition de l'avenir!

On le sait, après la seconde invasion, la reine Hortense se retira à Augsbourg, et depuis à Constance. Mais, avant de se fixer sur la terre étrangère, elle avait dû se décider à une séparation cruelle. Effrayée des attentats commis en France contre les partisans de Napoléon, la reine pensa qu'à Rome, et près de son père, son fils aîné serait plus en sûreté. Le prince Napoléon partit. L'isolement dans lequel resta le prince Charles-Louis fut d'autant plus pénible qu'il n'avait jamais quitté son frère. Cet aimable enfant, dit mademoiselle Cochelet, lectrice de la reine Hortense, était d'un caractère doux, timide et renfermé; il parlait peu, mais son esprit, à la fois vif, réfléchi, pénétrant, s'exprimait par des mots heureux, plein, de raison et de finesse, que j'aimais à recueillir et à répéter. Il fut si affligé du départ de son frère, qu'il en tomba malade et eut une jaunisse, qui heureusement fut sans danger.

La situation matérielle de cette partie de la famille exilée n'était pas brillante. Par la première convention, stipulée à Fontainebleau, la reine et ses deux enfants avaient reçu à part quatre cent mille francs, et elle avait dû lutter de toute sa dignité outragée, pour faire consacrer son titre de reine, qui lui fut enfin donné d'une manière évasive. Encore, cette concession ne fut-elle pas gratuite. Le gouvernement royal n'avait pas eu honte de reprendre un million de rente sur le Trésor et une inscription de cinq cent mille francs, également de rente, que Napoléon avait assurés à Hortense ; en outre, une partie des bois de Saint-Leu avait été rendue au prince de Condé. Enfin, sur le trésor particulier de Napoléon, six cent mille francs qui lui revenaient, ainsi qu'à sa mère Joséphine, avaient été déposés, par le ministre du Trésor, chez le receveur général de Blois, et cette somme avait été remise au duc d'Angoulême.

Lors de la chute définitive de l'Empire, cette situation n'avait fait que s'aggraver. Le dévouement de la reine à l'Empereur lui avait fait perdre ses ressources les plus claires. Elle avait su faire accepter à Napoléon partant, croyait-il alors, pour l'Amérique, un magnifique collier d'une valeur de huit cent mille francs. En retour de ce bijou, l'Empereur avait voulu qu'Hortense acceptât une délégation réservée sur sa liste civile. Le gouvernement royal s'en empara. Au reste, ce collier, dernière preuve du dévouement de la reine, fut remis plus tard à M. de Montholon par l'Empereur à son lit de mort, et l'exécuteur testamentaire eut le bonheur de le rendre à la reine, qui put le céder au roi de Bavière pour une pension viagère de vingt-trois mille francs. La pension ne fut payée que deux ans.

Au moment où la reine avait quitté Paris, qu'elle ne devait plus revoir, elle n'avait pas même l'argent nécessaire à un premier établissement. On ne lui payait plus sa pension. Elle dût vendre quelques tableaux : l'un d'entre eux lui fut payé seize mille francs par le prince Talleyrand.

Poursuivie à Augsbourg et à Constance par l'inquiète animosité des Bourbons, la reine, dans ces retraites que lui disputait une ombrageuse diplomatie, se livra courageusement à l'éducation du seul fils qui fût resté près d'elle. Est-il nécessaire de dire que cette éducation, déjà si forte et si sévère dans la grandeur, était devenue plus mâle encore et plus appropriée aux destinées qui s'ouvraient pour le jeune prince. Loin de lui apprendre à jeter en arrière un regard douloureux, sa mère lui donnait cette fermeté de caractère qui le soutint plus tard dans la mauvaise et dans la bonne fortune. Nos malheurs, avait-elle coutume de dire, sont une bonne école pour mes enfants. Il faut qu'ils en profitent. On ne se fait une âme forte que par les revers, et je serais bien coupable de ne pas utiliser les tristes circonstances qui nous accablent pour donner à mes fils une leçon qu'ils n'oublieront jamais. Les peuples, ajoutait-elle, seraient mieux compris, mieux gouvernés, si tous les princes avaient pu être malheureux dans leur jeunesse.

L'étude des langues anciennes et modernes était confiée à la direction du bon abbé Bertrand. La mère s'était réservé les arts d'agrément dans lesquels elle excellait. Elle enseignait à son fils le dessin, la musique, la danse. Des lectures appropriées à l'intelligence de l'enfant le préparaient à des études plus sérieuses : c'étaient des histoires anecdotiques, des voyages qui servaient de prétexte à d'amusantes leçons

de géographie. Le samedi de chaque semaine était consacré à une répétition générale de tout ce qu'on avait appris pendant les six jours, et rien ne rebutait Hortense dans cette tâche maternelle, ni les explications techniques, ni même le latin appris par cœur. Enfin, et c'était là la part la plus douce de sa tâche, elle lui faisait elle-même le catéchisme, et c'est sur les genoux de sa mère qu'il apprenait à confesser pour la première fois les sublimes vérités de notre religion.

Un printemps vit réunis quelques-uns des débris de la famille. Hortense visita son frère à Berg, sur le lac Wurmsée.

Là, le prince Eugène habitait une maison de plaisance du roi de Bavière. Ce fut une grande joie que cette réunion trop peu durable, joie profonde pour la sœur et pour le frère, joie enfantine pour le cœur aimant du prince qui se vit environné de cinq petits camarades, quatre cousins et une cousine.

L'été vint, et la reine, toujours souffrante, alla passer l'été dans les montagnes de la Suisse, à Gaiss, près d'Appenzell. La diplomatie semblait avoir oublié d'épier ses démarches. Elle était heureuse dans cette atmosphère de liberté. Loin de trouver, comme lors de son premier passage en Suisse, des hôtes effarés que troublait l'ombre invisible de la Sainte-Alliance, Hortense recevait les visites de ces braves gens des montagnes qui s'inquiétaient peu de déplaire aux rois de la terre. Le landamman du canton d'Appenzell ne craignit pas de rendre à la reine exilée des hommages respectueux, et les magistrats du canton de Thurgovie firent proposer à celle qu'on appelait alors la duchesse de Saint-Leu, de s'établir sur leur territoire. La reine retourna à Constance, mais non sans accepter pour l'avenir cette offre bienveillante.

L'hiver, à Constance, était la grande saison de travail pour le prince. Ce qu'on avait appris un peu au hasard dans les courses de la montagne ou du lac, toutes ces notions pratiques que sa mère et l'abbé Bertrand avaient semées comme un germe fécond dans sa jeune intelligence, on les développait, on les commentait pendant les longues soirées au coin du feu.

Cependant le double caractère de l'enfant commençait à se dessiner. Aimant, réfléchi, il apprenait et retenait à merveille ; mais les premières lueurs de l'adolescence révélaient déjà l'ardeur cachée de sa nature. Bon et doux quand on s'adressait à sa sensibilité si exquise, il se laissait aller par moment à une pétulance qui rendait tous les jours sa surveillance plus difficile. L'instruction n'en souffrait pas, grâce à la vivacité singulière de cette précoce intelligence ; mais la mère et le précepteur voyaient quelquefois avec effroi les emportements romanesques de son caractère. Sa générosité naturelle avait, dans quelques occasions, les allures d'un dévouement enthousiaste.

Un jour, c'est mademoiselle Cochelet qui raconte cette significative anecdote, le prince qui, à l'heure de ses récréations, avait l'habitude de jouer avec un de ses camarades, fils du meunier du pont du Rhin, disparut pendant quelques heures. La mère était déjà en proie aux plus affreuses angoisses, et l'abbé Bertrand, suivi des gens de la reine, se disposait à battre les environs, quand on le vit revenir. Il arrivait en manches de chemise, marchant pieds nus dans la boue et dans la neige. Il fut un peu embarrassé d'être vu dans un accoutrement si différent de ses habitudes. On voulut à l'instant savoir pourquoi il se trouvait dans cet état ; il conta qu'en jouant à l'entrée du jardin, il avait vu passer une pauvre famille si misérable, que cela faisait peine à voir ; n'ayant pas d'argent à leur donner, il avait chaussé l'un des enfants avec ses souliers, et habillé l'autre de sa redingote. Que de traits semblables on aurait pu recueillir dans la suite comme une preuve de son bon cœur et de sa générosité !

Telle fut l'enfance du prince jusqu'à ce jour solennel qui est comme l'initiation à l'adolescence et comme la prise de possession de la personnalité. Charles-Louis-Napoléon reçut la confirmation dans la vieille cathédrale d'Augsbourg, par les mains du vénérable chef du diocèse, et sous le patronage du prince Eugène, qui portait à son neveu une affection de père.

Cependant les terreurs haineuses de la Restauration n'avaient pas cessé de veiller autour de la retraite paisible de la pauvre mère. De nouvelles persécutions s'élevèrent plus ardentes, et le grand-duc de Bade reçut ordre de chasser la reine de ses États. C'est alors qu'Hortense se rappela l'offre généreuse des citoyens du canton de Thurgovie. Déjà elle avait eu l'occasion, dans un premier voyage, d'admirer la riante exposition d'Arenenberg, petit manoir gothique, bâti à mi-côte sur un petit promontoire d'où la vue s'étendait sur un lac bleu dans lequel brillait, comme une émeraude, l'île verdoyante de Raickman. Dans une des découpures dentelées du lac se dessinait le clocher pointu d'une petite église de village. C'était Mannback, avec ses maisons rustiques, descendant vers le lac dans un joyeux désordre. Au-dessus s'élevait le vieux burg de Salstein, vieux nid d'aigle, ancien repaire de quelque baron pillard. Rien de gracieux et de sévère à la fois comme ce petit tableau qu'encadraient les sombres pics à la noire chevelure de sapins. C'est dans cette sauvage retraite, au pied des glaciers du Cintis, que s'établit la reine, espérant y trouver le repos.

L'été de 1818 fut signalé par un grand bonheur pour les deux exilés. Hortense obtint de son mari qu'on lui envoyât son fils aîné pour quelques mois. Ce fut une joie inexprimable pour le jeune prince de revoir cet ami de sa première enfance, dont le départ lui avait été si pénible. Tous deux parcoururent ensemble les montagnes que le jeune prince connaissait si bien. Il aimait à guider son frère aîné dans ces sentiers étroits qui pendent au flanc des glaciers et sur lesquels il avait plus d'une fois exercé son adresse et sa vigueur naissante. Ce fut alors pour la première fois que l'enfant de dix ans se vit permettre ces exercices plus virils auxquels son frère, âgé de seize ans, voulut l'initier lui-même. Monter un cheval, manier des fleurets, tirer le pistolet sur une cible improvisée, lutter de vitesse dans les eaux du lac, tels furent les jeux des deux frères. Le plus jeune se livrait avec son ardeur habituelle à ces nouveaux plaisirs. Dès lors, la gymnastique, cette rude école des hommes fut, sous toutes ses formes, le délassement de ses études.

Lorsque sonna l'heure fatale qui devait marquer la mort du prisonnier de Sainte-Hélène, Charles-Louis-Napoléon n'était déjà plus un enfant.

L'EMPEREUR EST MORT :

VIVE L'EMPEREUR!

NE tâche, plus haute que celle d'écrire l'histoire d'un homme ou celle d'une famille, a été entreprise par nous. Quelque grand et puissant que soit cet homme, quelque glorieuse que soit cette famille, il y a quelque chose de plus grand et de plus glorieux encore, c'est l'idée qu'ils représentent. Nous retraçons ici les annales de l'idée napoléonienne. Aussi, que le représentant de l'Empire populaire soit prisonnier de l'Angleterre et de l'Autriche, qu'il s'éteigne lentement dans les salons dorés de Schoënbrunn ou qu'il grandisse en silence dans le cachot de Ham, l'idée impériale n'en vit pas moins au fond des cœurs, n'en a pas moins sa place dans les faits comme dans les sentiments généraux. Depuis l'abdication suprême, arrachée par la violence, jusqu'à la mort du héros, obtenue par les tortures, l'idée napoléonienne n'a pas eu un instant d'interrègne. Nous voulons constater en quelques traits la persistance de l'Empire au-dessus des nécessités imposées à la France par la coalition étrangère qui lui ramenait la famille des Bourbons.

La royauté restaurée était entrée en France par la brèche qu'y avait faite l'épée de la Sainte-Alliance. L'escorte de la monarchie *légitime* avait été vue composée de Cosaques, d'Anglais et de traîtres. Et si quelques concessions forcées avaient été faites à l'esprit révolutionnaire, si le respect des libertés nouvelles avait dû être juré, on savait ce que pensaient de ces faiblesses les anciens émigrés, le comte d'Artois, les *vrais royalistes*. Faire amende honorable à la révolte, composer avec des sujets coupables, c'était selon eux un crime, une honte. Aussi la cocarde tricolore était restée dans les cœurs, et le pays ne pouvait croire qu'un roi donné par l'étranger fût une compensation suffisante à son territoire violé, à ses campagnes dévastées, à ses musées spoliés, à ses finances au pillage.

C'était surtout dans sa force vive, l'armée, dans son sentiment le plus intime, l'honneur, que la France avait souffert. Du jour où le grand chef militaire avait été perdu, il avait semblé que l'armée n'eût plus de raison d'être. Un seul lien retenait les fragments de ce grand corps, le souvenir. Napoléon vivait encore pour l'armée et marchait encore à sa tête. On se redisait ces dernières paroles : « Soldats! je suivrai vos pas quoique absent. Je connais tous les corps, et aucun d'eux ne remportera un avantage signalé sur l'ennemi que je ne rende justice au courage qu'il aura déployé : vous et moi, nous avons été calomniés. Des hommes indignes d'apprécier vos travaux ont vu, dans les marques d'attachement que vous m'avez données, un zèle dont j'étais seul l'objet; que vos succès futurs leur apprennent que c'était la patrie, par-dessus tout, que vous serviez en m'obéissant; et que si j'ai quelque part à votre affection, je la dois à mon ardent amour pour la France, notre mère commune. »

Voilà cette parole française qui enfantait des miracles et dont l'écho survivait seul au milieu des ruines de la patrie. Aujourd'hui, ceux qui avaient l'honneur de commander à la seule armée du monde digne d'entendre un pareil langage, ceux-là consentaient à démanteler la France et à mettre ses frontières entre les mains de l'étranger. On fortifiait la Belgique et on y créait une sorte de tête de pont contre la

France. Sarrelouis, Landau, ces vieux présents de Louis XIV et de Vauban, allaient enrichir l'Allemand. Cette admirable ceinture de places fortes dont le grand roi avait entouré la patrie, cette élastique frontière de petits États dont la ligne nous préservait du contact de l'ennemi, tout cela disparaissait dans un congrès. L'ennemi ne devait se retirer qu'en emportant les clefs de la France. Oublierait-on jamais que les Bourbons avaient donné, en retour à la Sainte-Alliance, cinquante-trois places fortes, un matériel immense, quinze mille canons, quarante-deux vaisseaux, des lambeaux de notre territoire, et par-dessus le marché l'honneur national? Le honteux traité de Paris fut pour la monarchie restaurée comme son billet de logement aux Tuileries. Elle aurait dû y faire graver cette inscription : *A l'ennemi, la Restauration reconnaissante.*

La monarchie se couchait dans le lit de la Révolution et de l'Empire.

Les habiles cependant cotisaient leur génie pour arrêter l'histoire ; les protocoles s'élevaient par centaines, digues impuissantes opposées au développement des nations. On refaisait dans un salon la carte de l'Europe : les princes se disputaient des lambeaux de province. Quant aux peuples, il n'en était pas question. A eux seulement de payer la mise de ce jeu de diplomates.

Mais ce n'était pas assez de signer la honte d'une nation qu'on prétendait à gouverner. Il fallut encore mettre entre elle et le trône une barrière de haine et de sang. Cinquante-sept généraux et officiers furent arrêtés ou proscrits, voués à l'exil, à la ruine et à la mort. L'armée de la Loire fut disloquée et mise en suspicion. Chaque soldat, fils de propriétaire, de cultivateur ou d'artisan, était retourné dans ses foyers, emportant au fond du cœur les regrets de la gloire passée, la honte de l'humiliation présente. Les fils de tels pères pouvaient-ils rien oublier ?

Et bientôt de nouvelles causes de haine vinrent se joindre à ces hontes descendues du trône. La monarchie nouvelle fut étrangement commentée par ses partisans. Le pillage et les massacres de Marseille, de Nîmes et d'Uzès ; l'assassinat de Brune, de Lagarde et de Ramel répondirent, dans les passions populaires, à l'exécution des frères Faucher, de Labédoyère et de Ney !

La réaction royaliste une fois calmée, la France une fois rentrée en possession d'elle-même au prix de sa honte et d'un milliard et demi de rançon, on se retrouva au dedans en face d'un terrible problème à résoudre. Avec la charte octroyée, la liberté n'était pour la France qu'une concession, une exception. Elle n'arrivait pas à la hauteur d'un droit. Il avait bien fallu lui accorder une sorte d'existence légale ; mais elle était tenue en suspicion. Comme un condamné qui a fini son temps, elle était mise en surveillance. Représentant officiel d'un système de liberté, la royauté de la charte était absolue par instinct. La lutte commença dès le premier jour entre l'ancien régime et la Révolution, entre le gouvernement restauré et les générations de la République et de l'Empire.

La République ! c'est qu'en effet, ce vieux mot, cette vieille forme de gouvernement redevenait une des faces de l'esprit d'opposition. Pourquoi cette grande ombre de la République n'avait-elle pas apparu un moment sous l'Empire pour réveiller les terreurs passées, pour ranimer les espérances d'autrefois. C'est que, si Napoléon avait mis, le 18 mai 1804, une couronne impériale sur sa tête, il n'avait pas rendu à ce pouvoir nouveau tous ces droits surannés, à jamais anéantis par la révolution française ? Avait-il réclamé les droits féodaux ? Avait-il groupé autour de lui une noblesse exclusive et privilégiée ? Où étaient le droit d'aînesse, un clergé, ordre dans l'État, la vénalité des offices, la confusion du trésor public dans celui du roi, l'inégalité ou l'exemption des impôts ? Non, il faut bien le reconnaître, il n'y avait sous Napoléon d'absolu que Napoléon. Quant à sa monarchie, regardez-la, et vous verrez un empire constitutionnel, fondé sur la liberté des personnes, sur le respect des cultes, de la propriété, sur l'égalité civile et politique, sur l'admissibilité de tous à tous les emplois, sur les distinctions accordées au mérite, sur la séparation des deniers de l'État d'avec le trésor du souverain, sur la publicité de l'administration financière. Tel fut l'esprit dont il dota toutes ses créations européennes : les royaumes de Naples, de

Hollande, de Westphalie, d'Italie, le grand-duché de Varsovie, l'Espagne. Toutes les dérogations à ces libertés fondamentales sont des exceptions personnelles, souvent justifiées par des nécessités extraordinaires. Jusqu'au dernier jour, Napoléon a été le civilisateur libéral qui disait au Directoire, à son retour de Radstadt : « De la paix que vous venez de conclure, date l'ère des gouvernements représentatifs. »

Que si une opposition plus phraseuse que redoutable, plus taquine que guerrière avait timidement protesté dans quelques salons littéraires, ou dans l'exil volontaire des bords du lac de Genève, on n'avait pu voir dans ces tracasseries sans portée que des vanités blessées. Amours-propres de poëtes ou de femmes, c'est à cela que se borne l'opposition sous l'Empire.

Un soir, dans les salons de Talleyrand, au milieu d'une réunion qui renfermait tout ce que Paris pouvait citer d'illustrations diverses, madame de Staël poursuivait Bonaparte de ses prétentieuses agaceries. Elle lui demanda à haute voix « quelle était la femme du temps présent et des siècles passés qu'il estimait la plus grande. » Madame, répondit Bonaparte, c'est celle qui a fait le plus d'enfants. Et comme Corinne insistait, mendiant un éloge galant, et reprochait au héros de n'être pas un grand admirateur du beau sexe : — J'aime beaucoup ma femme, répliqua Bonaparte.

Madame de Staël ne pardonna jamais.

Quant à l'opposition politique, elle ne se révéla que dans

les circonstances les plus tristes; elle ne leva la tête que lorsque l'ennemi était aux portes, se rendant ainsi complice des malheurs du pays par d'impuissants et inopportuns bavardages. L'opposition constitutionnelle, parlementaire, ne date que de la Restauration. Et cela est singulier à noter, les différents partis qu'elle fit éclore n'eurent rien de français, rien qui sortît du sol de la patrie. Séduits par les incontestables grandeurs de la société britannique, un certain nombre d'esprits sérieux et sincères considéraient les institutions anglaises comme le type immuable à proposer aux imitations de toutes les sociétés modernes. Une étude superficielle et inexacte de ces institutions leur avait persuadé que le nœud même et comme le secret de la liberté prospère était dans le morcellement de l'autorité royale. Ils n'avaient pas vu que ce gouvernement, aux pouvoirs équilibrés, était le fruit naturel d'une civilisation originale. Cette production du sol britannique, ils crurent pouvoir la transplanter dans des terres différentes et sous des climats opposés.

Toutes ces subtilités parlementaires, toutes ces luttes courtoises dont le prix est en fin de compte l'apaisement d'une ambition satisfaite, une curée de places et d'honneurs, tout ce mécanisme exotique n'avait aucune racine dans les entrailles de la nation. Deux religions politiques avaient seules pu conserver des adorateurs secrets : la République avec ses crimes grandioses, l'Empire avec sa bienfaisante et glorieuse unité. De Sainte-Hélène venait, de fois à autre, une voix dont le son faisait battre les cœurs. Cette voix disait : « J'ai refermé le gouffre anarchique et débrouillé le chaos. J'ai *dessouillé* la révolution, ennobli les peuples et raffermi les rois. J'ai excité toutes les émulations, récompensé tous les mérites et reculé les limites de la gloire. Tout cela est bien quelque chose.»

Et la voix ajoutait encore : « L'Europe sera républicaine ou cosaque. » Parole suprême qui n'a été ni la menace du génie détrôné, ni la malédiction d'un grand cœur étonné et contristé de sa chute, mais la prophétique annonce de la démocratie nouvelle incarnée dans l'unité impériale.

Tant que la chambre élective resta l'écho de ces accents patriotiques, tant que les Manuel, les Foy, les Lafayette prirent à tâche de faire entendre à la tribune la voix même de l'honneur national, l'opinion publique fut avec les défenseurs de la religion secrète de tout un peuple opprimé. Aussi, pendant les premières années de la Restauration, les sociétés secrètes, les conspirations furent toutes militaires. La conjuration qui avorta à Paris, le 19 août 1820, avait été organisée exclusivement par des officiers en activité de service ou en demi-solde. A la trame rompue le 19 août, succéda, dans les départements de l'Ouest, une vaste association comptant des milliers d'affidés dans les villes et dans les villages des deux rives de la basse Loire. Les *Chevaliers de la liberté*, ces impérialistes fidèles qui s'étaient réunis dès le lendemain de la première abdication, couvraient la France de leur invisible réseau. L'école de Saumur, naguère d'un royalisme agressif, la batellerie de la Loire s'organisaient en silence par les soins de Grandménil et des Gauchais. Joubert et Dugied, conspirateurs du 19 août, rapportaient d'Italie, où ils avaient cherché un refuge, les statuts d'une association fameuse, les *Carbonari* napolitains. Quelques étudiants, les Buchez, les Guinard, des employés, Bazard et Flottard, constituèrent une charbonnerie française. Les Cauchois-Lemaire, les Ary-Scheffer, les Lafayette, les Jacques Kœchlin, les Mérilhou, les de Schonen apportèrent à la société le prestige de leurs talents et de leurs noms, et bientôt les ventes se multiplièrent ; bientôt la charbonnerie se partagea la France en trois grandes divisions, l'est, le midi, l'ouest. De 1817 à 1820, le parti libéral avait pu espérer d'arrêter la contre-révolution et de rendre une monarchie possible. Mais la loi du double vote avait enlevé tout espoir de donner aux idées révolutionnaires une majorité dans l'avenir. La force seule devait être invoquée désormais.

En effet, il y a ceci de remarquable dans ces premiers mouvements de l'esprit populaire que, d'un commun accord, toutes les tentatives de résistance sont des tentatives militaires. Rien n'est donné aux principes, tout à l'insurrection armée, parce qu'un seul principe est au fond de toutes les oppositions, l'honneur national, un seul moyen, le rétablissement de l'Empire. La chute a été commune à la dignité de la France et à l'établissement napoléonien.

Un événement, trop prévu, vint consacrer ces aspirations populaires. Les tortures morales et physiques infligées au martyr d'Hudson Lowe délivrèrent enfin l'Angleterre de ses honteuses terreurs. Le 5 mai 1821, celui vers lequel la France tournait ses yeux dans son abaissement cessa d'exister. « Grands hommes, voulez-vous avoir raison demain ? s'écrie quelque part Mirabeau, mourez aujourd'hui. » Napoléon, lui aussi, avait dit : « Il n'y a d'avenir pour moi que quand je ne serai plus. La calomnie ne peut m'atteindre que de mon vivant. » Aux officiers anglais qui, pour réhabiliter leur patrie, lui proposaient des moyens d'évasion, il avait répondu avec l'intuition du génie : « Nul ne peut éviter son destin. Tout est écrit là-haut. Il n'y a que mon martyre qui puisse rendre la couronne française à mon fils. Joseph est en Amérique; qui songe à lui ? Je ne vois aux États-Unis qu'assassinat ou oubli. J'aime mieux Sainte-Hélène. »

On l'eût assassiné peut-être : on ne l'eût certes pas oublié. Mais le martyre consacrait sa race et il eut raison de se dévouer au martyre.

Écoutons un homme éminent, dont les convictions républicaines ne peuvent être suspectes, M. Achille de Vaulabelle. Il constate ainsi cette glorification de la douleur, cette exaltation par la torture. La captivité de Sainte-Hélène, dit-il, restera pour l'Angleterre une souillure ineffaçable ; elle aura imprimé à la mémoire de Napoléon le caractère presque religieux qui s'attache dans le souvenir des peuples aux grandes infortunes, aux vies héroïques consacrées par le martyre.

Cette mort terrible éveilla dans le monde entier de sinistres échos. Le ministère anglais qui s'en était souillé avait, en partie, expié son infamie. Lord Castelreagh, renié par les siens, s'était fait justice de ses propres mains. Lord Liverpool avait été frappé de Dieu dans sa raison. L'ignoble geôlier de Sainte-Hélène reçut, en argent, le prix de son crime, mais se vit relégué dans l'administration de possessions coloniales lointaines. Il y mourut presque misérable. Un jour, vers la fin de sa triste carrière, il entra dans une salle de spectacle anglaise, s'assit à côté de spectateurs anglais : la salle fut vide en un instant! Et cependant le crime était bien celui de l'Angleterre. Dans la grande assemblée des nations, que feraient les peuples de la terre si, à l'apparition de la nation criminelle, une voix s'élevait prononçant ces paroles vengeresses du testament napoléonien :

« Je lègue l'opprobre de ma mort à la maison régnante d'Angleterre. »

En France, la douleur fut d'autant plus immense qu'elle fut plus comprimée. L'émotion patriotique fut reléguée dans le foyer domestique. La censure imposait silence aux journaux. Le buste napoléonien, la gravure du tombeau furent couronnés d'immortelles dans la chambre la plus retirée de la maison. On pleura en silence : on se reconnut à la douleur respectueuse qui voilait la physionomie, au bouquet de violettes qui fleurissait, en signe de deuil, à la boutonnière. La colonne impériale vit passer bien des visiteurs muets qui payaient à une mémoire chérie l'offrande d'une larme tombée du cœur. A la chambre des députés, il y eut, même parmi les partisans fanatiques de la légitimité, un mouvement de dégoût contre des insultes qui ne s'adressaient plus aujourd'hui qu'à un martyr. Un homme, il faut que l'histoire flétrisse ce nom de valet, Duplessis de Grénedan, poursuivit encore du nom d'usurpateur celui qui était déjà dans la tombe. « Il est mort, » s'écria un membre de la gauche. — Il y a des gens, répliqua le courtisan, qui pourraient crier : *l'Empereur est mort, vive l'Empereur!* » La chambre tout entière protesta, en se retirant, contre une si lâche insulte.

Et il avait raison sans le savoir, cet homme. L'Empereur est mort, vive l'Empereur! Car désormais l'Empereur ne peut mourir. Son nom, sa race sont liés au génie même, à la vie de la France. Lui vivant, l'Empire était un accident sublime, un météore isolé dans le ciel de l'humanité. Lui mort, on s'étonne qu'il ait pu mourir : la vive imagination du peuple n'admet pas que Napoléon puisse cesser d'exister.

Qui ne se rappelle ce charmant conte de Balzac qui commence au Carrousel. L'Empereur est au pied du pavillon de l'Horloge; il est entouré de son état-major, et devant lui défilent, animées, toutes les strophes du poëme merveilleux qui s'agite dans sa tête mélancolique. Les étendards multicolores flottent, les aigles déploient leurs ailes d'or, les clairons sonnent, les tambours battent, on part. On part, et le champ de manœuvre de cette armée fantastique, c'est l'Europe : on part, et tout ces héros de l'Iliade moderne ne reviendront que pour se ranger dans leur blanc linceul de marbre au grand salon des Victoires, à Versailles. Là ils s'endormiront dans une éternelle et glorieuse immobilité. Seulement, par certaines nuits pleines d'épouvantes et de souvenirs, le crayon poétique de Raffet les époquera, et ils viendront se ranger encore, sous les voûtes sonores de l'Arc de Triomphe gigantesque, pour défiler à la grande et fantastique revue

> Qu'à l'heure de minuit
> Tient César décédé.

PREMIERS ACTES.

RÉVOTUTION DE FRANCE. — INSURRECTION D'ITALIE.

A mort de Napoléon fut une grande douleur pour les hôtes d'Arenenberg; mais leur confiance dans l'avenir impérial n'en fut pas ébranlée. A Napoléon Ier succédait, dans leurs respects et dans leurs espérances, Napoléon II. Celui que la fidélité populaire avait suivi jusque dans l'exil, revivait dans son fils. Les conspirations qui agitèrent la France, à partir de 1821, n'eurent qu'à changer le numéro de leur cocarde. Le complot militaire de Béfort, le guet-apens fatal à Caron, le coup de main avorté de Saumur eurent pour mot d'ordre le cri de : *Vive Napoléon II!* De tous ces nobles enfants qui portèrent alors leur tête sur l'échafaud politique, un seul, Saugé, poussa ce cri, inconnu à la génération nouvelle, et qui ne réveillait aucun souvenir sympathique dans la France impériale : *Vive la République!*

C'est que les dernières paroles de l'Empereur mourant avaient renouvelé, au profit de son fils, le pacte conclu entre lui et la France. Il l'avait recommandé : « Aux peuples » et surtout *au peuple français*.

Voici la partie du testament de Sainte-Hélène qui concernait ce fils si cher, sa dernière pensée avec la France :

« 4° Je recommande à mon fils de ne jamais oublier qu'il est né prince français, et de ne jamais se prêter à être un instrument entre les mains des triumvirs qui oppriment les peuples de l'Europe. Il ne doit jamais combattre ni nuire en aucune manière à la France; il doit adopter ma devise : « Tout pour le peuple français. »

» Je lègue à mon fils les boîtes, ordres et autres objets tels qu'argenterie, lit de camp, armes, selles, éperons, vases de ma chapelle, livres, linge qui a servi à mon corps et à mon usage, conformément à l'état annexé, côté A. Je désire que ce faible legs lui soit cher, comme lui retraçant le souvenir d'un père dont l'univers l'entretiendra. »

Deux ans après, l'armée française était chargée de cette tâche honteuse qu'interdisait à jamais à son fils, prisonnier de l'étranger, le mourant de Sainte-Hélène. Elle allait opprimer le peuple d'Espagne et tuer la liberté de l'autre côté des Pyrénées. L'armée partit à contre-cœur, escortée par ce couplet railleur et menaçant du poëte :

> Brav' soldats, v'la l'ord' du jour;
> Point d' victoire
> Où n'y a point d' gloire !
> Brav' soldats, v'là l'ord' du jour,
> Gard' à vous ! demi-tour.

Et quand le drapeau blanc se présenta sur la rive française de la Bidassoa, on vit sur la rive espagnole s'agiter le drapeau tricolore, et on entendit ces mots magiques : *Vive Napoléon II ! vive la liberté !*

La petite colonie d'Arenenberg suivait avec intérêt ces manifestations de l'opinion populaire, et le prince commençait à puiser dans ces mouvements de l'esprit français des notions ineffaçables de ses droits et de ses devoirs. Deux sujets de deuil, la mort d'Eugène, en 1824, celle de Maximilien, roi de Bavière, en 1825, furent les seuls incidents qui tranchèrent sur la calme solitude de l'asile des montagnes. La mort du roi de Bavière enlevait à la famille son dernier protecteur : rien ne l'attirait plus vers ce pays, et la reine obtint, non sans grandes difficultés, l'autorisation d'habiter pendant l'hiver Rome, et de passer les étés à Arenenberg.

Le prince Charles-Louis-Napoléon avait alors dix-sept ans. Élevé, comme nous l'avons dit, d'une façon forte et libérale, conforme à l'esprit du temps et à la nouvelle condition des princes, il avait peut-être trop échappé jusque-là aux impressions extérieures, à la pratique de la vie. Ces courses solitaires dans la montagne, ces herborisations amusantes, ces leçons d'histoire rétrospective, ces exercices propres à endurcir le corps, tout cela avait préparé le prince sans l'initier aux réalités de la vie. La nouvelle existence qui commença pour lui, à cette époque, partagée entre l'étude solitaire et les conversations d'une cour véritable, lui donnèrent bientôt ce qui lui avait manqué jusqu'alors. A Rome, la reine, sa mère, habitait la *villa Paolina*, propriété de la princesse Borghèse. Là, Hortense sut faire revivre ces soirées charmantes de Paris, qui réunissaient autrefois tout ce que la France comptait en illustrations des lettres, de l'art, de la science. Là, elle était encore reine et traitée comme telle.

Cependant la France, dont on écoutait les échos lointains, sentait renaître chaque jour cet esprit de liberté et de dignité nationale, qu'une administration contre-révolutionnaire cherchait en vain à étouffer. La loi du sacrilége, du droit d'aînesse, de la liberté de la presse, toutes ces machines de guerre n'avaient fait que réveiller le sentiment patriotique. Le triomphe obtenu par l'opposition dans les élections de Paris, le 18 novembre 1827, fut le signal d'un mouvement populaire commencé aux cris de *vive l'Empereur!*

C'est ainsi que, par intervalle, une voix populaire rappelait le passé comme une menace pour ceux-ci, comme une espérance pour ceux-là. C'est ainsi encore que l'enfant qui croissait sur les marches du trône bourbonien avait servi de prétexte au poëte pour réveiller, par un contraste amer, le souvenir de l'enfant impérial qui se mourait lentement à Vienne.

> Salut ! petit cousin germain ;
> D'un lieu d'exil j'ose t'écrire.
> La fortune te tend la main ;
> Ta naissance l'a fait sourire.
> Mon premier jour aussi fut beau ;
> Point de Français qui n'en convienne.
> Les rois m'adoraient au berceau,
> Et cependant je suis à Vienne !
>
> Je fus bercé par les faiseurs
> De vers, de chansons, de poëmes.
> Ils sont, comme les confiseurs,
> Partisans de tous les baptêmes.
> Les eaux d'un fleuve bien mondain
> Vont laver ton âme chrétienne ;
> On m'offrit de l'eau du Jourdain,
> Et cependant je suis à Vienne !

Ces juges, ces pairs avilis,
Qui te prédirent des merveilles,
De mon temps juraient que les lis
Seraient le butin des abeilles.
Parmi les nobles détracteurs
De toute vertu plébéienne
Ma nourrice avait des flatteurs,
Et cependant je suis à Vienne!

Sur des lauriers je me couchais ;
La pourpre seule t'environne.
Des sceptres étaient mes hochets;
Mon bourlet fut une couronne.
Méchant bourlet! puisqu'un faux pas
Même au Saint-Père ôtait la sienne :
Mais j'avais pour moi nos prélats,
Et cependant je suis à Vienne!

Quant aux maréchaux, je crois peu
Que du monde ils t'ouvrent l'entrée;
Ils préfèrent au cordon bleu,
De l'honneur l'étoile sacrée.
Mon père, à leur beau dévoûment,
Livra sa fortune et la mienne :
Ils auront tenu leur serment,
Et cependant je suis à Vienne!

Près du trône si tu grandis,
Si je végète sans puissance,
Confonds ces courtisans maudits
En leur rappelant ma naissance.

> Dis-leur : « Je puis avoir mon tour ;
> » De mon cousin qu'il vous souvienne :
> » Vous lui promettiez votre amour,
> » Et cependant il est à Vienne ! »

Parmi les représentants les plus élevés du parti impérialiste, il s'était fait, il est vrai, depuis la mort de l'Empereur, un mouvement prononcé, soit vers les Bourbons, soit vers les *patriotes purs.* C'est ainsi qu'on appelait alors les républicains. Ceux qui avaient plus d'inclination pour l'autorité que pour la liberté avaient voulu croire à la consolidation définitive de la monarchie. Ceux qui préféraient les luttes dangereuses de l'indépendance à la prospérité honteuse de l'esclavage allaient, comme dernière ressource, aux souvenirs les plus éloignés de la Révolution.

Au moment où éclata le danger que courait la monarchie restaurée, lors de la seconde période du ministère Polignac, les partis prirent une allure plus hardie et levèrent plus haut leur drapeau. Tandis que les Lafayette et les d'Argenson ralliaient la jeunesse bruyante des écoles, les anciens fédérés et les nouveaux politiques de la société *Aide-toi, le ciel t'aidera*, dirigeaient ces éléments hétérogènes vers un but commun, une république à l'américaine ; tandis que M. Cauchois-Lemaire sondait les dispositions de la bourgeoisie en faveur de la branche cadette par sa *Lettre au duc d'Orléans*, les impérialistes rappelaient leur symbole, le duc de Reichstadt. Le poëte Barthélemy publiait ce *Fils de l'Homme* qui réveille tant de souvenirs religieusement conservés. On y lisait les vers suivants :

> Doublement protégé par le droit et le glaive,
> Des peuples rassurés *espoir consolateur*,
> Petit-fils d'un César et fils d'un Empereur,
> Légataire du monde, en naissant roi de Rome,
> Tu n'es plus aujourd'hui rien que le fils de l'homme.

De pieux pèlerins se rendaient à Vienne, pour apercevoir au moins à quelque fenêtre du palais de Schœnbrünn, ou dans quelqu'une des allées du Thier-Garten, cette pâle et noble figure que leur respectueux amour surmontait de l'impérial diadème.

Tels étaient les divers éléments de l'opinion publique quand fut donné par le duc d'Orléans au roi de Naples, ce bal du 30 mai, précurseur de la chute d'un trône. Qui ne se rappelle ce mot de M. de Salvandy à l'amphitryon du Palais-Royal : « C'est une fête toute napolitaine, Monseigneur, nous dansons sur un volcan. » Mais ce qu'on sait moins, c'est que la foule immense, attirée dans le jardin par les splendeurs de la fête, laissa échapper quelques cris de : *Vive la République!* et des cris nombreux de : *Vive Napoléon!* Le vieux roi, qui allait descendre du trône, le roi bourgeois qui s'apprêtait à y monter, entendirent, mais sans les comprendre, ces manifestations populaires. Quelques grenadiers de la garde royale se ruèrent sur cette masse d'hommes, frappant, écrasant au hasard. Ces violences pouvaient-elles quelque chose contre les souvenirs vivaces de la liberté ?

Les secousses nombreuses qui ébranlaient alors la monarchie et qui en faisaient présager la chute, reportaient les partis vers l'héritier de l'Empereur, vers le duc de Reichstadt. Entre les coups d'Etat monarchiques et la résistance révolutionnaire, il semblait que l'Empire restauré dût être une ressource inespérée, une chance de paix pour la France. L'Europe elle-même n'eût pas été éloignée d'une combinaison semblable. Déjà un plan de cette espèce avait été appuyé, en 1813, par M. de Metternich lui-même.

Mais, il est juste de le reconnaître, une objection spécieuse était élevée par les adversaires de l'Empire héréditaire: c'était l'éducation étrangère donnée à celui qu'on voulait appeler à gouverner la France. Populaire par son nom, par ses droits, le jeune prince le serait-il autant par ses habitudes, par ce qu'il y avait de personnel dans son passé ? Une crainte aussi s'élevait, crainte trop légitime : Le nouvel Empereur assurerait-il à la France nouvelle la stabilité si nécessaire pour fonder à nouveau une dynastie ? On pouvait en douter, et les partisans même de l'Empire ne parlaient qu'avec douleur de la santé chancelante du fils de Napoléon. On se répétait avec tristesse ces vers fameux :

> Oui, ce corps, cette tête, où la tristesse est peinte,
> Du sang qui les forma portent la double empreinte.

> Je ne sais, toutefois je ne puis sans douleur
> Contempler ce visage éclatant de pâleur ;
> On dirait que la vie à la mort s'y mélange :
> Voyez-vous, comme moi, cette couleur étrange?
> Quel germe destructeur, sous l'écorce agissant,
> A sitôt défloré ce fruit adolescent?
> Faut-il vous répéter un effroyable doute?
> Écoutez... ou plutôt que personne n'écoute :
> S'il est vrai qu'à ta cour, malheureux nourrisson,
> La moderne Locuste ait transmis sa leçon,
> Cette horrible pâleur, sinistre caractère,
> Annonce de ton sang le mal héréditaire ;
> Et peut-être aujourd'hui, méthodique assassin,
> Le cancer politique est déjà dans ton sein.

C'est dans ces circonstances que la révolution de juillet éclata comme un coup de foudre. Le prince Charles-Louis-Napoléon était préparé à une éventualité semblable. Pendant les six mois annuellement passés en Suisse, il avait profité du voisinage de Constance pour se former aux exercices militaires au milieu du régiment badois en garnison dans cette ville. A l'étude des langues et des classiques, s'était jointe celle des sciences exactes, base d'une éducation toute pratique. Le colonel du génie, Dufour, depuis général, montrait au prince les règles de l'art militaire et la science des manœuvres. M. Gastard, savant français des plus distingués, lui enseignait la physique et la chimie. Au milieu de ces mâles exercices, le caractère du prince se dessinait de plus en plus. Déjà il avait donné plus d'une preuve de cette générosité passionnée qui est un des traits distinctifs de sa nature.

Un jour, il avait été seul se promener à cheval dans les montagnes qui dominent le lac de Constance. Tout à coup, il entend des cris d'effroi et il aperçoit une voiture emportée dans une course terrible par deux chevaux qui s'élancent dans la direction d'un précipice. Le cocher avait été jeté à terre et, dans la voiture, une femme, pâle, égarée, tenant dans chaque bras un enfant, regardait avec terreur l'abime qui se rapprochait d'elle. Le prince a vu le danger : il lance son cheval à travers les ravins dans une direction parallèle à la voiture, la dépasse, revient sur les chevaux emportés, en saisit un par le mors et l'abat d'une main vigoureuse. Il était temps pour tous. Les roues de la voiture touchaient le bord du précipice.

La théorie militaire ne lui suffisant plus, le prince demanda et obtint l'honneur de faire partie du camp d'instruction formé à Thun, dans le canton de Berne. L'objet des manœuvres étaient spécialement les exercices de l'artillerie et du génie. On y maniait alternativement la brouette, la bêche et le compas : on y traçait des fortifications, on y traînait les pièces jusqu'au bord des glaciers. Le prince, le sac au dos, mangeait gaîment avec ses camarades improvisés le pain de munition et personne plus que lui n'était assidu à ces rudes travaux. « Mon fils, écrivait la reine à cette époque, est encore avec les élèves de Thun, occupé à faire des reconnaissances militaires dans les montagnes. Ils font dix à douze lieues par jour, à pied, le sac sur le dos. Ils sont couchés sous la tente, au pied d'un glacier. »

Au retour de ces excursions, la théorie reprenait ses droits : le prince rédigeait ses impressions, étudiait cette arme de l'artillerie pour laquelle, semblable à son oncle, il a toujours marqué sa préférence. Il écrivait alors deux publications remarquables : des *Considérations politiques et militaires sur la Suisse* et un *Manuel de l'artillerie* qui lui ont valu l'approbation des hommes politiques et des officiers spéciaux. (Nous reviendrons sur ces ouvrages dans les IVe et V^e volumes.)

C'est ainsi que Charles-Louis-Napoléon avait grandi à l'ombre de la liberté suisse. Il avait alors vingt-deux ans ; son éducation militaire, scientifique, littéraire était complète. Vigoureux soldat, adroit cavalier, écrivain déjà remarquable, il cachait sous la froide attitude du penseur une âme ardente et désireuse de gloire.

Voici le portrait que faisait, à cette époque, de Charles-Louis-Napoléon Bonaparte un écrivain qui l'a beaucoup connu.

Le prince est d'une physionomie agréable, d'une taille moyenne, d'une tournure militaire. Il joint à la distinction de sa personne la distinction plus séduisante de ces manières simples, naturelles, pleines d'aisance et de bon goût, qui semblent l'apanage des classes supérieures. Au premier abord j'ai été frappé de sa ressemblance avec le prince

Eugène et avec l'impératrice Joséphine, sa grand-mère; mais je n'ai pas remarqué une égale ressemblance avec l'Empereur. Il est vrai, que n'ayant ni l'ovale de figure, ni les joues pleines, ni le teint bilieux de son oncle, l'ensemble de sa figure est privé de quelques-unes des particularités qu'on remarque dans la tête de l'Empereur, et qui suffisent pour donner aux portraits les plus infidèles et les plus informes une certaine ressemblance avec Napoléon ; les moustaches, qu'il porte avec une légère impériale sous la lèvre inférieure, impriment d'ailleurs à sa physionomie un caractère militaire d'une nature trop spéciale pour ne pas nuire à sa ressemblance avec son oncle. Mais en observant attentivement les traits essentiels, c'est-à-dire ceux qui ne tiennent pas au plus ou au moins d'embonpoint et au plus ou moins de barbe, on ne tarde pas à découvrir que le type napoléonien est reproduit avec une étonnante fidélité. C'est, en effet, le même front élevé, large et droit, le même nez aux belles proportions, et les mêmes yeux gris, quoique l'expression en soit adoucie ; ce sont surtout les mêmes contours et la même inclinaison de la tête, tellement empreinte du caractère napoléonien que, quand le prince se retourne, c'est à faire frissonner un soldat de la vieille garde ; et si l'œil s'arrête sur le dessin de ces formes si correctes, il est impossible de ne pas être frappé de l'imposante fierté de ce profil romain, dont les lignes si pures et si graves, j'ajouterai même si solennelles, sont comme le cachet des grandes destinées.

Le caractère distinctif du jeune Napoléon est la noblesse et la sévérité ; et cependant, loin d'être dure, sa physionomie respire, au contraire, un sentiment de bonté et de douceur. Il semble que le type maternel, qui s'est conservé dans la partie inférieure du visage, soit venu corriger la rigidité des lignes impériales, comme le sang des Beauharnais paraît avoir tempéré en lui la violence méridionale du sang napoléonien ; mais ce qui excite surtout l'intérêt, c'est cette teinte indéfinissable de mélancolie et de méditation répandue sur toute sa personne et qui révèle les nobles douleurs de l'exil.

Maintenant, ajoute l'écrivain, d'après ce portrait, il ne faut pas vous représenter un beau jeune homme, un de ces Adonis de roman qui excitent l'admiration des boudoirs : rien d'efféminé dans le jeune Napoléon. Les nuances sombres de sa physionomie indiquent une nature énergique, sa contenance assurée, son regard à la fois vif et penseur, tout en lui montre une de ces natures exceptionnelles, une de ces âmes fortes qui se nourrissent de la préoccupation des grandes choses, et qui seules sont capables de les accomplir.

Tel était le prince lorsque les échos de la Suisse retentirent soudain des chants de la *Parisienne*. Une révolution à Paris ! Une révolution populaire, n'était-ce pas la liberté, la patrie, qui sait, le réveil du vieux droit de la nation incarné dans la famille impériale ?

Et le jeune homme revoyait, en fermant les yeux, cette France bien-aimée dont on l'avait arraché si jeune, cette

France qui osait lui ouvrir ses bras. On célébra, en pleurant d'enthousiasme, la révolution et le retour du long exil. Hélas! qui pouvait penser que ce grand et héroïque mouvement de tout un peuple, que ce noble élan vers la liberté, n'aboutiraient en somme qu'à une nouvelle usurpation sur le droit populaire? Qui pouvait croire que la monarchie des barricades prononcerait à nouveau la sentence d'exil infligée par les séides de la Sainte-Alliance? Il n'y avait rien de changé en France, si ce n'est une dynastie. L'usurpation consommée sur la nation était même encore plus flagrante cette fois. Aucune nécessité extérieure ne justifiait ce nouveau mensonge.

On comprend, on aime la vieille monarchie préparant l'unité de la France, s'appuyant sur le peuple pour détruire les tyrannies féodales : on comprend encore, on peut admirer la société moderne se servant de monarque à elle-même, la souveraineté descendant jusque dans les derniers rangs de la nation, comme le sang s'infiltre et coule dans les plus imperceptibles vaisseaux. Mais une sorte de neutralité bourgeoise, une souveraineté d'intérêts étroits, de calculs et d'intérêts égoïstes, une souveraineté qui semble se défendre plutôt que gouverner, qui n'est pas un règne mais une patrouille, qui se sépare du passé comme de l'avenir, à qui tout est dangereux et suspect, le souvenir d'hier comme l'espérance de demain; une monarchie qui n'est pas le pouvoir d'un seul, mais qui en est l'influence rusée, jalouse, dissolvante de toutes les forces, pensée honteuse qui se cache pour diriger ; une puissance pour qui tout est péril, les rois comme les peuples, qui n'ose franchement ni regarder les uns ni affronter les autres ; un tel gouvernement, hybride et métis, qui pouvait le comprendre, l'aimer, l'honorer ?

C'est ainsi qu'on pouvait déjà entrevoir que l'œuvre encore une fois reprise allait encore une fois avorter. A la charte octroyée avait succédé un prétendu contrat synallagmatique entre la couronne et la nation auquel n'avait manqué que le consentement de la nation elle-même. Il faut le dire, à l'honneur du roi Louis-Philippe, une fois établi sur cette base chancelante et mensongère, il s'imposa comme barrière infranchissable le respect superstitieux de ce contrat. Il se fit une loi de ce respect, et crut à tort s'en faire une égide. Aussi devait-il être puni sans même violer ce contrat dont la force révolutionnaire n'avait jamais reconnu l'existence.

Cependant, le prince avait dû renoncer en soupirant à l'espoir légitime de revoir la France. En vain Joseph avait adressé aux prétendus représentants de la nation française cette magnifique protestation qu'on a pu lire dans sa vie. En vain s'était-il écrié : Celui que vous choisissez est un Bourbon, rentré avec les Bourbons à la suite des Cosaques. En vain avait-il écrit ces nobles paroles :

« Il n'y a de légitimes sur la terre que les gouvernements avoués par les nations ; les nations les créent et les détruisent selon leurs besoins; les nations seules ont des droits ; les individus, les familles particulières ont seulement des devoirs à remplir. »

C'est en vain qu'il avait réclamé les droits non périmés de Napoléon II, demandant une nouvelle épreuve et un vote libre de la France. On avait répondu par l'ostracisme.

Il fallut porter ailleurs cette âme ardente, ces nobles aspirations vers la gloire et vers la liberté. Les occasions ne manquaient pas dans l'Europe, remuée jusqu'au fond des entrailles par la révolution de juillet. Belges, Italiens, Polonais prenaient au sérieux les déclarations bruyantes d'indépendance lancées dans le monde par les patriotes français.

Parmi ces causes si belles, celle qui présentait le plus de chances de succès, celle qui avait peut-être été le plus efficacement préparée par Napoléon, c'était la cause de la liberté, de l'unité italienne. Les deux fils d'Hortense embrassèrent cette cause sublime avec une sainte passion qui leur a été reprochée avec amertume. Nous voulons montrer par l'histoire qu'ils ne faisaient par là que continuer la politique impériale, et tenter ce qu'eût dû faire le gouvernement français entre des mains vraiment nationales.

Le poétique ennemi de Napoléon, l'implacable fils de Venise abaissée, Foscolo, n'a pu s'empêcher de rendre au héros du XIXe siècle, à ce Bonaparte qu'il déteste, une éclatante justice. Il avoue que la République Cisalpine, et par elle l'Italie moderne, lui doit sa résurrection et ses lois. Aussi comme un autre Jérémie, sur les ruines faites par l'Autriche, il s'écrie dans ses vers immortels : « Le sort était contre l'Italie, et Bonaparte contre le sort. »

C'est qu'en effet partout l'esprit public s'est éveillé en Europe à son passage. Pour lui ou contre lui, les nationalités s'affirment et retrouvent la conscience d'elles-mêmes. Mais voyez surtout cette Italie qu'il sillonne comme la foudre, qu'il régénère comme l'orage purifie. Avant qu'il n'y apparaisse, la torpeur règne sur les âmes. Il vient : aux goûts frivoles et efféminés, aux lâchetés d'une dépendance séculaire succèdent les pensées viriles, les haines généreuses

les mâles exercices. Il n'y a pas jusqu'aux personnages traditionnels de la parade populaire qui ne se métamorphosent avec la nation elle-même. Le bouffon italien, jusque-là victime du capitan tudesque, prend à son tour le bâton et devient le héros du drame en plein vent.

Pendant la période impériale, la révolution avait pénétré au cœur de l'Italie. A l'époque du Directoire, la liberté n'avait guère inspiré que de vagues aspirations. Napoléon fit passer la liberté du domaine de la théorie dans celui des faits; il l'organisa en établissant la libre concurrence dans l'armée, dans l'administration, dans les fonctions publiques; partout le talent fut recherché et mis à sa place. L'égalité à son tour fut protégée par le Code, par la nouvelle organisation des tribunaux, de l'administration, par toutes les lois qui favorisent le commerce et l'industrie, et qui décuplent les forces populaires. La révolution avait appris aux Italiens la fraternité, car toutes les républiques ont le même principe, les mêmes auxiliaires, les mêmes ennemis.

Et c'est là le caractère le plus sérieux de l'œuvre impériale : une première et heureuse tentative de fusion entre ces populations divisées, morcelées, héritières des rivalités dissolvantes du moyen âge.

Jamais, jusqu'alors, la Lombardie n'avait sympathisé avec Naples, et, après la révolution, les émigrés de la République Parthénopéenne étaient accueillis comme des frères dans la haute Italie. Cette fraternité politique fut fortifiée par l'uniformité des lois. A dater de 1808, il n'y eut plus qu'un seul code en Italie, une seule organisation judiciaire, un seul système de finances, un seul mode d'instruction publique. Les brigands disparaissaient, la sûreté était rendue aux grands chemins ; la fusion des mœurs et le mélange des intérêts hâtaient l'œuvre de la nationalité ; en même temps l'activité était imprimée à tous les esprits, la péninsule se couvrait de nouveaux monuments, on achevait les anciens édifices, on traçait de vastes routes. L'agriculture faisait d'immenses progrès, et les arts, les sciences, la littérature, la langue italienne elle-même n'avaient jamais été plus vivement encouragés que sous le règne de Napoléon. Enfin la fondation du royaume d'Italie était plus qu'un engagement pris pour l'unité et l'indépendance du pays. Tous les partis se trouvaient à moitié satisfaits, à moitié contenus. L'Empire français relevait les formes aristocratiques, et une grande partie de la noblesse italienne se consolait de la perte de sa noblesse à la cour brillante d'un Beauharnais, d'un Murat et d'une reine d'Étrurie. Quant à la portion de l'aristocratie qui ne se ralliait pas à Napoléon, elle était écrasée par l'action salutaire de la concurrence qui appelait le talent aux premiers emplois de l'État. Le parti démocratique avait disparu sans bruit, absorbé par l'administration éminemment populaire de Napoléon. Il sentait que si la liberté et l'égalité n'étaient plus dans les mots, elles passaient dans les choses. Eût-il d'ailleurs voulu agir, la lutte était impossible. Aussi il se contentait des réunions inoffensives de la maçonnerie, et là encore il rencontrait les princes de la famille impériale.

Restaient les partisans de l'indépendance nationale; mais ceux-ci avaient foi dans les armées italiennes, complétement régénérées par Napoléon, dans le royaume qu'il avait fondé et dans les guerres de l'Empire qui pourraient offrir une occasion pour obtenir l'affranchissement de l'Italie. Ils se montraient pour la première fois amis de la France.

Aussi, pouvait-on, en 1815, considérer comme à moitié remplie la tâche difficile de l'unité italienne.

« Quant aux quinze millions d'Italiens, dit l'Empereur à Sainte-Hélène, l'agglomération était déjà fort avancée : il ne fallait plus que vieillir, et chaque jour chez eux mûrissait l'unité de principes et de législation, celle de penser et de sentir, ce ciment assuré et infaillible des agglomérations humaines. La réunion du Piémont à la France, celle de Parme, de la Toscane, de Rome n'avaient été que temporaires dans ma pensée et n'avaient d'autre but que de surveiller, garantir, avancer l'éducation nationale des Italiens. Et voyez si je jugeais bien, et quel est l'empire des lois communes! Les parties qui nous avaient été réunies, bien que cette réunion pût paraître de notre part l'injure de l'envahissement, et en dépit de leur patriotisme italien, ces mêmes parties ont été précisément celles qui de beaucoup nous sont demeurées les plus attachées. Aujourd'hui qu'elles sont rendues à elles-mêmes, elles se croient envahies, déshéritées, et elles le sont! »

C'est qu'en effet le principe de la restauration, là comme

ailleurs, avait été le vieux principe du moyen âge : Diviser pour régner. On avait réveillé les vieilles haines, relevé les vieilles barrières, rajeuni les vieilles coutumes, rétabli les codes particuliers. On avait fait tout cela, et il restait cependant encore assez de l'œuvre première pour faire trembler les souverains au moindre signal parti de la France.

« Les révolutions ne sont que des réminiscences, le cœur se refroidit, l'Europe raille les enthousiastes. Quant à l'Italie, c'est un cadavre. »

Ainsi chantait le poëte patriote Foscolo, dix ans après la chute de celui qui avait rendu la vie au cadavre. Et cependant le cadavre s'agitait toujours, mystérieusement galvanisé par ces ferments de vie nouvelle que lui avait infusés la main puissante du régénérateur impérial. La restauration autrichienne était à peine accomplie, que déjà se montrait une opposition bonapartiste et libérale. Tout ce qu'il y avait de cœurs chauds, d'imaginations ardentes protestait contre le blocus moral imposé par l'Autriche aux provinces italiennes. A la Sainte-Alliance on opposait la révolution. L'œuvre de Napoléon continuait.

A cette école de patriotisme il ne manqua pas le martyre. Le comte Confalonieri, Borsieri, Silvio-Pellico usèrent les chaînes du Spielberg. 1821 fut l'année des supplices.

Forts des principes de la révolution, de l'expérience des affaires, des habitudes militaires, les bonapartistes représentèrent, au sein des sociétés secrètes italiennes, le parti pratique de l'indépendance. A Milan on les voit conspirer, dès 1815, pour élever le royaume d'Italie. A Lecce, dans le royaume de Naples, ils prennent les armes en 1817, au moment de l'évacuation des troupes autrichiennes. Dans la haute Italie et dans l'Italie centrale, les sociétés libérales des adelchi et des adelfi, enfantées par le libéralisme bonapartiste, se multipliaient chaque jour, tandis que les loges maçonniques qui avaient appuyé Napoléon, se tournaient contre les gouvernements légitimes et surtout contre la cour de Rome qui les persécutait.

En 1818, le carbonarisme avait pénétré dans toutes les classes du royaume de Naples; dans les Calabres, des communes entières étaient organisées en ventes. En 1819, les ventes s'étendaient dans la Romagne, en Piémont, en Lombardie, enveloppaient Modène, embrassaient toute l'Italie. Plusieurs loges maçonniques, les bonapartistes révolutionnaires, les conspirateurs lombards de 1815, les adelchi, les adelfi, les apofasimène, d'autres sociétés secrètes furent entraînées dans le mouvement du carbonarisme. Les carbonari purs ne pouvaient parler de liberté sans rappeler les idées napoléoniennes.

On en était arrivé peu à peu à une situation qui ne pouvait se dénouer que par la violence. La révolution parisienne fut le signal d'une réaction formidable, trop justifiée par l'entêtement des gouvernements à refuser les plus simples réformes, à contester les droits les plus incontestables. Toutes les voies avaient été fermées à l'opposition légale. Bologne, Ancône jetaient des millions de signatures sur des pétitions qui ne demandaient que l'accomplissement des promesses faites aux cinq cours. Pour réponse, on excommuniait les signataires.

Charles-Louis-Napoléon passe l'hiver de 1830 avec sa mère. Lui et son frère devinrent l'une des espérances de la révolution nouvelle. On comptait sur la France de juillet pour aider l'Italie à secouer le joug de l'Autriche. On comptait sur les neveux de Napoléon pour porter le drapeau de l'Italie nouvelle. Ces gages de sympathie effrayèrent le gouvernement pontifical, et l'arrestation du prince fut décidée. Il réussit heureusement à s'enfuir, et la police romaine ne put l'empêcher de gagner Florence, où était alors son frère aîné.

Napoléon-Louis Bonaparte, fils aîné de la reine Hortense avait vingt-six ans. Il avait épousé sa cousine, la seconde fille de Joseph, la princesse Charlotte dont nous raconterons la vie dans notre généalogie finale. Homme d'une intelligence et d'une figure remarquables, le prince Napoléon-Louis n'avait pas, comme son frère cadet, dirigé ses efforts vers les sciences qui préparent à gouverner les hommes. Il s'était contenté de s'adonner à des travaux philosophiques sérieux et à d'utiles inventions industrielles. Les deux frères étaient réunis depuis quelques mois quand éclata, en 1831, l'insurrection de la Romagne. Les Romagnols appelèrent à leur tête les deux héritiers du nom de Napoléon. En même temps, l'insurection gagnait de proche en proche. Un mouvement éclata dans Rome même, à l'occasion du carnaval. Quelques arrestations eurent lieu à la suite de collisions dans le Corso. La reine, restée seule après le départ de son plus jeune fils, n'ignorait pas et les dispositions secrètes des patriotes, et la fureur du gouvernement. Elle avait vu, quelques heures après la fuite de Charles-Louis Napoléon, cinquante sbires et un colonel de la garde papale se présenter à son palais, avec ordre de conduire son fils au delà des frontières. Elle connaissait les détails de la conspiration : elle put même donner asile à un des insurgés du Corso, grièvement blessé. L'inquiétude de la mère, le peu de sécurité qu'offrait à Rome la position d'une femme isolée, tout appela Hortense auprès de son fils. Elle partit pour Florence. Mais déjà les deux princes avaient quitté cette ville et s'étaient réunis aux partisans de la liberté en marche contre l'Autriche.

Hortense ne trouva à Florence que cette lettre de son plus jeune fils : « Votre affection comprendra nos sentiments ; nous avons contracté des engagements que nous ne pouvons manquer de remplir, et le nom que nous portons nous oblige à secourir les malheureux qui nous appellent. »

La pauvre mère courut rejoindre ses fils, pour les revoir au moins une dernière fois. Elle les trouva au milieu des patriotes qu'enrégimentait le général Armandi. « Madame, lui dit celui-ci, soyez fière d'être la mère de tels fils! Toute leur conduite, dans ces tristes circonstances, est une série de généreux sentiments dignes de leur nom, et l'histoire ne l'oubliera pas. » Le général Armandi, ancien gouverneur du prince Napoléon, le fils aîné, venait d'être nommé ministre de la guerre de l'insurrection.

Mais le roi Louis n'avait pas approuvé le parti pris par ses deux fils. Il exigea que leur mère usât de son influence pour les détacher de l'insurrection, et qu'elle allât, au besoin, les chercher elle-même. Hortense s'y refusa. Et, en effet, disait-elle, s'ils doivent revenir, ce ne peut-être que de leur plein gré. Si je vais à eux au milieu du pays soulevé, on ne manquera pas de dire que j'y suis allée avec des millions pour les aider. On suggéra alors à la reine la pensée d'un piége qui ramènerait ses deux fils. Le prince Corsini voulait qu'elle se dît malade, qu'elles les attirât par là auprès d'elle et, aussitôt qu'ils auraient passé la frontière, des gens apostés s'empareraient de leurs personnes. Hortense se refusa noblement à ce mensonge qu'elle considérait comme indigne d'elle-même et de ses fils. En vain le roi, Louis, le roi Jérôme, le cardinal Fesch multiplièrent les ordres, les prières, les deux princes persistèrent dans leur dessein. La reine, leur mère, dit dans ses *Mémoires* : Amis, ennemis, famille, tout le monde se donnait le mot pour neutraliser leurs efforts, tandis que l'enthousiasme le plus grand animait le pays qu'ils occupaient, et que la jeunesse, calculant la réussite sur son ardeur et sur son courage, se voyait déjà, en espérance, maîtresse de Rome. »

Mais, il faut le dire, à côté de ces grands cœurs, se trouvaient bien des esprits faibles, effrayés des chances mauvaises d'une révolte, incapables de ces héroïques déterminations qui font gagner les parties difficiles. Tout traînait en longueur. L'action révolutionnaire était paralysée par des délais qui refroidissaient l'ardeur des insurgés. Les princes comprirent que tout était perdu si on ne profitait pas du premier élan. Ils prirent avec eux quelques braves gens, un canon, et coururent s'emparer de Civita-Castellana.

Cette furie, toute française, effraya le général Armandi, et ce nouveau Fabius Cunctator rappela les princes et leur ordonna de suspendre leurs attaques. Ils obéirent à regret. Ces temporisations compromettaient la révolution italienne. Ils revinrent à Bologne et s'employèrent activement à préparer la défense, puisqu'on renonçait aux bénéfices de l'attaque. Les Autrichiens arrivaient en bataillons serrés. Les princes coururent aux avant-postes et y livrèrent plusieurs engagements brillants. A Forli, Charles-Louis-Napoléon exécuta, contre des masses ennemies, une charge audacieuse. Mais c'était là la dernière protestation de la liberté italienne. Le prince aîné tomba tout à coup malade, à Forli, d'une inflammation de poitrine ; et, pendant que le mal s'aggravait en quelques heures, les Autrichiens s'avançaient toujours, les indépendants se repliaient de toutes parts, aux cris, hélas! inutiles, de : Vive la liberté! vivent les Bonaparte!

Cependant la reine, poursuivie de tristes pressentiments, se rendait en poste à Ancône. Elle venait de quitter Foligno, quand une voiture s'arrêta près de la sienne : le prince Charles-Louis-Napoléon en descendit et se jeta, les larmes aux yeux, dans les bras de sa mère. Il n'avait plus de frère, et Hortense n'avait plus qu'un fils! Le seul qui lui restât était là devant elle, pâle, dévoré par la fièvre, accablé par la fatigue et par la douleur, douleur de frère, douleur de patriote désespéré. Malade lui-même, il fallut songer à le soustraire aux vengeances de l'Autriche, dont la victoire s'annonçait par des proscriptions. On était à Ancône, et Ancône venait de tomber aux mains de l'ennemi. Il fallut des prodiges d'adresse et de dévouement pour soustraire le prince aux avides recherches de la police autrichienne. On fit courir le bruit qu'il avait trouvé un asile dans une barque frétée pour la Grèce. La maison où on cachait le prince était voisine de celle du commandant de l'armée autrichienne. Quelles angoisses pour le cœur d'une mère! A chaque instant, on entendait dire qu'un des chefs du mouvement avait été arrêté et qu'il allait payer de sa vie le noble effort de l'indépendance italienne. Enfin, on réussit à se procurer un passe-port anglais, et le prince put traverser l'Italie sans être reconnu. Le 10 mars 1831, Hortense toucha la frontière française, car elle s'était résolue à braver l'arrêt de proscription qui lui fermait la France à elle et à son fils. Pour éviter toutes difficultés pendant ce voyage, elle avait dû emmener, avec son dernier fils, le jeune marquis Zappi, un des compagnons d'armes de l'insurrection, car le passe-port était délivré au nom d'une dame anglaise, voyageant avec ses deux fils.

Enfin, on était sur cette terre de France qui, si elle ne promettait pas la patrie, donnait au moins le salut. « J'arrivais, dit Hortense elle-même, à la barrière de Paris, et je mettais une sorte d'amour-propre à montrer par son beau côté cette capitale à mon fils qui devait à peine s'en souvenir. Je dis au postillon de nous conduire par le boulevard jusqu'à la rue de la Paix et de s'arrêter au premier hôtel venu. Le hasard nous conduisit à l'hôtel de Hollande, où j'occupai un appartement au premier étage. De mes fenêtres je voyais la colonne de la place Vendôme, et, au sein de mon isolement, je trouvais une sorte de joie amère à pouvoir contempler encore une fois cette ville que j'étais destinée à quitter pour toujours, sans parler à personne et sans être distraite de la profonde impression de ce passager retour ! »

C'était le 20 mars 1831. Le 20 mars ! date étrange, cruel rapprochement ! Après quinze ans d'exil, le prince revoyait, en fugitif, cette ville qui avait salué sa naissance comme une espérance pour la patrie. Il était encore malade, brûlant de fièvre, mais le sol de la France était sous ses pieds et communiquait à ses pensées une exaltation inconnue, une grandeur nouvelle. Il se hâta d'écrire au roi Louis-Philippe une lettre empreinte de la plus haute dignité, dans laquelle il revendiquait son titre de citoyen français et l'hospitalité de la France. La réponse devait être décisive : affirmative, généreuse, elle liait le prince, jusqu'à ce qu'il fût délié par la volonté populaire, elle enchaînait son bras et sa volonté. Négative, elle lui rendait toute sa liberté d'action. Il fut heureux pour l'avenir que la royauté bourgeoise suivit, en cette occasion, les lois de sa médiocre et méticuleuse nature. Louis-Philippe oublia, et il devait l'oublier, la générosité bienveillante que la reine Hortense avait montrée à sa famille dans des circonstances semblables. La lettre fut reçue en conseil, au moment même où le général Sébastiani annonçait au roi l'arrivée à Malte de la reine et de son fils. Le roi chargea Casimir Périer de faire une visite officieuse à la fugitive. Le président du conseil se présenta à l'hôtel de Hollande.

« Je sais bien, dit la reine, que j'ai transgressé une loi, en venant ici, mais j'en ai pesé toutes les chances ; me ferez-vous arrêter ? — Ce serait légal, répondit Casimir Périer, ce ne serait pas juste. »

Le roi voulut voir lui-même l'exilée. Il lui prodigua ces assurances vaines et vides de sympathie dont il avait toujours ample provision au service de tous. « Je connais, lui dit-il, avec un attendrissement simulé, toutes les douleurs de l'exil ; il ne tient pas à moi que le vôtre n'ait cessé. Je sais que vous avez de légitimes réclamations à faire ; écrivez-moi une note de *ce qui vous est dû*, et que vous m'enverrez à moi seul. *Je m'entends en affaires*, et j'offre de me charger des vôtres. »

Malheureux roi, qui ne pouvait voir là qu'une question de créance !

La reine des Français, madame Adélaïde ajoutèrent quelques mots de consolation et, dans une entrevue nouvelle, Casimir Périer fit des promesses explicites. Il parla du rappel possible de la famille impériale : il fit briller aux yeux de la reine le don probable du duché de Saint-Leu. Tout se termina, comme il fallait s'y attendre, par une offre d'argent, *pour continuer le voyage*. La reine refusa noblement. Heureusement elle avait encore quelques ressources, et, la veille, elle avait touché, chez le banquier Jacques Lefebvre, un mandat de 16,000 francs.

La reine ne croyait guère aux promesses de la cour bourgeoise. Déjà, quelques jours après la révolution de 1830, le nouveau roi Louis-Philippe lui avait fait tenir, par la grande-duchesse de Bade, quelques paroles d'espérance. Et, cependant, rien n'avait été accompli. Ce qui retenait la reine à Paris, ce n'était pas une illusion qu'elle ne pouvait plus garder, c'était l'état du prince. Louis-Napoléon (c'est ainsi que nous l'appellerons désormais, bien que, depuis la mort de son frère aîné, il signât, à son tour, comme aîné de la famille, Napoléon-Louis) était alité et la fièvre augmentait tous les jours. Il était impossible de penser à un départ que la fierté des exilés eût hâté en toute autre circonstance. Mais déjà la rumeur publique signalait leur présence à Paris. Les vieux souvenirs s'éveillaient. Le 5 mai arriva, date funèbre qui rappelait invariablement bien des regrets, bien des espérances. C'était le jour où, en mémoire du proscrit de Sainte-Hélène, les cœurs vraiment français se donnaient un silencieux rendez-vous au pied de la colonne impériale. Cette fois, il y eut une affluence significative, et de nombreuses couronnes d'immortelles furent déposées au pied de ce monument dans lequel le respect public voyait une tombe. La police s'émut de ces marques de souvenir qui semblaient une accusation contre le gouvernement nouveau. On voulut voir une émeute dans des rassemblements inoffensifs, et le maréchal Lobau, commandant général des gardes nationales, imagina, pour disperser cette foule sans armes, de faire amener des pompes au lieu de canons. Le ridicule, en cette occasion, retomba sur ceux qui avaient voulu le créer.

Le roi, cependant, était plongé dans une inquiétude profonde. Ces ovations silencieuses lui révélaient trop vite combien peu son pouvoir était affermi et de quel côté penchaient les vivaces sympathies de ce peuple dont il se flattait de posséder la confiance. En présence de ces craintes, la raison d'État fit taire chez Louis-Philippe les sentiments d'humanité, et le prince, malgré l'état inquiétant de sa santé, dut reprendre le chemin de l'exil. On exigea impérieusement le départ immédiat, et le 6 mai, la reine et son fils durent coucher à Chantilly; le 10, ils s'embarquèrent à Calais. Le lendemain, ils étaient à Londres.

L'HÉRITAGE DE NAPOLÉON II.

'HOSPITALITÉ britannique fit honte à l'ingratitude française, et les deux proscrits furent reçus, par les hommes les plus illustres de l'Angleterre, avec une sympathie qui alarma profondément le gouvernement français. L'ambassadeur de France était alors l'astucieux prince de Talleyrand.

Il s'informa, auprès du prince, du but de son voyage. Louis-Napoléon répondit à cette question officieuse qu'il était venu chercher à Londres une hospitalité provisoire, et qu'il en profiterait pour compléter son instruction. Et, en effet, il visitait les établissements industriels dont, seule à cette époque, l'Angleterre pouvait lui montrer d'intéressants modèles. Il s'enquit des procédés de science et de fabrication, augmentant ainsi, pour l'avenir, ce bagage pratique, cette somme d'expérience qu'il amassait dans un but toujours présent à sa pensée. Pour mieux marquer ses intentions, il se refusait à tous les honneurs qu'on voulait accorder à son nom, n'acceptant rien que l'expérience de ceux qu'il ne pouvait encore considérer que comme les bourreaux de sa famille.

Après quelque temps de ce stage industriel et pratique, le prince annonça son départ pour la Belgique. Nouvelles alarmes de la diplomatie. Un Bonaparte à Bruxelles, et le trône de Belgique était vacant ! Talleyrand, effrayé, offrit des passeports qui permettaient à la reine et à son fils de traverser la France, sous des noms supposés, et de gagner la Suisse, qu'on considérait comme un moins dangereux asile. Le 7 août, le prince et sa mère s'embarquèrent pour Calais, et traversèrent la France, sous les noms de baron et baronne d'Arenenberg, évitant de passer par Paris. La reine ne put, toutefois, résister au désir de faire un dernier et pieux pèlerinage au tombeau de l'Impératrice sa mère : les deux proscrits vinrent s'agenouiller dans l'église de Rueil. C'était la dernière fois que cette douloureuse satisfaction devait être donnée à la reine.

Quelques jours après, ils étaient de nouveau dans leur résidence d'Arenenberg. Là, Louis-Napoléon s'apprêtait à continuer ses méditations, enrichies d'une expérience toute nouvelle des hommes et des choses, quand une nouvelle conséquence de la révolution de juillet vint l'arracher un moment à son utile repos.

La Pologne s'agitait dans sa couche sanglante et, comme l'Italie, croyait pouvoir reconquérir ce droit qui ne se périme jamais, le droit de la nationalité. Qui pouvait penser qu'elle serait abandonnée par cette nation dont la tribune avait retenti de ce mot fameux : *La Pologne ne périra pas !*

Une députation secrète des chefs de l'insurrection de Varsovie se rendit à Arenenberg pour proposer au prince la conduite suprême du mouvement. Certes, jamais tâche plus honorable ne pouvait être entreprise. Il ne s'agissait pas là de profiter, pour un but d'ambition vulgaire, des passions de la multitude. Il s'agissait de rendre un peuple à lui-même et de constituer à la France un utile allié. La tentation était puissante, et les termes mêmes de l'invitation avaient de quoi remuer la fibre généreuse du prince. Voici un des passages de la lettre qu'apportait la députation polonaise :

« A qui la direction de notre entreprise pourrait-elle être mieux confiée qu'au neveu du plus grand capitaine de tous les siècles? Un jeune Bonaparte apparaissant sur nos plages, le drapeau tricolore à la main, produirait un effet moral dont les suites sont incalculables. Allez donc, jeune héros, espoir de votre patrie ; confiez à des flots, qui connaîtront votre nom, la fortune de César, et, ce qui vaut mieux, les destinées de la liberté. Vous aurez la reconnaissance de vos frères d'armes et l'admiration de l'univers.

» 28 août 1831.

» Le général, KNIAZEWICZ,
» Le comte PLATER, etc. »

La France avait dû les subir, ces honteux traités de 1815. Mais, au moins, devait-elle les faire respecter comme on lui demandait de les respecter elle-même ! Son gouvernement devait-il reconnaître à d'autres puissances le droit d'altérer sans elle ce qui avait été établi avec elle ? Ne devait-il pas exiger que chacun se renfermât dans la part qu'il s'était faite ?

Et voilà, cependant, que la Pologne allait devenir une province de la Russie, la mer Noire un lac russe. Louis-Napoléon pouvait, à défaut de la France abaissée, chercher à relever le vieux trône des Jagellons. Mais déjà la pensée politique avait mûri en lui. Il avait vu de près une de ces grandes émotions populaires, et lui-même avait risqué sa tête, sans profit pour la liberté. Il avait désormais reconnu que les conspirations préparées dans les sociétés secrètes échouent sur la place publique. En France, en Europe, tous ces mouvements isolés devaient expirer contre les gouvernements divers de Napoléon, de la Restauration, de juillet, contre les trônes de la Sainte-Alliance. Les vraies insurrections sont des actes naturels, spontanés, irrésistibles. L'insurrection qui ne s'étend pas avec la rapidité du fluide électrique, n'est qu'un coup de main.

Aussi, maître de Naples et du Piémont en 1825, de la Romagne en 1831, le carbonarisme s'était trouvé isolé dans sa victoire. Le peuple n'était pas avec lui par le bras, sinon par le cœur. Louis-Napoléon se résolut, dès cette époque, à ne compromettre, dans un coup de main, que son propre nom, que ses intérêts personnels. Le nom de Napoléon, mêlé à la révolte de Pologne, pouvait sembler un prétexte au timide gouvernement de juillet, pour retirer son appui à la Pologne. Si l'abandon était résolu à l'avance, tout l'odieux en retomberait sur ce gouvernement hypocrite.

A quelques mois de là, un général français disait à une tribune française : *L'ordre règne à Varsovie !* Quelques jours plus tard, et Louis-Napoléon était entraîné dans cette chute sanglante ; car, aussitôt qu'il fut assuré de la lâcheté du gouvernement français, il lui sembla qu'à lui seul était imposé le sacrifice. Il était parti, il touchait presque à la frontière polonaise, quand la Providence lui épargna ce dévouement inutile et dangereux. La Pologne était condamnée.

Ce n'était pas seulement un prince de la famille impériale, c'était un prétendant à l'Empire, c'était l'héritier de Napoléon qui venait d'être conservé à la France et au monde. Le 22 juillet 1832, Napoléon II mourait à Schœnbrünn.

A partir de ce jour, les inquiétudes et les espérances se déplacent. Les yeux se détournent de Vienne vers l'obscur canton de la Suisse qui renferme l'héritier de l'Empire populaire. Des espions politiques entourent Arenenberg, des émissaires diplomatiques sont envoyés pour sonder les intentions du prince. Un secrétaire de l'ambassade française, âme damnée de Talleyrand, s'établit dans l'hôtellerie de Volsberg, à proximité de la résidence de la reine. Les intrigues s'agitent et les partis politiques, en France, interrogent sérieusement celui qui peut être pour eux un appui ou un obstacle.

C'est à cette époque que se placent les premières ouvertures faites au prince par le parti démocratique.

Les oppositions diverses commençaient à se dessiner en France. Les unes prenaient ou affirmaient leur caractère ordinaire de violence. Les autres procédaient avec plus de calme. Mais toutes étaient marquées d'un signe commun qui n'avait pu échapper à la sagacité du prince. Légitimistes de l'*appel au peuple*, républicains du *suffrage universel*, parlementaires de la *réforme électorale*, tous, avec des nuances différentes, élevaient un drapeau semblable, s'appuyaient fatalement sur un principe identique. Cette foi commune des partis, cette formule inévitable, Louis-Napoléon lui donnait son nom véritable, *la souveraineté populaire*. Aussi, résolut-il de voir à l'œuvre les différents partis, pour dégager de toutes ses applications périssables le principe immortel placé si haut par son oncle.

L'Empereur, disait-il dès lors, est l'incarnation même de ce principe suprême que tous affirment, mais chacun à leur manière. Et, en effet, il n'eut qu'une passion, la France ; qu'un but, sa puissance et son éclat de grande nation ; qu'une ambition, celle de clore la révolution et d'ouvrir un vaste portique à notre avenir national. Ses facultés d'homme supérieur ne s'inspiraient que du plus pur patriotisme. Le bien-être du peuple, la gloire du pays, la suprématie de l'action française en Europe, ce furent les trois pensées principales et constantes de son règne dictatorial. C'est pour cela que la vieille Europe aristocratique l'avait pris en horreur. L'Angleterre avait juré la chute du héros qui l'écrasait, et qui donnait au principe démocratique toute la puissance de son génie. Les rois se sentaient anéantis par le géant du siècle. Ils soulevèrent le monde pour l'abattre et pour détrôner, dans le soldat parvenu, cette révolution française qu'il rendait formidable. Les coalitions monarchiques se ruaient contre l'Empire, comme elles s'étaient ruées contre la République. Pour elles, l'Empereur n'était que le *peuple en haut !*

Deux doctrines, deux états naturels à la société humaine se partagent l'empire du monde, la liberté et l'autorité. D'un côté est le droit absolu de chacun, de l'autre la force d'un seul, et pour excès à ces deux formes de la vie politique, l'oppression ou l'anarchie. Depuis que l'homme s'agite sous l'œil et sous la main de la Providence, la lutte est engagée entre ces deux systèmes. Or, la fusion de ces deux principes, en apparence irréconciliables, n'est possible que dans l'élévation d'un homme choisi, à la fois, par Dieu, source d'autorité, par le peuple, source de liberté.

On voit à quelle hauteur cette politique napoléonienne se tenait au-dessus des factions diverses.

Le faubourg Saint-Germain, ce vieux monde immobilisé, avec ses vieux noms, ses vieilles fortunes, ses vieux préjugés, ses vieux noms restés sonores, ses vieilles fortunes restées splendides, ses vieux préjugés toujours tenaces, le faubourg Saint-Germain boudait la monarchie nouvelle. Sous l'Empire, le chef de l'État, qui savait de quel poids pèse une noblesse, n'avait pas caché ses sympathies pour cette gloire de la France. Il l'avait en partie attirée à lui. Mais ces nobles, qui avaient cédé à l'Empereur, se retiraient de Louis-Philippe. Les agaceries des Tuileries nouvelles les trouvaient inflexibles. Seulement, la bouderie politique n'est pas un système, et on pouvait, à bon droit, suspecter la sincérité de la doctrine de l'appel au peuple chez les représentants attardés du droit divin.

Le chef de l'opposition honnête et intelligente du *National*, Armand Carrel, cet esprit plein, solide, ce cœur énergique, un peu roide, chevaleresque, à sa façon, et sincère avant tout, faisait dignement la leçon aux enfants terribles du parti républicain. A ceux qui insultaient aux souvenirs de l'Empire pour exalter d'autant les traditions odieuses de la terreur, à ceux qui déifiaient le chef sinistre de la montagne et qui métamorphosaient Robespierre en philanthrope, Carrel répondait avec une verve toute française : « Loin de répudier les traditions politiques de l'Empire, nous nous faisons gloire d'être de l'école de Napoléon. L'école de Napoléon, c'est celle de la convention, de Louis XIV, de Richelieu, de Henri IV. Nous voulons la France aussi grande, aussi redoutée que possible, parce que c'est le seul moyen qu'elle soit prospère et respectée. » (*National*, 8 mars 1832.)

Voilà comprendre la véritable grandeur, et il y a dans ces paroles un sentiment et comme un parfum de véritable patriotisme. Patriotisme large et sympathique à tout ce qui assure à la France la grandeur dans l'unité ! Patriotisme tout autrement respectable et intelligent que celui des platoniques amants de la guillotine, de ces niveleurs exclusifs, spirituellement nommés voltigeurs de 93.

On le voit, Carrel, et avec lui les républicains sincères, n'étaient pas éloignés d'adopter le prince et son double principe. L'éminent publiciste parlait ainsi du neveu de l'Empereur :

» Les ouvrages politiques et militaires de Louis-Napoléon Bonaparte annoncent une forte tête et un noble caractère. Le nom qu'il porte est le plus grand des temps modernes. C'est le seul qui puisse exciter fortement les sympathies du peuple français. *Si ce jeune homme sait comprendre les intérêts nouveaux de la France; s'il sait oublier les droits de légitimité impériale pour ne se souvenir que de la souveraineté du peuple, il peut être appelé un jour à jouer un grand rôle.* »

On sait si le prince a compris ce programme.

Carrel n'était pas le seul, parmi les grands chefs politiques, qui se rapprochât ainsi de la tradition napoléonienne. L'ancien promoteur de la conspiration des carbonari, le héros de l'indépendance américaine, jouet de la royauté bourgeoise à l'hôtel de ville, Lafayette, retournait à son tour au principe impérial, parce qu'il entrevoyait là une application sincère de cette souveraineté populaire qui fut toujours son idole.

Et cependant, entouré d'intrigues, de suggestions perfides ou séduisantes, l'exilé d'Arenenberg suivait sa voie avec ce calme impénétrable qu'il avait acquis dans les chocs de la politique. Sa réserve irritait les uns, décourageait les autres, mais révélait sa puissance aux plus habiles. Il suivait de l'œil, sans émotion apparente, les phases diverses du gouvernement de juillet. Il voyait une conduite anti-nationale préparant peu à peu la désaffection et le mépris. Il sentait que la France, indignée de son abaissement, amassait de sourdes colères. L'insurrection si inattendue des 5 et 6 juin 1832, jetait d'étranges clartés dans cet abîme. La séparation se faisait lentement, mais sûrement, entre la bourgeoisie privilégiée qui s'enrichissait à l'ombre du trône, et le peuple déshérité qui regrettait ses droits méconnus. Athée politique, le roi croyait pouvoir attacher à lui toute une nation en l'engraissant sans gloire. Des procès politiques sans nombre, des traités honteux dans l'histoire, le mécanisme même du gouvernement avili, usé par des intrigues flagrantes ; cette tragicomédie de Blaye, cette Vendée terminée par un accident de boudoir et la légitimité noyée dans une incartade ; ces ruses de Scapin politique dont la honte ne retombait pas seulement sur la princesse prise dans un piége odieux; cette attitude abaissée près de la Russie dont on implorait la reconnaissance tardive, près de l'Angleterre qui faisait acheter si cher sa lourde alliance ; tous ces symptômes indiquaient une maladie morale à laquelle la France ne se résignerait pas sans doute pour toujours.

En attendant le moment favorable, Louis-Napoléon continuait ses études politiques. En mai 1832, il fit paraître un livre remarqué, et sur lequel nous aurons occasion de revenir, les *Rêveries politiques*. On y lut dès lors, mais sans doute sans en apprécier l'importance, un projet de constitution dont les bases étaient déjà celles de la future constitution du 14 janvier 1852. Il faut, dès à présent, admirer dans cette nature spéciale un puissant caractère, la ténacité, l'esprit de suite.

Une autre brochure, publiée quelques mois après, révélait l'homme d'État à la fois et l'homme de guerre. Elle avait pour titre : *Considérations militaires sur la Suisse*. Le prince y établissait un système de ligne de défense capable de rendre la république inabordable aux hostilités des grandes puissances. L'effet de ce livre fut immense en Suisse. Le gouvernement helvétique et l'opinion populaire exprimèrent hautement leur reconnaissance pour le prince qui payait si noblement l'hospitalité. Ils comprirent qu'il était de leur devoir, comme de leur intérêt, de s'attacher par un lien d'honneur et d'estime ce citoyen nouveau qui s'offrait à eux. Le conseil du canton de Thurgovie adressa au prince le titre de citoyen *honoraire* de la république.

Cette pièce était ainsi conçue :

« Nous, président du petit conseil du canton de Thurgovie, déclarons que la commune de Sallenstein ayant offert le droit communal de bourgeoisie au prince Louis-Napoléon, par reconnaissance pour les bienfaits nombreux qu'elle avait reçus de la famille de la duchesse de Saint-Leu, depuis son séjour à Arenenberg, et le grand conseil ayant ensuite, par sa décision unanime du 14 avril, sanctionné ce don de la commune et décerné à l'*unanimité* le droit de bourgeoisie *honoraire* du canton, dans le désir de prouver combien il honore l'esprit de générosité de cette famille, et combien il apprécie son attachement au canton, déclarons que le prince Louis-Napoléon, fils du duc et de la duchesse de Saint-Leu, *est reconnu citoyen du canton de Thurgovie.*

« En vertu de quoi nous avons fait le présent acte de

bourgeoisie, revêtu de notre signature et du sceau de l'État.

» Le président du petit conseil,

» ANDERWERT.

« Le secrétaire d'État, MOERIHOFER.

» Donné à Frauenfeld, le 30 avril 1832. »

Le prince répondit :

Arenenberg, 15 mai 1832.

« Monsieur le président,

» C'est avec un bien grand plaisir que j'ai reçu le droit de bourgeoisie que le canton a bien voulu m'offrir. Je suis heureux que de nouveaux liens m'attachent à un pays qui, depuis seize ans, nous a donné une hospitalité si bienveillante.

» Ma position d'exilé de ma patrie me rend plus sensible à cette marque d'intérêt de votre part. Croyez que, dans toutes les circonstances de ma vie, *comme Français et Bonaparte*, je serai fier d'être citoyen d'un État libre. Ma mère me charge de vous dire combien elle a été touchée de l'intérêt que vous me témoignez.

» Je vous prie, monsieur le président, d'être auprès du conseil l'interprète de mes sentiments.

» Recevez l'assurance de ma parfaite estime.

» LOUIS-NAPOLÉON BONAPARTE. »

Le prince avait accepté parce que la qualité qu'on lui offrait n'entraînait pas la naturalisation. Il restait Français, comme le maréchal Ney, comme tant d'autres glorieux personnages qui acceptèrent des titres semblables ; comme le prince de Metternich lui-même à qui le titre de citoyen honoraire de la Suisse n'a jamais enlevé, qu'on sache, son titre de prince allemand.

Ce ne fut pas là le seul témoignage de l'estime et de l'affection croissante des hôtes du prince Louis-Napoléon. Ses connaissances spéciales lui valurent, en 1834, le brevet honoraire de capitaine d'artillerie au régiment de Berne. Il écrivit, en cette occasion, au président de ce canton, la lettre suivante :

« Monsieur le Président,

» Je reçois à l'instant le brevet qui m'apprend que le conseil exécutif de la République de Berne m'a nommé capitaine d'artillerie. Je m'empresse de vous en exprimer tous mes remercîments, car vous avez entièrement rempli mon désir. Ma patrie, ou plutôt le gouvernement de la France, me repousse parce que je suis le neveu d'un grand homme. Vous êtes plus juste à mon égard.

» Je suis fier de compter parmi les défenseurs d'un État où la *souveraineté du peuple* est reconnue comme base de la Constitution, et où chaque citoyen est prêt à se sacrifier pour la liberté et l'indépendance de son pays.

» Recevez, monsieur le Président, l'assurance de mes sentiments distingués.

» LOUIS-NAPOLÉON BONAPARTE »

A quelques mois de là, il publiait son *Manuel d'Artillerie*, œuvre modeste et excellente, considérée encore aujourd'hui comme un des meilleurs traités sur la matière. Ces études opiniâtres n'étaient interrompues que par des exercices gymnastiques dans lesquels excellait le prince. Tantôt il montait à cheval avec cette supériorité d'équitation qui le distingue; tantôt il se plaisait à traverser à la nage le lac de Constance. Il entretenait par des assauts fréquents son habileté reconnue dans le maniement des armes et dans les combats de lance à la polonaise. Enfin, il prenait sa part aux joutes fédérales, et remportait des couronnes d'adresse au tir national qui rassemble, une fois par an, dans une plaine immense, les tireurs les plus habiles de la Suisse.

Écoutons, sur les habitudes de sa vie, un témoin oculaire :

» Quant à ses goûts et à ses habitudes, ils sont ceux d'un homme qui n'apprécie la vie que par son côté sérieux; il ne connaît pas le luxe pour lui même. Dès le matin, il s'habille pour toute la journée; de toute sa maison, il est le plus simplement mis. quoiqu'il y ait toujours dans sa mise une certaine élégance militaire. Dès sa plus tendre jeunesse, il méprisait les usages d'une vie efféminée et dédaignait les futilités du luxe. Quoique alors une somme considérable fût déjà consacrée par sa mère à son entretien, c'était toujours la dernière chose à laquelle il pensait. Tout cet argent passait à des actes de bienfaisance, à fonder des écoles ou des salles d'asile, à étendre le cercle de ses études, à imprimer ses ouvrages politiques ou militaires, comme son *Manuel d'Artillerie*, ou bien à des expériences scientifiques. Sa manière de vivre a toujours été rude et frugale. A Arenenberg, elle était toute militaire. Son appartement, situé, non dans le château, mais dans un pavillon à côté, n'offrait rien de ce faste et de cette recherche qu'on remarquait dans la demeure de la reine Hortense. C'était vraiment la tente d'un soldat. On n'y voyait ni tapis, ni fauteuils, ni rien de ce qui peut énerver le corps; mais des livres de science et des armes de toute espèce. Pour lui-même, dès la pointe du jour, il était à cheval, et avant que personne fut levé au château, il avait déjà fait plusieurs lieues quand il se mettait au travail dans son cabinet. »

On nous permettra d'insister sur les côtés purement humains de cette riche nature. La sensibilité s'y alliait incessamment à l'énergie. Jamais son cœur n'oubliait ceux auxquels il s'était un instant intéressé. Mademoiselle Cochelet, dont les *Mémoires* nous ont révélé plus d'un détail important sur la vie de la famille impériale, s'était mariée, en 1822, avec M. Parquin et, bien qu'elle n'occupât plus dès lors les fonctions de lectrice auprès de la reine, son dévouement reconnaissant l'avait fixée près d'Arenenberg. Là elle s'occupait de l'éducation de sa fille, charmante enfant qui avait grandi sous les yeux du prince. Une maladie cruelle enleva la pauvre mère et la douleur de l'époux fut partagée par la reine et par le prince, qui écrivit alors à M. Parquin cette lettre touchante :

« Mon cher M. Parquin, écrivit-il sous la date du

14 mai 1835, vous ne pouvez douter de la vive douleur que nous avons ressentie en apprenant la terrible nouvelle de la mort de votre excellente femme (morte le 7 mai); ma mère en a été bien affectée, car elle perd en elle une amie d'enfance ; mais je ne veux pas accroître votre chagrin en vous parlant du nôtre ; je veux, au contraire, tâcher de vous donner quelques consolations en vous renouvelant l'expression de mon amitié, sur laquelle vous pouvez compter, et en vous assurant du vif intérêt que ma mère vous porte, ainsi qu'à votre pauvre petite Claire, qui doit être bien malheureuse.

» Malgré la triste prévision des médecins, nous espérions bien retrouver encore madame Parquin ; mais hélas ! sa vie était tellement empoisonnée par ses douleurs, que c'est pour elle un bienfait du ciel que d'avoir mis un terme à ses souffrances.

» Je regrette vivement de n'avoir pas été à Arenenberg pendant ces tristes moments, afin de vous prodiguer toutes les consolations que, en pareil cas, l'amitié seule peut offrir ; mais bientôt nous nous reverrons. et je me flatte de pouvoir, par ma sympathie et par la conformité de mes regrets, adoucir un peu vos douleurs.

» Embrassez bien tendrement Claire de ma part, et croyez à mon amitié.

» Napoléon-Louis Bonaparte. »

La bourse de Louis-Napoléon était ouverte à toutes les

infortunes. Quand la Pologne fut étouffée dans son sang, une foule de malheureux proscrits vinrent chercher en Belgique, en France, en Suisse une seconde patrie. Tous ceux qui passèrent par Constance reçurent, aux frais du prince, une hospitalité derrière laquelle se déguisait noblement l'aumône. Un jour, Louis-Napoléon envoya au comité polonais de Berne un nécessaire en vermeil qui, outre sa valeur intrinsèque, avait appartenu à l'Empereur. Ce beau présent fut mis en loterie et produisit 20,000 francs. Le comité polonais exprima au prince sa reconnaissance profonde par la lettre suivante :

« Nous serions bien heureux, s'il nous était possible de suivre l'impulsion de nos cœurs et de conserver comme un souvenir sacré un objet qui appartenait au grand homme, dont les Polonais, qui ont eu le bonheur de combattre sous ses ordres, déplorent d'autant plus la mort, qu'ils sont persuadés que, lui vivant, la Pologne n'eût point été condamnée à d'horribles supplices, et ses enfants à un long et douloureux exil.

» Cinq cents réfugiés polonais, pénétrés de sa généreuse sollicitude, ont l'honneur de présenter les sentiments du plus profond respect à l'illustre descendant de l'Empereur Napoléon. — 6 août 1833. »

Un autre jour, c'était un sabre magnifique que Louis-Napoléon faisait parvenir à M. Belmontet, commissaire d'une loterie présidée par Lafayette, et dont les produits étaient destinés aux détenus politiques, aux journaux frappés de condamnations et d'amendes. Sur la lame de cette arme de prix étaient gravés ensemble les emblèmes du Consulat et de l'Empire.

N'oublions pas un dernier trait qui peint à merveille le côté chevaleresque du caractère du prince. Une anecdote, puérile en apparence, peut souvent jeter un jour singulier sur les actions les plus importantes de la vie.

Un jour, la reine et son fils se promenaient dans le voisinage d'Arenenberg, sur une des collines qui dominent le lac de Constance. Quelques dames avaient accompagné les augustes promeneurs. Une d'elles se prit à parler de la galanterie française, et, rappelant les anciens exploits des Amadis, accomplis pour l'honneur et pour leur belle, elle fit remarquer combien le caractère français avait dégénéré, au moins de ce côté. Le prince soutenait, lui, qu'on trouverait encore des dévouements à opposer aux antiques prouesses de ces chevaliers prêts à donner leur vie pour leur dame. La belle incrédule prit alors dans ses cheveux une fleur et la jeta dans le torrent qui blanchissait à ses pieds ; et elle s'écria gaîment : « Quel est donc, aujourd'hui, le chevalier français qui irait chercher cette fleur ? » — A ces mots, le prince s'élance et se précipite dans le torrent, au milieu des cris de terreur de sa mère et des assistantes ; il lutte un instant contre les eaux et reparaît bientôt, tenant à la main la fleur jetée par l'imprudente. « Vous voyez, Madame, dit-il en la lui rendant, que les Français d'aujourd'hui n'ont rien à envier à leurs pères en fait de galanterie. J'ai voulu vous le prouver, Madame, quoique ce ne soit pas dans des prouesses de ce genre qu'on doive chercher à montrer son courage. »

Tel était le prince quand il fut amené par les événements à affirmer d'une manière éclatante ses prétentions et ses droits.

STRASBOURG.

Avant de montrer le prince affirmant, pour la première fois, son droit populaire, et protestant, les armes à la main, contre le gouvernement subreptice de Juillet, nous voulons prouver, par deux anecdotes, différentes et authentiques, la conscience intime de

ses destinées futures, la profonde droiture de son âme.

Que le prince, et tous ceux qui l'entouraient, fussent persuadés de la justice et du succès futur de sa cause, c'est ce qu'on ne saurait nier. Mais nul peut-être, plus que la reine, sa mère, ne fut plus fortement pénétré de cette conviction de l'avenir.

Pendant le séjour qu'avait fait la reine Hortense en Italie, lors du voyage de 1834, elle eut la fantaisie de consulter, non, comme on l'a dit, une vulgaire devineresse, mais une somnambule, négresse fort accréditée et dont plusieurs prédictions avaient déjà été confirmées par l'événement. On devine quelle fut la question adressée par la reine : un seul intérêt occupait désormais sa vie, une seule pensée était présente à toutes ses heures, l'avenir impérial de son fils. La négresse endormie s'écria : « Ah! je le vois, mais ce sera dans longtemps, je le vois; il est heureux, enfin, triomphant! Une grande nation le prend pour son chef. » — Pour empereur, n'est-ce pas? s'écria la mère palpitante d'émotion. — Pour chef, répondit la somnambule.

Et l'anecdote est antérieure à 1848.

Or, cette idée fixe de la mère, c'était aussi celle du fils, c'était celle de tous les amis qui les entouraient, de tous ceux qui approchaient le prince. Il y avait autour de lui comme une atmosphère de conviction qui s'emparait irrésistiblement des plus incrédules.

Mais, nous l'avons dit, seul peut-être, Louis-Napoléon

considérait l'avenir avec calme. Pour aucun intérêt présent, il n'eût voulu le compromettre, et ceux qui lui ont reproché plus tard des imprudences, des coups de tête, ne pouvaient savoir encore avec quelle suite, avec quelle logique infinie ses actions les plus blâmées le rappochaient d'un but clairement désigné.

Ainsi, lorsque la cause constitutionnelle eut définitivement triomphé en Portugal, lorsque don Miguel, exilé par l'indignation populaire, fit place à la reine dona Maria, on chercha par l'Europe un époux capable de présider aux destinées nouvelles de cette nation affranchie. Quelques-uns des Portugais les plus éminents, dont le bras avait servi la cause de l'indépendance, jetèrent les yeux sur le prince Louis-Napoléon et on lui fit proposer cette illustre alliance. Le prince refusa, donnant pour prétexte qu'il ne pouvait entrer en compétition avec le fils du prince Eugène de Beauharnais, avec son cousin, le duc de Leuchtenberg. Le duc épousa donc la reine dona Maria, mais cette union fut bientôt rompue par la mort, et des propositions nouvelles, des instances plus vives furent adressées au fils de la reine Hortense. Cette fois encore il refusa, mais il donna ce motif, vraie cause de son premier refus : Il ne voulait pas, dit-il, séparer ses intérêts et son avenir des intérêts et de l'avenir de la France.

C'est que déjà le prince était résolu à entrer dans cette carrière d'épreuves et de douleurs, qui devait être comme le noviciat de son glorieux avenir. Il n'avait pas cessé un moment de suivre avec intérêt la marche de l'opinion publique en France. Il avait trouvé, à chacune de ses paroles, à chacun de ses actes, un écho dans les cœurs vraiment français. Les vieux généraux de l'Empire, les hommes d'Etat nouveaux, les publicistes du progrès, avaient répondu à sa pensée, les uns avec la franchise du dévouement, les autres avec une circonspection significative, qui, sans contester le droit, voulait réserver les chances de la victoire ou de la défaite. Le héros mystifié de la révolution de 1830, le vieux Lafayette, n'avait pu lui cacher ses sympathies pour un nom qui représentait son idole, la souveraineté populaire. Carrel s'inclinait devant l'héritier de Napoléon et tous ceux qui avaient une véritable intelligence de la situation politique, comprenaient combien était mal affermie cette royauté bâtarde que six années n'avaient pu assurer sur le trône. L'esprit public s'était retiré définitivement des Bourbons de la branche cadette : avec eux était restée, seule, mais forte de sa position usurpée, l'aristocratie nouvelle, l'aristocratie bourgeoise, industrielle ou parlementaire. Celle-là tenait les places, occupait toutes les avenues du pouvoir, régnait sous le nom de Louis-Philippe. Mais le sol tremblait sous ses pas. Des conspirations incessantes, des complots ignobles, comme ceux des Fieschi et des Alibaud, menaçaient cette royauté de hasard, et on se demandait avec épouvante ce qui remplacerait la monarchie constitutionnelle si l'homme qui la représentait venait à disparaître. A toutes les conspirations avortées de ces six années une force avait manqué, la force du droit, du nom. On se disait que si le fils de l'Empereur eût vécu, il n'eût eu qu'à se présenter à la frontière pour entraîner à sa suite tous les cœurs et tous les bras. On se disait encore que la France était livrée à des hommes qui ne savaient pas la faire respecter. Qui eût pu croire qu'une révolution populaire la ferait descendre encore dans l'estime de l'Europe! Qui eût pu croire qu'on voilerait son drapeau, ce noble drapeau tricolore qui avait fait le tour du monde avec la liberté! l'armée, honteuse de son rôle, souffrait de cette infériorité à laquelle on la condamnait aux yeux de l'Europe et il semblait qu'elle ne pût faire un pas sans l'autorisation de l'Angleterre.

C'est alors que le prince se décida à tenter une de ces audacieuses aventures qui, si elles ne réussissent pas sur l'heure, servent au moins à dessiner nettement les positions diverses. Pendant l'année 1835, il avait fait plusieurs voyages à Bade, devenu le centre de ses affections de famille. Là, il avait pu voir un grand nombre d'officiers français qui franchissaient le pont de Kehl, soit pour prendre leur part des fêtes allemandes, soit pour s'aboucher avec le prince. Louis-Napoléon distingua parmi eux un officier de ce 4e régiment d'artillerie dans lequel Napoléon avait fait ses premières armes à Toulon, de ce 4e régiment d'artillerie qui, le premier, avait acclamé, à Grenoble, l'aigle échappée de sa prison de l'île d'Elbe. Cet officier, c'était le colonel Vaudrey, un de ces héros de Waterloo qui n'avaient pu oublier la défaite de la patrie. Avec le colonel, Louis-Napoléon avait aussi attaché à sa cause M. de Laity, jeune officier sortant de l'École polytechnique, enthousiaste des gloires impériales, le commandant Parquin, frère d'un avocat célèbre, M. le comte de Gricourt, MM. de Brue et de Querelles. Une femme énergique et dévouée, jeune et belle, madame Gordon, fut mise du secret. Enfin, un homme d'un cœur intrépide à la fois et d'une intelligence souple et déliée, M. de Persigny, rattacha les uns aux autres les fils divers de cette trame audacieuse.

Ame des entreprises hardies du prince, cœur fidèle et conseiller dévoué, M. de Persigny mérite une mention spéciale parmi ces courtisans de l'infortune. Jean-Gilbert-Victor-Fialin de Persigny est né à Herman-Lespinasse (Loire) de Henri-Fialin de Persigny et Anne de Girard de Charbonnière. Attaché par les traditions de sa famille à la cause de la légitimité, M. de Persigny avait conservé ces opinions impersonnelles jusqu'au jour où il fut présenté par M. Sari au prince Louis-Napoléon, alors en Angleterre. Ce jour décida de sa vie. Dès lors cet homme, que ses camarades d'enfance nommaient le Romain, n'aura plus qu'une raison de vivre, son dévouement au prince. L'amitié est devenue pour lui une passion, et sa croyance en Louis-Napoléon un culte.

Telle était la phalange, peu nombreuse, mais intrépide, qui s'associait aux espérances et aux dangers du neveu de l'Empereur. Ces espérances étaient-elles insensées ? On va le voir.

Le point le plus rapproché, et en même temps le plus vulnérable, le plus important si on pouvait l'occuper en maître, c'était Strasbourg. Appuyé sur une ville forte, si on parvenait à en rallier le peuple et la garnison, on agissait sur Paris par les Vosges, la Lorraine et la Champagne. On entraînait par un premier succès ces populations énergiques et patriotes au premier degré. On résolut donc de commencer par là. Le dimanche, 30 octobre 1836, à six heures du matin, le prince était à Strasbourg. Il y était entré la veille au soir, après avoir franchi au galop la distance qui sépare Bade de la frontière française. Il avait passé la nuit dans une vaste chambre où on avait réuni, sous différents prétextes, vingt-cinq officiers de toutes armes. Tout à coup, on leur annonce que le prince Louis-Napoléon Bonaparte est au milieu d'eux. Le neveu de l'Empereur, s'écrient-ils, qu'il soit le bienvenu parmi nous ! Le prince paraît et leur adresse ces paroles :

— Messieurs, c'est avec confiance que le neveu de l'Empereur se livre à votre loyauté ! Il se présente à vous pour savoir de votre bouche vos sentiments et vos opinions ; si l'armée se souvient de ses grandes destinées ; si elle sent les misères de la patrie, alors j'ai un nom qui peut vous servir : il est plébéien comme notre gloire passée ; il est glorieux comme le peuple. Aujourd'hui le grand homme n'existe plus, il est vrai, mais la cause reste la même ; l'aigle, cet emblème sacré, illustré par cent batailles, représente, comme en 1815, les droits du peuple méconnus et la gloire nationale compromise. Messieurs, l'exil a accumulé sur moi bien des chagrins et des soucis ; mais comme ce n'est pas une ambition personnelle qui me fait agir, dites-moi si je me suis trompé sur les sentiments de l'armée ; et, s'il le faut, je me résignerai à vivre sur la terre étrangère, en attendant un meilleur avenir.

— Non, répondirent unanimement les officiers, non, vous ne languirez pas dans l'exil ; c'est nous qui vous rendrons une patrie ; toutes nos sympathies vous étaient acquises depuis longtemps ; nous sommes las, comme vous, de l'inaction où on laisse notre jeunesse ; nous sommes honteux du rôle que l'on fait jouer à l'armée.

Encouragé par cette adhésion chaleureuse, le prince fit ses dispositions pour le mouvement arrêté entre lui et ses amis.

La garnison de Strasbourg était composée de trois régiments d'artillerie, dont un de pontonniers, de trois régiments d'infanterie, et d'un bataillon du génie. Ces troupes occupaient des casernes situées le long des remparts de la ville et assez éloignées les unes des autres. L'un des régiments d'infanterie, le 46ᵉ de ligne, était caserné à l'extrémité d'un cordon de remparts le long duquel devait se passer toute l'action militaire, puisque les points importants, la préfecture, la division militaire, la subdivision, l'hôtel de ville, s'étendaient sur cette ligne. Le 16ᵉ de ligne logeait dans la citadelle et le 14ᵉ léger était caserné, ainsi que le bataillon du génie, dans une position excentrique, et en dehors des opérations de la journée. Le 4ᵉ d'artillerie occupait un point central, le quartier d'Austerlitz. C'était le régiment du colonel Vaudrey, ce fut le point choisi pour l'action.

Dès cinq heures du matin, le colonel avait fait rassembler son régiment en armes et à pied, avec un piquet de soixante chevaux. Le prince devait se présenter devant ces hommes avec son état-major improvisé. Puis, on se porterait vers le 46ᵉ et des détachements seraient envoyés pour s'assurer des autorités. Le lieutenant général de la division militaire était le général Voirol, vieux soldat de l'Empire, sur lequel on croyait pouvoir compter.

Cependant le prince donnait ses instructions dernières et faisait distribuer les proclamations suivantes :

AU PEUPLE.

Français,

« On vous trahit ; vos intérêts politiques, vos intérêts commerciaux, votre honneur, votre gloire sont vendus à l'étranger.

« Et par qui ? par des hommes qui ont profité de votre belle révolution et qui en renient tous les principes. Est-ce donc pour avoir un gouvernement sans parole, sans honneur, sans générosité, des institutions sans force, des lois sans liberté, une paix sans prospérité et sans calme, enfin, un présent sans avenir, que nous avons combattu depuis quarante ans?

» En 1830, on imposa un gouvernement à la France sans consulter ni le peuple de Paris, ni le peuple des provinces, ni l'armée française; tout ce qui a été fait sans vous est-il légitime?

Un congrès national, élu par tous les citoyens, peut seul avoir le droit de choisir ce qui convient le mieux à la France.

» Fier de mon origine populaire, fort de quatre millions de votes qui me destinaient au trône, je m'avance devant vous comme un représentant de la souveraineté du peuple.

» Il est temps qu'au milieu du chaos des partis une voix nationale se fasse entendre; il est temps qu'au cri de la liberté trahie vous renversiez le joug honteux qui pèse sur notre belle France. Ne voyez-vous pas que les hommes qui règlent nos destinées sont encore les traîtres de 1814 et de 1815, les bourreaux du maréchal Ney?

» Pouvez-vous avoir confiance en eux?

» Ils font tout pour complaire à la Sainte-Alliance. Pour lui obéir ils ont abandonné les peuples nos alliés; pour se soutenir ils ont armé le frère contre le frère; ils ont ensanglanté nos villes, ils ont foulé aux pieds nos sympathies, nos volontés, nos droits.

» Les ingrats! ils ne se souviennent des barricades que

pour préparer les forts détachés. Méconnaissant la grande nation, ils rampent devant les puissants et insultent les faibles. Notre vieux drapeau tricolore s'indigne d'être plus longtemps entre leurs mains ! Français ! que le souvenir du grand homme qui fit tant pour la gloire et la prospérité de la patrie vous ranime.

» Confiant dans la sainteté de ma cause, je me présente à vous, le testament de l'Empereur Napoléon d'une main, son épée d'Austerlitz de l'autre. Lorsqu'à Rome le peuple vit les dépouilles ensanglantées de César, il renversa ses hypocrites oppresseurs. Français ! Napoléon est plus grand que César : il est l'emblème de la civilisation au xix siècle.

» Fidèle aux maximes de l'Empereur, je ne connais d'intérêts que les vôtres, d'autre gloire que celle d'être utile à la France et à l'humanité ; sans haine, sans rancune, exempt de l'esprit de parti, j'appelle sous l'aigle de l'Empereur tous ceux qui sentent un cœur français battre dans leur poitrine.

» J'ai voué mon existence à l'accomplissement d'une grande mission. Du rocher de Sainte-Hélène, un rayon du soleil mourant a passé dans mon âme. Je saurai garder ce fruit sacré, je saurai vaincre ou mourir pour la cause du peuple.

» Hommes de 1789, hommes du 20 mars 1815, hommes de 1830, levez-vous ! Voyez qui vous gouverne, voyez l'aigle, emblème de gloire, symbole de liberté, et choisissez.

» Vive la France ! Vive la liberté !

» Napoléon. »

Ce document est la manifestation première d'une pensée immuable et que la France ne devait comprendre que plus tard. Le prince, on le voit, ne se posait pas en représentant de l'hérédité napoléonienne, mais de l'élection populaire. Il attaquait le point vulnérable de la monarchie constitutionnelle, et c'est ce qui explique la terreur profonde qui saisit l'usurpateur de 1830, à la nouvelle de ce coup de main impérial.

Une autre proclamation portait ce titre :

A L'ARMÉE.

Le prince n'avait de ce côté que des souvenirs de gloire à réveiller, qu'une histoire d'honneur et de puissance à mettre en parallèle avec les hontes du présent.

« Soldats !

» Le moment est venu de recouvrer votre ancienne splendeur ! Faits pour la gloire, vous pouvez, moins que d'autres, supporter plus longtemps le rôle honteux qu'on vous fait jouer. Le gouvernement qui trahit nos intérêts civils voudrait aussi ternir notre honneur militaire. L'insensé ! croit-il que la race des héros d'Arcole, d'Austerlitz, de Wagram, soit éteinte ?

» Voyez le lion de Waterloo, encore debout sur nos frontières ; voyez Huningue privée de ses défenses, voyez les grades de 1815 méconnus ; voyez la Légion d'honneur prodiguée aux intrigants et refusée aux braves ; voyez notre drapeau.... il ne flotte nulle part où nos armées ont triomphé ! Voyez enfin partout trahison, lâcheté, influence étrangère, et écriez-vous avec moi : Chassons les barbares du Capitole ! Soldats, reprenez ces aigles que nous avions dans nos grandes journées ; les ennemis de la France ne peuvent en soutenir les regards, ceux qui nous gouvernent ont déjà fui devant elles ? Délivrer la patrie des traîtres et des oppresseurs, protéger les droits du peuple, défendre la France et ses alliés contre l'invasion : voilà la route où l'honneur vous appelle ; voilà votre sublime mission.

» Soldats français, quels que soient vos antécédents, venez tous vous ranger sous le drapeau tricolore régénéré ; il est l'emblème de vos intérêts et de votre gloire. La patrie divisée, la liberté trahie, l'humanité souffrante, la gloire en deuil, comptent sur vous, vous serez à la hauteur des destinées qui vous attendent.

» Soldats de la République, soldats de l'Empire, que mon nom réveille en vous votre ancienne ardeur. Et vous, jeunes soldats, qui êtes nés comme moi au bruit du canon de Wagram, souvenez-vous que vous êtes les enfants des soldats de la grande armée. Le soleil de cent victoires a éclairé notre berceau. Que nos hauts faits ou notre trépas soient dignes de notre naissance. Du haut du ciel, la grande ombre de Napoléon guidera nos bras, et, contente de nos efforts, elle s'écriera : Ils étaient dignes de leurs pères !

» Vive la France ! Vive la liberté !

» NAPOLÉON. »

France et liberté, dignité du pays, ordre et grandeur, qui mieux que le neveu de l'Empereur pouvait prononcer ces mots et en garantir la vérité féconde?

Aux habitants de Strasbourg, le prince disait :

« Alsaciens ! à vous l'honneur d'avoir les premiers renversé une autorité qui, esclave de la Sainte-Alliance, compromettait chaque jour davantage notre avenir de peuple civilisé. Le gouvernement de Louis-Philippe vous détestait particulièrement, braves Strasbourgeois, parce qu'il déteste tout ce qui est grand, généreux, national. Il a blessé votre honneur en cassant vos légions ; il a froissé vos intérêts en conservant les droits d'entrée, et en permettant l'établissement des douanes étrangères qui paralysent votre commerce.

« Strasbourgeois ! vous avez mis la main sur vos blessures et vous m'avez appelé au milieu de vous, pour qu'ensemble, nous vainquions ou mourions pour la cause du peuple. Aidé par vous et par les soldats, je touche enfin, après un long exil, le sol sacré de la patrie. Grâces vous en soient rendues ! Alsaciens ! mon nom est un drapeau qui doit vous rappeler de grands souvenirs ; et ce drapeau, vous le savez, inflexible devant les partis et l'étranger, ne s'incline que devant la majesté du peuple.

» Honneur, patrie, liberté, voilà notre mobile et notre but ; Paris, en 1830, nous a montré comment on renverse un gouvernement impie ; montrons-lui à notre tour comment on consolide les libertés d'un grand peuple. Strasbourgeois ! demain nous marchons sur Paris pour délivrer la capitale des traîtres et des oppresseurs.

» Reformez vos bataillons nationaux qui effrayaient un gouvernement impopulaire ; gardez, pendant notre absence, votre ville, ce boulevard de l'indépendance de la France, aujourd'hui le berceau de sa régénération. Que l'ordre et la paix règnent dans vos murs, et que le génie de la France veille avec vous sur vos remparts.

» Alsaciens ! avec un grand peuple on fait bien des choses. J'ai une foi entière dans le peuple français.

» NAPOLÉON »

Tout était prêt : le moment venu, une seule pensée vint attrister le prince, sans pouvoir le faire hésiter un instant. Ce fut la pensée de sa mère. Il l'avait quittée en prétextant une partie de chasse. — » Pauvre mère, dit-il, elle qui s'inquiète si facilement. Il faut cependant qu'elle apprenne par moi, bon ou mauvais, le sort qui m'attend. » Et il écrivit deux lettres. Dans l'une, il disait à la reine : » J'ai vaincu. La France a accueilli en moi l'héritier de l'Empereur. » Et dans l'autre : « J'ai été vaincu ; je meurs pour une belle cause, pour la cause du peuple français qui me regrettera un jour. Ne me pleurez pas ; n'accusez personne. *Personne ne m'a entraîné.* C'est moi seul qui ai voulu rendre à la France sa gloire et ses libertés. En passant le Rhin, j'étais préparé à tout. »

Qu'on dise encore que ce fut là une folle équipée, conçue par une tête ardente, exécutée sans réflexion. Lui seul a mûri le plan, lui seul en veut la responsabilité. Il en a calculé toutes les chances. Il sait que si un régiment résiste à l'entraînement, il est perdu. Il a sacrifié sa vie à l'avance : il est prêt à tout supporter, même le ridicule qui s'attache aux grandes entreprises avortées.

Cependant, on a sonné l'assemblée au quartier du colonel Vaudrey. La neige avait tombé toute la nuit. Le ciel se rassérène avec l'aube. Le prince arrive dans la cour du quartier. Le colonel Vaudrey, à sa vue, met le sabre en main et s'écrie d'une voix vibrante :

« — Soldats du 4e régiment d'artillerie ! une grande révolution commence en ce moment. Le neveu de l'Empereur, le prince Louis-Napoléon Bonaparte, ici présent, vient se mettre à votre tête. Il arrive sur le sol français pour reconquérir les droits du peuple et rendre à la France sa gloire et sa liberté. Il s'agit de vaincre ou de mourir pour une grande cause, pour la cause du peuple. Soldats du 4e régiment d'artillerie ! le neveu de l'Empereur Napoléon peut-il compter sur vous ?

« — Oui, mon colonel, répondent les soldats avec enthousiasme. Et on entend retentir les cris de *Vive la liberté ! vive l'Empereur !* Le prince se jette dans les bras du colonel : puis se tournant vers les soldats :

« Soldats, s'écrie-t-il, résolu à vaincre ou à mourir pour

la liberté du peuple français, c'est à vous les premiers que j'ai voulu me présenter, parce qu'entre vous et moi il y a de grands souvenirs. C'est dans votre régiment que l'Empereur Napoléon, mon oncle, a fait ses premières armes; c'est dans vos rangs qu'il s'est illustré au siége de Toulon; et c'est encore votre brave régiment qui lui ouvrit les portes de Grenoble au retour de l'île d'Elbe. Soldats! de nouvelles destinées vous sont réservées. A vous la gloire de commencer une grande entreprise; à vous l'honneur de saluer les premiers l'aigle d'Austerlitz et de Wagram. »

Et il saisit l'aigle que portait un de ses officiers, l'élève au-dessus de sa tête en criant : *Vive la France! vive la liberté!* Les acclamations du régiment tont entier lui répondent. On se dirige vers la lieutenance générale. Le régiment, musique en tête, traverse la ville aux cris de *Vive l'Empereur! Vive Napoléon!* Les habitants se réunissent en foule au cortége.

Ici, laissons la parole à un témoin oculaire, à M. de Persigny lui-même. Il nous dira, avec l'autorité de son nom et de son caractère, l'effet puissant de cette apparition magique.

« *Vive Napoléon III! Vive l'Empereur! Vive le premier Consul! Vive le Président de la République!* tels étaient les cris qui s'élevaient de toutes parts.

» — C'est le neveu de l'Empereur, disaient les soldats.

» — C'est le fils du vertueux roi de Hollande.

» — C'est aussi le neveu du prince Eugène, et le petit-fils de l'impératrice Joséphine! répondait le peuple.

Et l'on entourait le prince, on se pressait autour de lui, on le séparait de sa troupe. Tous voulaient le voir, le toucher, lui parler.

» — Quel gouvernement aurons-nous, lui demandait-on?

» — Celui que la nation voudra, répondait le prince.

» — Le peuple en décidera, ajoutaient ses officiers.

» — Et les cris redoublés de *Vive Napoléon!* semblaient prouver au prince qu'il avait deviné les vrais sentiments du peuple. »

Pendant ce temps, les officiers de l'état-major du prince se rendaient à leurs casernes pour porter aux autres régiments la nouvelle du mouvement. Ceux de l'artillerie avaient ordre de faire monter à cheval le 3e de cette arme, et de mettre les pontonniers en mesure de marcher au premier signal. Le lieutenant Laity se charge de ce dernier soin. Un officier, M. Lombard, part pour faire afficher les proclamations : le lieutenant Piétri s'établit au télégraphe.

La colonne principale arrive à la lieutenance générale. Le prince, le colonel Vaudrey, M. Parquin sont en tête. On monte chez le colonel Voirol, commandant la division militaire.

« Général, lui dit le prince en s'avançant vers lui, une

révolution commence en ce moment pour la gloire et la liberté du peuple français. Je viens vers vous en ami. La garnison soulevée me suit; voici l'aigle impériale : décidez-vous. »

Et il tend la main au général. Mais celui-ci la refuse et répond qu'il ne peut violer son serment. On arrête le général et on le fait garder à vue. M. Voirol n'avait pas, sans doute, oublié les vieilles gloires de l'Empire; mais il avait au roi Louis-Philippe des obligations personnelles. Il témoigna du reste plus tard, par ses regrets sincères, par ses larmes, combien il lui en coûta pour ne pas suivre la fortune du nouveau Napoléon.

Le général laissé sous la garde de l'énergique M. Parquin, on se dirige vers la caserne Finkmatt. Mais ici se produit un de ces incidents qui décident des événements. Le prince ne sait pas le chemin du rempart : on l'entraîne, par erreur, dans la direction du faubourg Pierre. Il n'y a là aucun de ceux qui pourraient signaler sa faute. M. de Persigny, l'aide de camp du prince, qui, mieux que personne, a étudié les localités, qui sait tous les détails du plan, est occupé à s'assurer de la personne du préfet. On continue donc à marcher, et le prince arrive presque seul à la caserne, au lieu de s'y présenter suivi d'un régiment enthousiaste. Les artilleurs sont restés massés dans une rue étroite.

Mais le temps presse. La promptitude d'exécution est ici la moitié du succès. Louis-Napoléon s'avance, donne à l'officier commandant la garde du quartier l'ordre d'assembler le régiment. Celui-ci, effrayé de sa responsabilité, hésite. Mais, au nom de l'Empereur, les soldats sont accourus. Un vieux sergent-major s'empare de la main du prince et la baise en fondant en larmes. Tous sont entraînés par cet exemple et, là encore, retentissent les cris de : *Vive Napoléon !*

Que se passait-il cependant à la préfecture ? M. de Persigny et M. le comte de Gricourt avaient surpris au lit le préfet qui s'habille avec une lenteur calculée. On le conduit enfin au quartier d'Austerlitz. Mais, au bout de vingt minutes, un adjudant-major lui ouvre les portes de la chambre où on l'avait renfermé. Il en était de même du général Voirol, un officier d'état-major avait réussi à le dégager. Le général s'était hâté de monter à cheval et s'était rendu à l'hôtel de ville. De là, il envoie un officier avec ordre de faire lever le pont-levis de la citadelle, et il se transporte lui-même à la citadelle, occupée par le 26e de ligne qui, tout nouvellement arrivé du camp de Compiègne, pouvait être considéré comme plus attaché à la famille d'Orléans.

Il fallut cependant plus que ces incidents imprévus, plus que ces obstacles soudains pour arrêter le prince dans sa marche triomphante. Il fallut un mensonge indigne d'un officier français. Un officier d'état-major court à la caserne Finkmatt et, s'adressant aux soldats qui entourent le prince : « Soldats, s'écrie-t-il, on vous trompe ; l'homme que vous accueillez avec enthousiasme n'est pas le neveu de l'Empereur ; c'est un imposteur. Je le reconnais, c'est le neveu du colonel Vaudrey. » Les soldats sont ébranlés. Quelques-uns ajoutent foi au mensonge. Leur enthousiasme se change en fureur. Ils croient à une mystification. Les sabres sont tirés, le colonel Taillandier profite de ce revirement des esprits, fait battre la charge. Une lutte est imminente. Le prince se jette entre les soldats partagés en deux camps ; il veut empêcher à tout prix l'effusion du sang. Il va périr victime de sa générosité, quand quelques artilleurs dévoués l'enlèvent et le placent dans leurs rangs. Il veut s'emparer d'un cheval ; mais les soldats de ligne, sur l'ordre du colonel Taillandier, se précipitent, l'entourent et le font prisonnier.

On voit par quelle fatalité échoua cette entreprise amenée à deux doigts du succès. Le calme et la résignation du prince furent admirables. Il ne pensa qu'à ses amis. « Colonel Vaudrey, s'écria-t-il, me pardonnerez-vous de vous avoir entraîné dans cette malheureuse aventure ! » Et, comme un officier lui témoignait sa douleur ? — « Eh bien ! ajouta-t-il, je ne mourrai pas du moins sur la terre étrangère »

Et cependant, tout réussissait ailleurs. Le 3ᵉ d'artillerie était déjà à cheval, rangé en bataille, acclamant le nom de Napoléon. Les pontonniers, sous la conduite du lieutenant Laity, attendaient vainement des ordres. Sans l'incident de la Finkmatt, la révolution était faite. Et, même après qu'on eut appris l'arrestation du prince, les ouvriers, le peuple voulaient l'enlever et, sans armes, lançaient des pierres contre la ligne, qui ne put les disperser qu'à coups de fusil. Pour calmer la population, l'autorité ne recula pas devant le grossier mensonge qui l'avait déjà si bien servie. On publia que l'homme qui s'était présenté aux troupes n'était pas Louis-Napoléon Bonaparte.

L'effet produit à Paris par la nouvelle de la tentative de Strasbourg fut immense. La royauté trembla : les fonds baissèrent, et c'est à peine si le triomphe put rassurer le gouvernement. Enfin les journalistes à sa solde s'écrièrent à l'envi que c'était là une folle entreprise, qu'il n'y avait plus de révolutions possibles : on démasqua des terreurs secrètes en s'obstinant à voir derrière ce coup de main isolé une vaste conspiration qui devait envelopper la France tout entière.

Un événement peu connu, qui éclata le jour même sur un autre point du pays, fit croire à une corrélation secrète. Le 30 octobre, un brigadier du 1er régiment de hussards, en garnison à Vendôme, le nommé Bruyant, se trouvait à l'auberge de la Tête-Noire avec quatorze hussards du régiment. Dans cette réunion, le projet avait été arrêté de faire sonner à cheval pendant la nuit, de s'emparer des postes et des officiers, d'arrêter les autorités, et de *proclamer la République*.

De là, les révoltés devaient marcher sur les villes voisines pour grossir leur parti.

Cette réunion, pendant qu'elle se tenait, fut dénoncée au

lieutenant-colonel du régiment, qui s'empressa de faire arrêter le brigadier et les autres hussards ses complices. Bruyant, ayant été amené à la salle de police, profita d'un instant de liberté pour tirer un coup de pistolet, à bout portant, sur un maréchal des logis qui eut le corps traversé par la balle et tomba mort. Bruyant, dans ce moment de confusion, échappa à ses gardes, s'enfuit du quartier, traversa le Loir, et courut à travers les champs. Son principal complice, le hussard Thierry, parvint également à s'échapper à la première alerte.

A deux heures de la nuit, Bruyant, las d'errer sans abri, et d'être traqué comme une bête fauve, se décida à rentrer de lui-même à la caserne. On le mit au cachot. Interrogé bientôt par le procureur du roi, il ne chercha point à déguiser son projet et ses folles espérances. Il fut traduit devant un conseil de guerre et condamné à mort avec Thierry, l'un de ses complices; trois autres accusés furent condamnés à des peines moins sévères.

On comprit qu'il n'y avait entre l'affaire de Strasbourg et cette ridicule entreprise aucun lien possible : mais on s'en empara pour s'écrier qu'il y avait là plus qu'une échauffourée, une conspiration immense. Et, pour jeter la confusion dans les esprits, on alla jusqu'à avancer que l'affaire de Strasbourg était républicaine par le fond, impériale seulement par la forme.

Le premier soin du prince avait été d'assumer l'entière

responsabilité de l'entreprise. Sa seconde pensée fut pour sa mère. Il se hâta de lui écrire pour lui raconter son insuccès et la rassurer au moins sur sa vie.

Il lui disait :

« Hier matin, dimanche, je me suis présenté au 4ᵉ régiment d'artillerie, qui m'a reçu aux cris de Vive l'Empereur ! Le 46ᵉ a résisté et nous nous sommes trouvés cernés dans la cour de la caserne. *Heureusement il n'y a pas eu de sang français versé*, et c'est une consolation au milieu de mes malheurs. »

Déjà la pauvre reine était instruite. Qui peindra ses mortelles angoisses ! Elle courut à la frontière et rien ne put l'empêcher de braver la défense qui lui interdisait le sol de la France.

Qu'allait-on faire cependant de l'illustre prisonnier ? Déjà le gouvernement de Louis-Philippe se sentait embarrassé de son triomphe. On eût voulu frapper tous les prisonniers, et cela eût été facile si on avait pu les traduire devant un conseil de guerre à Strasbourg. Mais la loi était formelle ; il y avait parmi les captifs des accusés civils, et leur qualité s'opposait à la juridiction militaire. Or, comme la disjonction était impossible, les accusés militaires devenaient justiciables de la Cour d'assises. En attendant une décision, le prince avait été incarcéré dans la maison de correction de Strasbourg. M. Lebel, chef d'une escouade de geôliers de la conciergerie, fut envoyé de Paris avec mission expresse de resserrer le prince autant que possible. Il y eut autour de l'illustre captif un véritable luxe de précautions; l'empressé M. Lebel alla jusqu'à faire calfeutrer les fenêtres et à priver d'air son prisonnier. Enfin, le mercredi 9 novembre, arriva de Paris un chef d'escadron de gendarmerie, accompagné d'un officier et de cinq gendarmes : cet officier supérieur était porteur d'un ordre, adressé au préfet du Bas-Rhin, de remettre entre ses mains le prince Louis-Napoléon Bonaparte.

Laissons le prince raconter lui-même ce voyage :

« Le 9 au soir on vint me prévenir, dit-il dans une lettre à sa mère, que j'allais être transféré dans une autre prison. Je sors et je trouve le général et le préfet qui m'emmènent dans leur voiture sans me dire où l'on me conduisait. J'insiste pour qu'on me laisse avec mes compagnons d'infortune, mais le gouvernement en avait décidé autrement. Arrivé dans l'hôtel de la préfecture, je trouvai deux chaises de poste; on me fit monter dans l'une avec M. Cuynat, commandant de la gendarmerie de la Seine, et le lieutenant Thiboutot; dans l'autre il y avait quatre sous-officiers.

» Lorsque je vis qu'il fallait quitter Strasbourg et que mon sort allait me séparer des autres accusés, j'éprouvai une douleur difficile à peindre; me voilà donc forcé d'abandonner des hommes qui se sont dévoués pour moi; me voilà donc privé des moyens de faire connaître, dans ma défense, mes idées et mes intentions; me voilà donc recevant un soi-disant bienfait... Je m'exhalai en plaintes et en regrets, je ne pouvais que protester.

» Les deux officiers qui me conduisaient étaient deux officiers de l'Empire, amis intimes de M. Parquin : aussi eurent-ils pour moi toute sorte d'égards; j'aurais pu me croire voyageant avec des amis. Le 11, à deux heures du matin, j'arrivai à Paris à l'hôtel de la préfecture de police; M. Delessert m'apprit que j'allais repartir dans deux heures pour Lorient et que de là je passerais aux Etats-Unis sur une frégate française.

» Je dis au préfet que j'étais au désespoir de ne pas partager le sort de mes compagnons d'infortune; que, retiré ainsi de prison avant d'avoir subi un interrogatoire général, on m'ôtait les moyens de déposer de plusieurs faits qui étaient en faveur des accusés ; mais mes protestations étant restées infructueuses, je pris le parti d'écrire au roi, et je lui dis tout le chagrin que j'éprouvais à être traité d'une manière exceptionnelle, et la reconnaissance que j'éprouverais du pardon accordé à d'anciens soldats, entraînés par moi et séduits par de glorieux souvenirs. »

Notons à chaque instant de pareils traits de caractère. Celui qu'on se plaisait à représenter à cette époque comme un fou imprudent, jouant à plaisir sur un coup de dé sa vie et celle des autres, ne se pose en aucune façon en héros vaincu.

Rien de plus simple que son attitude, que ses paroles. Il réclame toute la responsabilité de ses actes, mais sans vaine forfanterie. Il n'a qu'une pensée, celle d'éviter à ses malheureux compagnons un châtiment terrible. Dans son infortune, son cœur aimant n'est occupé qu'à reconnaître les intentions bienveillantes que lui prodiguent jusqu'à ses ennemis du moment. Le lieutenant Thiboutot, l'un des officiers qui l'accompagnent et dont les bons procédés lui rendent plus supportable sa situation douloureuse, aura une place dans son souvenir et, plus tard, sans l'avoir sollicité, il obtiendra, du prince reconnaissant, la place de commandant du palais de l'Elysée.

On arriva à Paris, le 11, à deux heures du matin. Le prisonnier et son escorte descendirent à la préfecture de police. « Que veut-on faire de moi ? demanda le prince à

M. Delessert. — Monseigneur, répondit le préfet, sur les sollicitations de votre mère, la reine Hortense, le roi a décidé que vous seriez embarqué à Lorient pour l'Amérique. » — Le prince se récria vivement. Pourquoi l'enlever de cette façon clandestine? Reculerait-on devant un procès public? Etait-ce là de la loyauté? Une pareille conduite tendait à faire croire qu'il avait sollicité une grâce, tandis qu'il appelait de tous ses vœux un jugement qui lui permettrait de s'expliquer à la face de la France.

Un jugement public! C'est là ce que le cauteleux gouvernement de juillet voulait éviter avant tout. Comme il avait fait avec madame la duchesse de Berry, il voulait faire encore avec le neveu de l'Empereur. Les amis du château avaient, cette fois encore, conseillé la ruse, plus forte à leurs yeux que la violence. N'était-ce pas un coup de maître que de tuer moralement cet autre prétendant et de n'avoir pas même à se charger de sa garde? Aussi, avait-on invoqué, avec une sorte de compassion perfide, le précédent de l'insurrection vendéenne. Pouvait-on faire plus aujourd'hui qu'alors, contre celui-ci que contre celle-là? N'y aurait-il pas injustice à traiter différemment le prétendant impérial?

Aussi, malgré les nobles protestations du prince, on le fit partir sous bonne escorte et il arriva à Lorient, dans la nuit du 14 au 15, à deux heures du matin. Il fut écroué pendant la journée dans la citadelle dont on leva les ponts-levis. La frégate l'*Andromède* appareillait dans la rade : dans la soirée du 15, un détachement vint chercher le prince ; un canot le reçut et l'*Andromède* fit voile pour l'Amérique.

Ce que le gouvernement de Louis-Philippe avait refusé à son captif, celui-ci sut l'obtenir de la publicité malgré tous les efforts. Et d'abord il écrivit à sa mère cette lettre pleine de tendresse et de dignité :

« Ma chère mère,

» Je reconnais, à votre démarche, toute votre tendresse pour moi ; vous avez pensé au danger que je courais, mais vous n'avez pas pensé à mon honneur, qui m'obligeait à partager le sort de mes compagnons d'infortune. Ça été pour moi une douleur bien vive que d'abandonner ces hommes que j'avais entraînés à leur perte, lorsque ma présence et mes dépositions auraient pu influencer le jury en leur faveur. J'écris au roi pour le prier de jeter un regard de bonté sur eux ; c'est la seule grâce qui puisse me toucher.

» Je pars pour l'Amérique ; mais, ma chère mère, si vous ne voulez pas augmenter ma douleur, je vous en conjure, ne me suivez pas. L'idée de faire partager à ma mère mon exil de l'Europe serait, aux yeux du monde, une tache indélébile pour moi, et pour mon cœur cela serait un chagrin cuisant. Je vais en Amérique faire comme Achille Murat, me créer moi-même une existence ; il me faut un intérêt nouveau pour pouvoir m'y plaire.

» Je vous prie, chère maman, de veiller à ce qu'il ne manque rien aux prisonniers de Strasbourg; prenez soin des deux fils du colonel Vaudrey qui sont à Paris avec leur mère. Je prendrais facilement mon parti si je savais que mes autres compagnons d'infortune auront la vie sauve; mais avoir sur la conscience la mort de braves soldats, c'est une douleur amère qui ne pourrait jamais s'effacer.

» Adieu, ma chère maman, recevez mes remercîments pour toutes les marques de tendresse que vous me donnez; retournez à Arenenberg, mais ne venez pas me rejoindre en Amérique, j'en serais trop malheureux. Adieu, recevez mes tendres embrassements; je vous aimerai toujours de tout mon cœur.

« Votre tendre et respectueux fils,
» Napoléon-Louis Bonaparte. »

Le chef de la famille impériale, le vertueux roi Joseph, avait droit à des explications particulières : le prince l'informa de ce qu'il avait fait, n'ignorant pas que le royal vieillard désapprouvait sa conduite, mais, ne voulant pas qu'on pût accuser l'ex-roi d'Espagne d'être entré pour sa part dans une action entièrement personnelle. Il lui disait :

« Mon cher oncle,

» Vous aurez appris, avec surprise, l'événement de Strasbourg. Lorsqu'on ne réussit pas, on dénature vos intentions, on vous calomnie; on est sûr d'être blâmé, même par les siens. Aussi n'essaierai-je pas aujourd'hui de me disculper à vos yeux.

» Je pars demain pour l'Amérique. Vous me feriez plaisir de m'envoyer quelques lettres de recommandation pour Philadelphie et New-York. Ayez la bonté de présenter mes respects à mes oncles, et de recevoir l'expression de mon sincère attachement.

« En quittant l'Europe, peut-être pour toujours, j'éprouve le plus grand chagrin, celui de penser que, même dans ma famille, je ne trouverai personne qui plaigne mon sort.

» Adieu, mon cher oncle; ne doutez jamais de mes sentiments à votre égard.

» Votre tendre neveu,

» Napoléon-Louis Bonaparte.

» *P. S.* Ayez la bonté de faire savoir à votre chargé d'affaires en Amérique quelles seraient les terres que vous consentez à me vendre. »

Après s'être acquitté de ses devoirs envers les siens, Louis-Napoléon s'adressait à la France. On avait reculé devant un procès : il fit paraître sa défense, et se supposa devant le jury de Strasbourg dont on avait redouté le verdict. Ecoutons cette défense chaleureuse et remarquons, une fois de plus, qu'il n'est pas un principe invoqué plus tard par le prince, acclamé par la France, qui ne soit déjà dans ce projet de défense. Politique profond, en même temps que Français généreux, il y plante hardiment le drapeau de son droit à côté du droit même de la nation.

A Messieurs les Jurés.

« Messieurs,

« Ce n'est pas ma vie que je viens défendre devant vous ; j'y ai renoncé en mettant le pied sur le territoire français ; mais c'est mon honneur et mon droit.

» Oui, Messieurs, mon droit ! Après 1830, j'ai demandé à rentrer en France comme citoyen, on m'a repoussé ; j'ai demandé à servir comme simple soldat, on ne m'a pas répondu, on m'a traité en prétendant. — Ne croyez pas cependant que je ne prétendisse qu'au désir de m'asseoir sur une chaise recouverte de velours ; mes idées étaient plus élevées : je voulais remettre le peuple dans ses droits, je voulais convoquer un congrès national qui, consultant les antécédents et les besoins de chacun, eût fait des lois françaises sans emprunter à l'Angleterre ou à l'Amérique des constitutions qui ne peuvent nous convenir.

» L'Empereur a accompli sa mission civilisatrice ; il a préparé les peuples à la liberté, en introduisant dans les mœurs les principes d'égalité et en faisant du mérite la seule raison pour parvenir... Tous les gouvernements qui se sont succédé ont été exclusifs, les uns s'appuyant sur la noblesse et le clergé, les autres sur une aristocratie bourgeoise, d'autres enfin uniquement sur les prolétaires. Le gouvernement de l'Empereur, au contraire, s'appuyait sur le peuple, comme un général sur son armée.

» Le gouvernement de Napoléon reçut quatre fois la sanction populaire. En 1804, le peuple français reconnut, par quatre millions de votes, l'hérédité dans la famille impériale. Depuis, il n'a plus été consulté. Comme aîné des neveux de l'Empereur, je pouvais donc me considérer, non comme le représentant de l'Empire, car depuis vingt ans les idées ont dû changer, mais comme le représentant de la souveraineté nationale; j'ai toujours considéré l'aigle comme l'emblème des droits du peuple, et non comme l'emblème des droits d'une famille... Fort de ces idées et de la sainteté de ma cause, je me suis écrié : Les princes qui se disent de droit divin trouvent des hommes qui consentent à mourir pour eux, pour rétablir les abus et les priviléges ; et moi, dont le nom rappelle la gloire et la liberté, mourrai-je donc seul dans l'exil? Non, m'ont répondu mes braves compagnons d'infortune, nous mourrons avec vous, ou nous vaincrons ensemble pour la cause du peuple français.

» Ne croyez pas que j'aie voulu singer les derniers empereurs romains que la soldatesque élevait un jour sur le pavois et renversait le lendemain. J'ai voulu faire la révolution par l'armée, parce qu'elle offrait plus de chances de réussite, et pour éviter ainsi les désordres si fréquents dans les bouleversements sociaux. »

N'est-ce pas là toute la théorie de l'acte sauveur du 2 décembre 1831 ? La régénération de l'autorité par l'armée, mais pour le peuple.

Enfin, au moment de mettre le pied sur le pont de *l'Andromède*, le prince, devinant les machiavéliques intentions du gouvernement de juillet, écrivait à M. Vieillard : « Il est faux qu'on m'ait demandé le moindre serment de ne plus revenir en Europe. » C'est qu'en effet, en enlevant l'accusé principal aux débats de Strasbourg, le gouvernement s'était réservé de le flétrir par un mensonge. Cette lâche invention, d'une promesse donnée, fut complaisamment affirmée et soutenue par la presse gouvernementale, et ce n'est qu'en 1840, devant la cour des pairs, que le gouvernement, par l'organe d'un de ses procureurs généraux, fut obligé d'avouer qu'aucune condition n'avait été imposée au prince à son départ pour les États-Unis.

Quelques mots maintenant sur les amis du prince livrés à la juridiction qu'on lui enlevait à lui-même. M. de Persigny avait pu échapper à la prison, avait gagné Arenenberg sous un déguisement et, de là, avait passé en Angleterre. Son premier soin, en touchant une terre libre, fut de publier une relation exacte des événements de Strasbourg et de rétablir la vérité, altérée à dessein par les autorités françaises. Qu'on nous permette, par exemple, un détail qui fera comprendre l'esprit de calomnie qui s'attachait dès lors à toutes les actions du prince. On s'était plu à prétendre que Louis-Napoléon Bonaparte s'était présenté aux troupes dans la tenue habituelle de l'Empereur et on déversait le ridicule sur cette grossière imitation d'un jongleur politique. Or, le prince, à Strasbourg, était en uniforme d'artilleur : habit bleu, collet et passe-poil rouge. Il portait les épaulettes de colonel, les insignes de la Légion d'Honneur, le chapeau d'état-major du modèle admis dans l'armée, et était armé d'un sabre droit de grosse cavalerie.

Parmi les accusés restés sous la main du gouvernement, étaient le colonel Vaudrey, M. Laity, le commandant Parquin. Ce dernier, engagé volontaire en 1802, comptait alors trente-quatre ans de service. Il s'était distingué à Iéna et à Eylau. Toute sa carrière militaire, qui commence à Iéna et qui finit à Waterloo, avait été marquée par des actions d'éclat. Il comptait douze campagnes, il avait été un an prisonnier en Russie, il avait reçu dix blessures ; en Portugal, il avait pris lui-même un drapeau à l'ennemi, et à Leipzig, il avait sauvé la vie au maréchal Oudinot.

L'arrêt d'accusation fut rendu par la cour royale de Colmar, le 5 décembre 1836 et, le 6 janvier 1837, la cour d'assises de Strasbourg fut appelée à prononcer sur le sort des accusés, dont l'attitude fut admirable. « Vous avez juré fidélité à la patrie, dit le président à M. Laity. — Oui, répondit-il, mais non pas au prince qui la sert mal. » Au commandant Parquin, on demanda : « Quelle est la puissance qui vous a empêché de tenir vos serments ? — Il y a trente-trois ans, s'écria le commandant avec feu, comme citoyen et soldat, j'ai prêté serment à Napoléon et à sa dynastie ; je ne suis pas comme ce grand diplomate, Talleyrand, qui en a prêté treize. Le jour où le neveu de Napoléon est venu me rappeler celui que j'avais fait à son oncle, je me suis cru lié et je me suis dévoué à lui corps et âme. »

Le grand principe de l'égalité devant la loi avait été violé ; le verdict des jurés de Strasbourg était écrit à l'avance : « Non, les accusés ne sont point coupables. » Et, en effet, comment condamner les instruments, quand on avait absous, sans jugement, la main qui les avait conduits. La duplicité du gouvernement retomba sur lui-même.

BOULOGNE.

o-⚜⚜⚜-o

E fut le 24 novembre 1836, que le neveu de Napoléon s'éloigna de cette terre sacré de France où l'avait poussé tout ce qui peut éveiller les puissances de l'âme : orgueil, renom, pensées de gloire, *ressentiment légitime, amour de la patrie* mêlée à l'ardeur des désirs ambitieux. »

Qui parle ainsi ? Qui salue de ce respectueux adieu l'espérance qui s'en va ? Sans doute c'est quelque soldat fidèle au vieux drapeau impérial. Non, c'est un des chefs du socialisme moderne, c'est M. Louis Blanc. C'est ce même homme qui, plus tard animé d'un esprit de vertige, poursuivra de ses sarcasmes et de ses calomnies le prince dont la pensée aura mûri encore, dont l'âme se sera retrempée dans la solitude du cachot.

Cependant la frégate emportait le prince à travers les flots de l'Atlantique. Le commandant, Henri de Villeneuve, vieux et loyal marin, avait pour son prisonnier temporaire les égards les plus grands. Tout l'état-major de la frégate le traitait avec un affectueux respect. La traversée devait être longue : car le commandant, en ouvrant ses ordres cachetés, vit qu'il devait relâcher à Rio-de-Janeiro avant d'aborder à New-York. Pendant ces longues journées passées, soit au milieu des brumes et des tempêtes, soit sous le ciel bleu des tropiques, Louis-Napoléon Bonaparte repassait courageusement sa vie tout entière, éclaircissant ses doutes, fortifiant ses espérances, établissant fortement ses principes. Sa consolation était d'écrire à sa mère toutes ses pensées, tous ses souvenirs. « Chaque homme, lui disait-il, porte en lui un monde composé de ce qu'il a vu et aimé, et où il rentre sans cesse, alors même qu'il parcourt un monde étranger. J'ignore alors ce qui est le plus douloureux de se souvenir des malheurs qui vous ont frappé ou du temps heureux qui n'est plus. » Triste et doux écho de cette belle pensée du Dante :

*Nessun maggior dolor che ricordarsi del tempo felice
Nella miseria.*

Quand le navire eut traversé l'hiver de notre Océan et que l'immense piton de Ténériffe apparut au-dessus des flots, les vents alizés avaient succédé aux tempêtes et le prince put travailler sur le pont. Assis sur la dunette, il rêvait à Arenenberg. Le miroir infini de la mer lui rappelait le lac de Constance, et les chaudes brises de Madère lui remettaient en mémoire ces belles journées du mois d'août passées avec la reine sur la terrasse embaumée du château.

Ce ne fut que le 30 mai 1837, que la frégate toucha à New-York. Cette traversée si longue, doublée par l'inutile relâche à Rio, était encore une combinaison du gouvernement de juillet. On avait voulu par là empêcher le prince d'influer sur le procès de Strasbourg par ses lettres, par ses dépositions écrites. On ne se doutait pas de la réponse qu'allait faire le jury à ces petites machinations indignes d'un gouvernement qui se respecte. On n'avait obtenu par là d'autre résultat que celui d'inquiéter la famille et les amis du prince par ce silence si prolongé.

Arrivé à New-York, Louis-Napoléon Bonaparte s'empressa d'écrire à M. Vieillard une lettre remarquable, destinée à faire connaître ses intentions véritables, et à désarmer la justice, s'il en était temps encore pour les accusés. Rien de plus net, de plus explicite que les principes développés dans cet écrit remarquable. Aujourd'hui, encore, ils jettent un jour tout nouveau sur les événements qui ont porté le neveu de Napoléon sur le trône impérial.

« Je vous dois, disait-il à son ancien précepteur, une explication des motifs qui m'ont fait agir. J'avais, il est vrai, deux lignes de conduite à suivre : l'une qui, en quelque sorte, dépendait de moi ; l'autre, des événements. En choisissant la première, j'étais, comme vous le dites fort bien, un moyen ; en attendant la seconde, je n'étais qu'une ressource. D'après mes idées, ma conviction, le premier rôle me semblait bien préférable au second. Le succès de mon entreprise m'offrait les avantages suivants : je faisais par un coup de main, en un jour, l'ouvrage de dix années peut-être ; réussissant, j'épargnais à la France *les luttes, les troubles, les désordres d'un bouleversement qui arrivera, je crois, tôt ou tard.*

« L'esprit d'une révolution, dit M. Thiers, se compose de passions pour le but, et de haines pour ceux qui font obstacle. » Ayant entraîné le peuple par l'armée, nous aurions eu les nobles passions sans la haine, car la haine ne naît que de la lutte entre la force physique et la force morale. Personnellement ensuite, ma position était claire, nette, partant facile. Faisant une révolution avec quinze personnes, si j'arrivais à Paris, je ne devais ma réussite qu'au peuple, et non à un parti ; arrivant en vainqueur, je déposais de plein gré, sans y être forcé, mon épée sur l'autel de la patrie ; on pouvait alors avoir foi en moi, car ce n'était plus seulement mon nom, c'était ma personne qui devenait une garantie. Dans le cas contraire, je ne pouvais être appelé que par une fraction du peuple, et j'avais pour ennemis, non pas un gouvernement débile, mais une foule d'autres partis, eux aussi, peut-être, nationaux.

» D'ailleurs, empêcher l'anarchie est plus facile que la réprimer ; diriger les masses est plus facile que de suivre leurs passions. Arrivant comme ressource, je n'étais qu'un drapeau de plus jeté dans la mêlée, dont l'influence, immense dans l'agression, eût peut-être été impuissante pour rallier. Enfin, dans le premier cas, j'étais au gouvernail sur un vaisseau qui n'a qu'une seule résistance à vaincre ; dans le second cas, au contraire, j'étais sur un navire battu par tous les vents, et qui, au milieu de l'orage, ne sait quelle route il doit suivre. Il est vrai qu'autant la réussite de ce premier plan m'offrait d'avantages, autant le non-succès prêtait au blâme. Mais en entrant en France, je n'ai pas pensé au rôle que me ferait un échec ; je comptais, en cas de malheur, sur mes proclamations comme testament, et sur ma mort comme un bienfait. Telle était ma manière de voir... »

Après quelque temps passé à New-York, le prince se disposait à commencer un voyage dans l'intérieur du Nouveau-Monde, quand une nouvelle douleur vint le frapper et le rejeter au milieu d'épreuves nouvelles. Vers le commencement du mois de juin, il reçut cette lettre déchirante qui lui imposait de nouveaux devoirs :

« Mon cher fils,

» On doit me faire une opération absolument nécessaire. Si elle ne réussit pas, je t'envoie par cette lettre ma bénédiction. Nous nous retrouverons, n'est-ce pas? dans un monde meilleur où tu ne viendras me rejoindre que le plus tard possible; et tu penseras qu'en quittant celui-ci, je ne regrette que toi, que ta bonne tendresse, qui seule m'y a fait trouver quelque charme. Cela sera une consolation pour toi, mon cher ami, de penser que, par tes soins, tu as rendu ta mère heureuse autant qu'elle pouvait l'être. Tu penseras à toute ma tendresse pour toi et tu auras du courage. Pense qu'on a toujours un œil bienveillant et clairvoyant sur ce qu'on laisse ici-bas; mais, bien sûr, on se retrouve. Crois à cette douce idée : elle est trop nécessaire pour ne pas être vraie. Ce bon Arèse, je lui donne aussi ma bénédiction comme à un fils. Je te presse sur mon cœur, mon cher ami. Je suis bien calme, bien résignée, et j'espère encore que nous nous reverrons dans ce monde-ci. Que la volonté de Dieu soit faite!

» Ta tendre mère,

» HORTENSE.

» 3 avril 1837. »

Il n'y avait pas de dangers qui pussent arrêter le prince à cette voix partie du lit de douleur de sa mère. Il s'embarqua aussitôt et parvint, non sans peine à gagner la Suisse. Il arriva à Arenenberg quand déjà le docteur Conneau ne conservait plus aucun espoir, et, le 5 octobre, la reine expira dans ses bras, lui laissant pour héritage cette bénédiction suprême qu'il était venu chercher du fond de l'exil.

Nous avons dit ailleurs ces scènes déchirantes, cette douleur sans nom. Il fallut cependant qu'au milieu de ses larmes le prince retrouvât l'énergie de lutter encore. Le gouvernement de juillet avait vu son retour avec terreur. Les persécutions recommencèrent. Les calomnies s'envenimèrent. On donna le mot d'ordre aux journaux soldés, et le ridicule, l'odieux furent déversés à l'envi sur l'exilé. Les fidèles amis du prince ne purent garder le silence. Déjà, on se le rappelle, M. de Persigny avait, de Londres, rétabli dans une brochure les faits outrageusement dénaturés. M. Laity publia, à Paris même, une autre édition de cette brochure sous le titre de : *Relation historique des événements du 50 octobre 1836. — Le prince Napoléon à Strasbourg ;* par M. Armand Laity, ex-lieutenant d'artillerie, ancien élève de l'Ecole polytechnique.

Cet écrit fut déféré à la Cour des pairs, comme renfermant une provocation, non suivie d'effet, à un attentat contre la sûreté de l'Etat. M. Laity fut arrêté le 21 juin 1838, et la Cour des pairs, constituée dès le 21 juin, fixa l'ouverture des débats au 9 juillet.

Le courageux jeune homme ne dissimula pas un moment

ses sympathies et ses espérances. Son sort était fixé à l'avance. La rigueur de la condamnation ne fit qu'appeler sur lui et sur sa cause de plus vives sympathies. Cinq années de détention, ce n'était pas assez, il avait fallu encore flétrir le dévouement par cette détention prolongée, par cette torture morale qu'on appelle la surveillance à vie. Mais ce n'était pas M. Laity seul qu'on voulait atteindre, et on crut follement qu'on pouvait, en le flétrissant, flétrir un autre que lui. L'acte du ministère invoquant, en ce cas, une cour exceptionnelle, fut blâmé par ceux-là même qui patronaient le gouvernement constitutionnel.

La brochure de M. Laity était, en partie, on le sait, l'œuvre du prince. Mais il n'y avait pas là un acte de conspiration. Le prince s'empressa de repousser cette pensée dans la lettre suivante adressée au Grand Conseil de Thurgovie et qui fut lue en pleine Diète helvétique :

« Messieurs les Membres du Grand Conseil,

» Si je viens dans cette circonstance vous faire une communication, c'est pour rectifier à vos yeux certains faits, et pour vous donner une preuve de ma confiance et de mon estime.

» Je suis revenu d'Amérique en Suisse, il y a un an, avec la ferme intention de rester étranger à toute espèce d'intrigues. Ma résolution n'a pas changé; mais aussi, je n'ai jamais pensé acheter mon repos aux dépens de mon honneur. On m'avait indignement calomnié, on avait dénaturé les faits; j'ai permis à un ami de me défendre. Voilà ma seule démarche politique depuis mon retour en Suisse. Mais le ministère français, pour arriver au but où il tend, continue ses fausses allégations. Il prétend que la maison où ma mère vient de mourir, où je vis presque seul, est *un centre d'intrigues;* qu'il le prouve s'il le peut. Quant à moi, je démens cette accusation de la manière la plus formelle, car ma ferme volonté est de rester tranquille en Thurgovie et d'éviter tout ce qui pourrait nuire aux relations amicales de la France et de la Suisse. Mais, Messieurs, pour avoir une nouvelle preuve de la fausseté des accusations portées contre moi, lisez les récents articles des journaux ministériels; vous y verrez que, non content de me poursuivre jusque dans ma retraite, on tâche de me rendre ridicule aux yeux de tout le monde en débitant d'absurdes mensonges.

» Messieurs les membres du Grand Conseil, c'est à vous que je m'adresse, à vous, avec qui jusqu'à présent j'ai vécu en frère et en ami; c'est à vous de dire aux autres cantons la vérité sur mon compte.

» L'invasion étrangère qui, en 1815, renversa l'Empereur Napoléon, amena l'exil de tous les membres de sa famille. Depuis 1816, je n'avais donc légalement plus de patrie, lorsqu'en 1832 vous me donnâtes le droit de bourgeoisie du canton. C'est le seul que je possède. Le gouvernement français, qui maintient la loi qui me considère comme mort civilement, n'a pas besoin de s'adresser à la Suisse pour savoir qu'il n'y a qu'en Thurgovie que j'aie des droits de citoyen. Quand il s'agit de me persécuter, le gouvernement me reconnaît comme Français. A Strasbourg, il faisait dire par le procureur général qu'il me regardait comme étranger.

» Messieurs, j'ose le dire, j'ai montré par ma conduite depuis cinq ans que j'avais su apprécier le don que vous m'aviez fait ; et si maintenant, à mon grand regret, je devenais une cause d'embarras pour la Suisse, ce n'est pas à moi qu'on devrait s'en prendre, mais à ceux qui, se fondant sur de fausses assertions, s'appuient sur des prétentions qui sont contraires à la justice et au droit des gens.

» Recevez, etc.

» Louis-Napoléon Bonaparte. »

Lecture de cette lettre fut donnée au grand conseil par M. Kern, député de Thurgovie, et on déclara à l'unanimité que protection serait accordée à l'hôte de la Suisse.

Cette résolution était grave ; car, déjà, évoquant sans pudeur le mensonge d'une parole donnée par le prince de rester dix ans hors de l'Europe, le gouvernement de juillet avait adressé une note à la Diète helvétique pour obtenir l'expulsion du prince. Ce fut le fils de Lannes, le duc de Montebello, alors ambassadeur de la France en Suisse, qui se chargea de cette triste mission. Il est vrai que celui qui la donnait, était ce même M. Molé que l'Empereur Napoléon avait fait pair de France à son retour de l'île d'Elbe.

Le refus solennel de la Diète embarrassa singulièrement

la politique du gouvernement français. Faire la guerre, même à la Suisse, c'était là un acte d'énergie dont il se sentait peu capable. Et, d'ailleurs, n'était-ce pas rehausser singulièrement le prince, objet de la contestation? Cependant, comme il y avait peu de chance pour une rupture sérieuse, le ministère se décida à une démonstration belliqueuse.

Déjà les 4e et 44e régiments de ligne et le 3e léger avaient reçu à Lyon l'ordre de former leurs bataillons de guerre. Le général Aymar, dans un ordre du jour à l'armée, lui avait fait part de sa nomination au commandement de la division de rassemblement qui s'organisait dans les dépôts voisins des frontières de la Suisse. Les bataillons, escadrons et batteries de guerre des cinquième, sixième et septième divisions étaient prêtes. Le général Fouché allait faire partir deux bataillons de chaque régiment de sa brigade ; deux bataillons du 5e léger allaient être dirigés sur Gex et Ferney. « Nos turbulents voisins, disait le général Aymar, s'apercevront, peut-être trop tard, qu'au lieu de déclamations et d'injures, il eût mieux valu pour eux satisfaire aux justes demandes de la France. »

Cependant la Suisse ne paraissait pas s'effrayer de ces menaces. Le gouvernement fédéral faisait ses préparatifs de défense : vingt mille hommes allaient être réunis sur la frontière, et Genève s'apprêtait pour une résistance formidable. C'est alors que le prince Louis-Napoléon se décida à partir, ne voulant pas servir de prétexte à une effusion de sang. Il envoya la déclaration suivante à la première autorité du canton qu'il habitait :

A Son Excellence monsieur le landamann Anderwert, président du petit conseil de Thurgovie.

« Monsieur le landamann,

» Lorsque la note du duc de Montebello fut adressée à la Diète, je ne voulus point me soumettre aux exigences du gouvernement français, car il m'importait de prouver, par mon refus de m'éloigner, que j'étais revenu en Suisse sans manquer à aucun engagement ; que j'avais le droit d'y résider, et que j'y trouverais aide et protection.

» La Suisse a montré, depuis un mois, par ses protestations énergiques, et maintenant par les décisions des grands conseils qui se sont assemblés jusqu'ici, qu'elle était prête à faire les plus grands sacrifices pour maintenir sa dignité et son droit. Elle a su faire son devoir comme nation indépendante, je saurai faire le mien et demeurer fidèle à la voix de l'honneur. On peut me persécuter, mais jamais m'avilir.

» Le gouvernement français ayant déclaré que le refus de la Diète d'obtempérer à sa demande serait le signal d'une conflagration dont la Suisse pourrait être la victime, il ne me reste plus qu'à quitter un pays où ma présence est le sujet d'aussi injustes prétentions, où elle serait le prétexte de si grands malheurs !

» Je vous prie donc, monsieur le landamann, d'annoncer

au directoire fédéral que je partirai dès qu'il aura obtenu des ambassadeurs des diverses puissances les passe-ports qui me sont nécessaires pour me rendre dans un lieu où je trouve un asile assuré.

» En quittant aujourd'hui volontairement le seul pays où j'avais trouvé, en Europe, appui et protection ; en m'éloignant des lieux qui m'étaient devenus chers à tant de titres, j'espère prouver au peuple suisse que j'étais digne des marques d'estime et d'affection qu'il m'a prodiguées. Je n'oublierai jamais la noble conduite des cantons qui se sont prononcés si courageusement en ma faveur, et surtout le souvenir de la généreuse protection que m'a accordée le canton de Thurgovie restera profondément gravé dans mon cœur.

» J'espère que cette séparation ne sera pas éternelle, et qu'un jour viendra où je pourrai, sans compromettre les intérêts de deux nations qui doivent rester amies, retrouver l'asile où vingt ans de séjour et des droits acquis m'avaient créé une seconde patrie.

» Soyez, monsieur le landamann, l'interprète de mes sentiments de reconnaissance envers les conseils, et croyez que la pensée d'épargner des troubles à la Suisse peut seule adoucir les regrets que j'éprouve à la quitter.

» Recevez l'expression de ma haute estime et de mes sentiments distingués.

» *Signé :* Napoléon-Louis Bonaparte.
» Arenenberg, le 22 septembre 1838. »

Ce généreux sacrifice fut accompli quelques jours après. Le prince partit pour l'Angleterre par Francfort, Dusseldorf et Rotterdam. Arrivé à Londres, il s'établit à Carlton-Terrace et y reprit sa vie de méditations et d'études. Accueilli avec la plus haute distinction par l'aristocratie britannique, il était considéré, en raison même des persécutions qu'il éprouvait. L'instinct des hommes d'Etat devinait son importance future, et on formait autour de lui comme une petite cour qu'attirait son nom, que retenaient sa bienveillance et son mérite. L'auteur des *Lettres de Londres* nous donne une noble idée des occupations et des habitudes du prince dans ce nouvel exil. Le prince, dit-il, est un homme de travail et d'activité, sévère pour lui-même, indulgent pour les autres. Dès six heures du matin il est dans son cabinet, où il travaille jusqu'à midi, heure de son déjeuner. Après ce repas, qui ne dure jamais plus de dix minutes, il lit les journaux et fait prendre des notes sur ce qu'il y a de plus important dans les nouvelles et la politique du jour. A deux heures, il reçoit des visites; à quatre, il sort pour ses affaires particulières; il monte à cheval à cinq et dîne à sept; puis, ordinairement, il trouve encore le temps de travailler plusieurs heures dans la soirée.

Il écrivait, à cette époque, un livre célèbre, les *idées napoléoniennes*, livre sur lequel nous aurons à revenir et qui contient comme la substance même du système impérial. C'est ainsi qu'éloigné des choses publiques, renfermé dans une solitude féconde, il aimait à nourrir son âme de fortes études, dignes consolations de l'exilé.

Mais, on le pressent, sa pensée ne pouvait se détacher de la France. L'héritier de Napoléon ne pouvait pardonner à ceux qui l'avaient avilie. A l'honneur, ce mobile des actions glorieuses, on avait hautement substitué l'intérêt. On avait vu la dynastie naissante prendre place à la table de Sophie Dawies, la triste héroïne de Londres, devenue la Maintenon de Chantilly. On avait vu un enfant royal, le duc d'Aumale, accolé dans un acte authentique, mêlé dans une question d'argent à l'adultère baronne de Feuchères. Et la nation tout entière suivait cette pensée honteuse : l'amour de l'argent l'entraînait ; jeux de bourse, agiotage d'actions, telles étaient les occupations privilégiées d'un peuple qui avait fait l'éducation du monde et qui aujourd'hui voyait dans son abaissement même un moyen de s'enrichir.

Le prince, cependant, retrempait sa pensée dans celle de Napoléon. Il étudiait la puissance de cette idée populaire à la fois et souveraine qui participe en même temps de la monarchie par l'initiative personnelle, de la république par la sanction populaire. il se disait que là est le principe de la force pour l'Empire populaire. C'est pour cela encore que l'esprit napoléonien va toujours droit à l'expression de sa volonté, sans déguiser le but qu'il veut atteindre. Pour lui n'existent pas ces scrupules de forme, ces hésitations, indices d'une impuissance secrètement ressentie. Pour lui le fait pratique est tout, parce que le fait est à l'avance la traduction d'une pensée commune à la nation et à son chef. Rien de plus opposé à cet esprit que l'idéal, que la rêverie maladive, enfants stériles de l'Allemagne moderne. Le génie napoléonien. essentiellement créateur, répugne à la théorie : c'est que ce génie, c'est surtout le bon sens dans toute sa grandeur. « Sire, disait Fontanes en 1804 au nouvel empereur, le désir de la perfection est la pire des maladies qui aient jamais affligé l'esprit humain. » Le mieux, répétait souvent Napoléon lui-même, est l'ennemi du bien. Et c'est ce bon sens de nature qui inspirait à Napoléon son historique et invincible mépris pour les idéologues.

Ce mépris, Louis-Napoléon le partage; mais qu'on ne s'y trompe pas : ce n'est pas l'idée qui leur inspire à tous deux cette saine et robuste antipathie, c'est la chimère. Nous l'avons vue à l'œuvre, cette magicienne insensée, armée de formules creuses; elle promettait de créer un monde, elle n'a engendré que le vent et les tempêtes. L'idée est mère de l'action; la chimère, comme le monstre de Milton, est à la fois fille et mère du néant.

Dans la famille napoléonienne, qu'on le remarque, le caractère propre du génie c'est la spécialité pratique, c'est la science des forces matérielles et morales. Les propriétés de l'homme et du fer, la puissance mathématiquement calculée de la poudre à canon et des sentiments divers de la nature humaine, tel est le véritable objet de la science moderne;

tel est le levier des sociétés nouvelles. L'avenir est à qui saura le mieux manier cet instrument formidable. Tirer d'une certaine quantité d'éléments matériels et moraux la plus grande somme possible de force, c'est là le secret du génie moderne. C'est dès longtemps le mot de la puissance anglaise : sous un Napoléon, ce sera celui de la puissance nouvelle de la France.

Cette faculté de généraliser sans perdre de vue l'application, cette puissance d'action qui se retrempe dans le fait comme Antée se ranime en touchant la terre, ce génie que nous appelons napoléonien a pour allure naturelle l'unité, la simplicité des vues.

Au milieu de ces hautes méditations, le prince ne négligeait aucune occasion de relever par sa conduite cette dignité nationale, ailleurs si compromise. Il semblait qu'il eût reçu comme un dépôt sacré l'honneur de la France et qu'il ne voulût, en aucune occasion, le laisser perdre.

Un jour, Louis-Napoléon fut invité à un grand dîner donné par le club de la marine. Le prince, qui refusait ordinairement toutes les occasions de paraître, soit dans des banquets nombreux, soit dans des meetings politiques, accepta cependant l'invitation de l'amiral Fleming qui devait présider le dîner. L'amiral Fleming était ce brave marin qui, en 1815, recevant à Plymouth l'ordre de conduire l'Empereur à Sainte-Hélène, répondit au gouvernement anglais, en lui envoyant sa démission :

« Je suis prêt à mourir pour le service de mon souverain ; mais je ne veux pas concourir à un acte qui déshonore mon pays. »

Pendant ce dîner, le prince était placé à la droite de l'amiral ; son maintien était simple et digne, sa conversation intéressante. Il parlait de la marine en homme qui connaît parfaitement les différentes questions qui s'y rattachent ; son voyage récent sur la frégate française *l'Andromède* lui avait inspiré des rapprochements curieux avec ce qu'il avait pu observer en Angleterre. C'était un spectacle touchant pour de vieux marins anglais, de causer sur de pareils sujets avec un Bonaparte ; mais un sentiment pénible se mêlait à cette noble émotion. A la fin du dîner, viendrait pour lui le moment de répondre au toast qui serait porté en son honneur, et alors un Français, un Napoléon serait obligé par l'usage à en proposer un à la marine anglaise. Le moment arriva. La santé du neveu de Napoléon fut proposée par l'amiral et accueillie avec enthousiasme. Alors le prince se leva, porta le toast convenu ; puis d'une voix triste et émue, au milieu du plus profond silence, il ajouta : « Je ne parle pas ici, Messieurs, de vos triomphes guerriers, car tous vos souvenirs de gloire sont pour moi des sujets de larmes ; mais je parle avec plaisir de la gloire plus belle et plus durable que vous avez acquise en portant la civilisation à mille peuples barbares et dans les régions les plus lointaines.

Comment se faire une idée de l'intérêt profond qu'excita

cette simple allocution ! Toute l'assemblée était émue. Et lorsque le prince se retira, tous restèrent pénétrés de respect pour son caractère et d'estime pour sa personne.

Telle était la noble attitude de l'hôte illustre de l'Angleterre. Dans sa studieuse retraite de Carlton-Terrace, il méditait l'histoire du passé pour se préparer à comprendre et à diriger l'avenir ; il s'inspirait et s'imprégnait, pour ainsi dire, des grands exemples de l'Empereur et écrivait ce livre des *Idées napoléoniennes* qui est comme l'Encyclopédie de la politique nouvelle. Malgré la haute notoriété de son nom, le prince se tenait à l'écart, refusant le plus souvent les invitations que lui adressaient les membres les plus illustres de l'aristocratie britannique. Quelques amis dévoués suffisaient à peupler sa laborieuse solitude. Il cherchait ainsi à prouver au monde que ceux-là se méprenaient sur son compte, qui voyaient en lui un ambitieux vulgaire, et il ne perdait aucune occasion de protester de son ferme désir d'éviter toute action, toute parole qui pût faire croire à de nouvelles entreprises.

Un an se passa ainsi. Tout à coup on apprit à Londres qu'une insurrection insensée avait éclaté à Paris. Le 12 mai 1839, deux chefs de sociétés secrètes, Barbès et Blanqui, avaient, sans aucune chance de succès, ensanglanté les rues de la capitale. Personne n'ignorait que ce coup de main sans portée était dû à des exaltations irréfléchies, à des jalousies, à des dissensions intestines d'un parti extrême qui n'avait aucune racine dans l'opinion publique. Mais le gouvernement de juillet savait qu'à calomnier il reste toujours quelque chose. Le mot d'ordre fut donné et on se plut à représenter le prince comme l'instigateur de cette échauffourée. On avait eu peur, on voulut que la victoire servît au moins à quelque chose. On en fit une arme à deux tranchants. Le prince, indigné, écrivit immédiatement la lettre suivante au journal anglais le *Times*.

« Monsieur,

» Je vois avec peine, par votre correspondance de Paris, que l'on veut jeter sur moi la responsabilité de la dernière insurrection. Je compte sur votre obligeance pour réfuter cette insinuation de la manière la plus formelle. La nouvelle des scènes sanglantes qui ont eu lieu m'a autant surpris qu'affligé. Si j'étais l'âme d'un complot, *j'en serais aussi le chef au jour du danger*, et je ne le nierais pas après une défaite.

» Recevez, etc.

» Louis-Napoléon Bonaparte. »

Remarquons ici deux choses, la constante aversion du prince pour les idées démagogiques, surpassée seulement par son amour pour la liberté vraie, et aussi cette généreuse et loyale hardiesse qui assume toujours courageusement la responsabilité de ses propres actes. C'est encore ici le lieu de montrer que le prince, depuis le premier jour de sa vie politique, n'a pas cessé d'être le même. Aucune existence actuelle n'a plus d'unité, plus d'individualité rigoureuse.

Cette tentative insensée de la démagogie militante avait pourtant sa valeur, au moins comme indice de la situation des esprits en France. A part une certaine partie de la nation, satisfaite dans ses intérêts les plus grossiers, l'opinion se retirait de plus en plus du gouvernement usurpateur. Un grand travail se faisait dans les esprits ; les idées sociales se faisaient jour dans des publications nombreuses et même dans l'atelier du travailleur. La séparation s'opérait entre la bourgeoisie et le peuple, par l'intelligence plus grande des besoins nouveaux, par un sentiment plus profond des droits de tous. Les déshérités comprenaient que la liberté du citoyen était redevenue un privilége : il n'y avait de changé que la classe privilégiée.

Mais si, pour les esprits les plus passionnés, ces besoins nouveaux, ces sourdes protestations se traduisaient par le mot assez vague de république, pour les intelligences les plus éclairées, pour les cœurs les plus patriotiques, un mot résumait les aspirations, les espérances, les colères, et ce mot, c'était l'Empire. La publication des *Idées napoléoniennes* avait eu pour résultat de resserrer et d'épaissir les rangs de cette vieille phalange vraiment française, incessamment recrutée de toutes les jeunes énergies. Au livre succéda le journal. Les amis du prince restés en France entreprirent la publication d'une feuille napoléonienne *le Capitole*. Quelque temps après, une revue parut, empruntant à l'ouvrage récent du neveu de l'Empereur son titre même : L'*Idée napoléonienne*.

Comme entraîné par ce mouvement significatif des esprits, le gouvernement eut la pensée de le prendre à son compte et, par une habile manœuvre politique, il essaya de s'approprier cette gloire importune dont on lui faisait un dangereux concurrent. Une loi fut présentée aux chambres et votée par elles, loi qui consacrait un million à la translation, à Paris, du corps de l'illustre prisonnier de Sainte-Hélène. Une frégate, *la Belle-Poule*, appareilla pour remplir cette noble mission et, pour mieux marquer la prétention personnelle de la monarchie de juillet, un prince de la famille royale, le prince de Joinville, eut le commandement de cette expédition à laquelle se rattachaient toutes les sympathies du peuple français.

Tous les regards étaient donc fixés sur l'Océan, tous les cœurs battaient à l'idée de voir rentrer en France le héros si longtemps exilé. Il semblait que l'Empereur en personne dût reparaître avec sa prestigieuse gloire, avec ses magiques destinées. Un acte mal interprété permit à la famille impériale de revendiquer la gloire posthume dont on se faisait comme une réclame aux yeux de l'Europe. Quelques jours après le vote de la loi, le général Bertrand crut devoir remettre au roi Louis-Philippe les armes et insignes de l'Empereur qui étaient en sa possession, afin que le tout fût déposé dans l'église des Invalides. Le roi Joseph protesta contre cet acte. Le prince suivit cet exemple et publia la lettre suivante :

Protestation du prince Louis-Napoléon au sujet des armes de l'Empereur.

Londres, le 9 juin 1840.

« Je m'associe du fond de mon âme à la protestation de mon oncle Joseph. Le général Bertrand, en remettant les armes du chef de ma famille au roi Louis-Philippe, a été la victime d'une déplorable illusion. L'épée d'Austerlitz ne doit pas être dans des mains ennemies ; il faut qu'elle puisse être encore brandie au jour du danger pour la gloire de la France. Qu'on nous prive de notre patrie ; qu'on retienne nos biens ; qu'on ne se montre généreux qu'envers les morts, nous savons souffrir sans nous plaindre, tant que notre honneur n'est pas attaqué ; mais priver les héritiers de l'Empereur du seul héritage que le sort leur ait laissé ; mais donner à un heureux de Waterloo les armes du vaincu, c'est trahir les devoirs les plus sacrés : c'est forcer les opprimés d'aller dire un jour aux oppresseurs : — Rendez-nous ce que vous avez usurpé.

» LOUIS-NAPOLÉON. »

Etait-ce là, comme on s'est plu à le dire, la préface de Boulogne, et faut-il voir dans cette noble indignation, dans cette revendication, généreusement irritée, l'indice d'une âme prête à déborder et à recommencer la lutte avec la fortune ? Nous n'y voyons qu'une juste colère contre cette famille usurpatrice qui le poursuit incessamment de ses menées, et qui sait faire un outrage, même de cet honneur rendu au chef de la race proscrite. N'oublions pas combien de lâches calomnies, combien de coups d'épingle, combien d'insinuations misérables avaient précédé cet acte. Ce fut là la goutte d'eau qui fait déborder le vase et l'entreprise désespérée qui ne tarda pas à suivre est comme la conséquence de cette persécution si longue, si habilement acharnée. Que le prince, avec ses habitudes d'activité corporelle et militaire, se livrât aux exercices du cheval et de la chasse, cette noble passion, hautement approuvée en Angleterre, était, de l'autre côté de la Manche, travestie en dandysme ridicule. Le tournoi d'Eglintown, où il remportait le prix de la force et de l'adresse, n'était plus qu'une absurde parade. On signalait dans ces jeux, dans ces mœurs, un symptôme irrécusable de vulgarité, de médiocrité intellectuelle. Plus on craignait cette vigoureuse intelligence, mûrie par la méditation et par l'adversité, plus on la diminuait à dessein. Nous avons, à cette époque, rencontré quelques-uns des membres les plus distingués de cette aristocratie anglaise qui en compte tant dans son sein : leur étonnement était profond, leur indignation très-sincère quand, eux, juges si compétents de la distinction et du mérite, entendaient dans les salons officiels, lisaient dans la presse payée les incroyables appréciations d'un homme qu'ils avaient l'honneur de connaître.

Un jour surtout, cet étonnement se changea en dégoût. Une émeute, sans gravité, avait eu lieu à Londres. Alors, comme dans toutes les circonstances semblables, la population intéressée à la défense de l'ordre, se rangea sous la bannière des constables. Le prince, pour marquer une fois de plus sa noble haine du désordre, prit rang au milieu de ces soldats improvisés de la loi. La presse ministérielle de Paris s'empara de ce fait et, profitant honteusement de l'ignorance populaire, elle affirma que le prince s'était enrôlé parmi les *agents de police* de Londres. C'était exploiter habilement un des préjugés les plus vivaces du Français, la haine de l'agent chargé de protéger la sécurité publique. On savait de reste que l'institution des constables représente en Angleterre une sorte de garde nationale volontaire qui, au lieu du fusil, porte le bâton, pacifique instrument de la loi. Mais la calomnie était bonne à propager. La presse démocratique elle-même s'y laissa prendre avec une remarquable naïveté.

Que toutes ces odieuses manœuvres eussent profondément touché le cœur du prince, c'est ce dont on ne saurait douter. Mais il serait injuste de méconnaître quels éléments de succès présentait, à ce moment, une entreprise nouvelle.

Nous avons dit quel était l'état des esprits surexcités par des causes politiques et sociales, par l'enthousiasme de souvenirs imprudemment rallumés. Par un hasard étrange, les mêmes régiments que le prince avait rencontrés à Strasbourg se retrouvaient sur les côtes de l'Océan et de la Manche, en face de l'Angleterre. Le prince se décida à tenter une fois encore la fortune et à en appeler à la France. Il résolut de débarquer à Boulogne, dont le château contenait alors environ quinze mille fusils. Ce serait là la première étape du mouvement. Le 40e de ligne se trouvait dans les cantonnements voisins de la ville. On fit confectionner des uniformes d'officiers supérieurs au numéro de ce régiment. De là, on se porterait sur une des grandes places du nord et, faisant ainsi la boule de neige, on marcherait sur Paris. Que les grandes villes, alors sourdement mécontentes, se soulevassent et tout était fini.

Nous ne voulons pas dire que ce plan pouvait réussir en ce moment; mais qui osera affirmer qu'il n'y avait là rien que d'imaginaire. La royauté tombant, sept ans après, par son propre poids, sans trouver un défenseur, sans exciter un regret, n'a-t-elle pas démontré qu'il y avait là autre chose qu'une chimère? Le prince devançait seulement les événements. L'heure n'avait pas sonné.

Tout fut bientôt prêt : des ordres en blanc furent rédigés, en cas de succès, pour organiser sans retard les troupes et les populations qu'on réussirait à enlever. Les étapes furent marquées, les réquisitions, les commandements, les proclamations, tout fut préparé.

Voici les proclamations rédigées par le prince lui-même :

« Français,

» Les cendres de l'Empereur ne reviendront que dans une France régénérée ! Les mânes du grand homme ne doivent pas être souillés par d'impurs et hypocrites hommages.

Il faut que la gloire et la liberté soient debout à côté du cercueil de Napoléon! Il faut que les traîtres à la patrie aient disparu !

» Qu'ont-ils fait, ceux qui vous gouvernent, pour avoir des droits à votre amour? Ils vous ont promis la paix et ils ont amené la guerre civile et la guerre désastreuse d'Afrique ; ils vous ont promis la diminution des impôts, et tout l'or que vous avez n'assouvirait pas leur avidité ; ils vous ont promis une administration intègre et ils ne règnent que par la corruption ; ils vous ont promis la liberté, et ne protégent que priviléges et abus ; ils s'opposent à toute réforme, ils n'enfantent qu'arbitraire et anarchie ; ils ont promis la stabilité, et depuis dix ans il n'ont rien établi ; enfin ils ont promis qu'ils défendraient avec conscience notre honneur, nos droits, nos intérêts, et ils ont partout vendu notre honneur et abandonné nos droits. Il est temps que tant d'iniquités aient leur terme ; il est temps d'aller leur demander ce qu'ils ont fait de cette France, si grande, si généreuse, si unanime en 1830.

» Agriculteurs, ils vous ont laissé, pendant la paix, de plus forts impôts que ceux que Napoléon prélevait pendant la guerre.

» Industriels et commerçants, vos intérêts sont sacrifiés aux exigences étrangères ; on emploie à corrompre l'argent dont l'Empereur se servait pour encourager vos efforts et vous enrichir.

» Enfin, vous toutes, classes laborieuses et pauvres, qui êtes en France le refuge de tous les sentiments nobles, souvenez-vous que c'est parmi vous que Napoléon choisissait ses lieutenants, ses maréchaux, ses ministres, ses princes, ses amis; appuyez-moi de votre concours, et montrons au monde que ni vous ni moi n'avons dégénéré.

» J'espérais comme vous que, sans révolution, nous pourrions corriger les mauvaises influences du pouvoir; mais aujourd'hui plus d'espoir. Depuis dix ans, on a changé dix fois de ministère; on en changerait dix fois encore que les maux et les misères de la patrie seraient toujours les mêmes.

» Lorsqu'on a l'honneur d'être à la tête d'un peuple comme le peuple français, il y a un moyen infaillible de faire de grandes choses, c'est de le vouloir.

» Il n'y a en France, aujourd'hui, que violence d'un côté, que licence de l'autre; je veux rétablir l'ordre et la liberté. Je veux, en m'entourant de toutes les sommités du pays sans exception, en m'appuyant sur la volonté et les intérêts des masses, fonder un édifice inébranlable.

» Je veux donner à la France des alliances véritables, une paix solide, et non la jeter dans les hasards d'une guerre générale.

» Français! je vois devant moi l'avenir brillant de la patrie.

» Je sens derrière moi l'ombre de l'Empereur qui me pousse en avant; je ne m'arrêterai que lorsque j'aurai repris l'épée d'Austerlitz, remis les aigles sur nos drapeaux et le peuple dans ses droits.

» *Signé* : Napoléon. »

A L'ARMÉE.

« Soldats !

» La France est faite pour commander, et elle obéit ; vous êtes l'élite du peuple, et l'on vous traite comme un vil troupeau. Vous êtes faits pour protéger l'honneur national, et c'est contre vos frères qu'on tourne vos armes. Ils voudraient, ceux qui vous gouvernent, avilir le noble métier de soldat. Vous vous êtes indignés et vous avez cherché ce qu'étaient devenues les aigles d'Arcole, d'Austerlitz, d'Iéna. Ces aigles, les voilà ! Je vous les rapporte, reprenez-les : avec elles, vous aurez gloire, honneur, fortune, et, ce qui est plus que tout cela, la reconnaissance et l'estime de vos concitoyens.

» Soldats ! vos acclamations, lorsque je me présentai à vous à Strasbourg, ne sont pas sorties de ma mémoire. Je n'ai pas oublié les regrets que vous manifestiez sur ma défaite.

» Entre vous et moi, il y a des liens indissolubles ; nous avons les mêmes haines et les mêmes amours, les mêmes intérêts et les mêmes ennemis.

» Soldats ! la grande ombre de l'empereur Napoléon vous parle par ma voix. Hâtez-vous, pendant qu'elle traverse l'Océan, de renvoyer les traîtres et les oppresseurs ; montrez-lui, à son arrivée, que vous êtes les dignes fils de la grande armée, et que vous avez repris les emblèmes sacrés qui, pendant quarante ans, ont fait trembler les ennemis de la France, parmi lesquels étaient ceux qui vous gouvernent aujourd'hui.

» Soldats, aux armes!

» Vive la France!

» *Signé :* Napoléon. »

Enfin, dans une autre proclamation, adressée aux habitants du Pas-de-Calais, on remarquait cette phrase :

« Ne craignez pas ma témérité; je viens assurer les destinées de la France et non les compromettre. J'ai des amis puissants à l'extérieur, comme à l'intérieur, qui m'ont promis de me soutenir. »

La souveraineté du peuple était affirmée cette fois comme lors de l'expédition de Strasbourg. Un décret portait réunion d'un congrès national d'où sortirait le choix du pays.

Le 3 août 1840, tout était prêt. On avait loué à Londres un bateau à vapeur, le *Château d'Édimbourg.* Le 5, l'expédition partit du port de Margate et mit le cap sur Wimereux, petit port à une lieue et demie de Boulogne. Le 6, au matin, le poste des douanes signala le bateau à vapeur mouillé à quelque distance en mer, la côte ne permettant pas un débarquement sans l'aide de canots. Un canot s'en détacha, portant des hommes sous l'uniforme de la ligne. On les héla et l'un d'eux répondit : « Nous sommes des hommes du 40e de ligne, et nous nous rendons de Dunkerque à Cherbourg; nous débarquons parce qu'une des aubes du vapeur est brisée. » La petite troupe descendit, entoura les douaniers et se rendit maître de leurs armes. Plusieurs voyages faits successivement de la plage au bateau à vapeur portèrent la troupe de débarquement à soixante hommes environ.

Parmi ceux qui accompagnaient le prince, il en était bien peu qui eussent été mis au courant des projets auxquels ils se prêtaient sans les connaître. Le dévouement qu'inspirait Louis-Napoléon n'était pas de ceux qu'on discute. Nous retrouvons là quelques-unes des figures déjà esquissées à propos de l'expédition de Strasbourg, M. de Persigny, le commandant Parquin, et aussi quelques noms nouveaux.

C'était le commandant Mésonan, entré au service à l'âge de dix-neuf ans. Capitaine en 1809, il avait repoussé les Anglais près de Flessingue. Fait prisonnier, on l'envoya pourrir sur les pontons où, pendant cinq ans, il endura ces tortures atroces que faisait subir aux captifs français cette nation civilisée, dont la législation philanthropique protége à grand bruit les chevaux, les chiens et les chats. Le commandant Mésonan eut la gloire et la douleur d'assister à la défaite de Waterloo.

C'était le colonel Voisin, né en 1779, entré au service en 1799. Le colonel Voisin s'était distingué à Austerlitz, à Eylau, à Friedland. Sous Junot, en Portugal, à la tête de quelques hommes, il enfonça un carré de lanciers à Posabello.

En Russie, il avait été laissé pour mort sur la neige, criblé de coups de lance. Pendant l'invasion, avec douze hussards, il chargea un bataillon d'Anglais au nombre de cinq cents et le mit en déroute. Enfin, quand tout et tous abandonnaient l'Empereur dans sa chute, Voisin lui fit proposer de le conduire, avec deux régiments, jusqu'à l'armée de la Loire.

C'était enfin le général Montholon, soldat de onze ans en 1793, héros de Hohenlinden, où il avait reçu un sabre d'honneur ; blessé à Iéna, mis à l'ordre du jour à Elsberg, à Eckmülh, à Madrid, à Wagram. Lui aussi avait opposé à l'invasion une énergique résistance : il avait fait armer les gardes nationales de Lyon. Fidèle compagnon de l'Empereur, il avait assisté à l'agonie du captif de Sainte-Hélène, et avait rapporté de l'exil volontaire cet inestimable patrimoine, une phrase de Napoléon dans son testament :

« Montholon m'a rendu les devoirs d'un fils. »

Tels étaient les hommes qui accompagnaient le prince, forts de cœur, de tête et de bras ; tels étaient ceux que la royauté, effrayée, voulut représenter comme une troupe de jeunes fous tentant une escapade.

La petite troupe prit le chemin de la colonne. Lombard tenait le drapeau français surmonté de l'aigle impériale. On fit au monument napoléonien le salut du drapeau, on se dirigea, aux cris de *Vive l'Empereur !* vers la caserne d'infanterie occupée par une partie du 42e de ligne. Dans ce régiment était un lieutenant, Aladenize, dont on s'était assuré la coopération et qui arrivait de Saint-Omer pour prendre part à la tentative. Ce lieutenant fit battre le rappel, et le prince haranguait déjà les soldats, quand arrive un capitaine, le nommé Col-Puygellier. Laissons cet officier raconter lui-même ce qui se passa à ce moment, sauf à rectifier les faits :

« Ce matin, vers six heures moins un quart, M. Aladenize, lieutenant de voltigeurs au 42ᵉ régiment de ligne, est arrivé, très-empressé, à la caserne, et a dit au sergent-major Clément : « Allons, vite, aux armes ! que les grenadiers et voltigeurs descendent lestement. » Pendant que le détachement descendait, le prince Louis, a-t-il dit, est entré avec un nombreux état-major, et une quarantaine d'hommes armés, militairement habillés et coiffés de shakos portant le numéro 40. M. Aladenize a aligné les deux compagnies, et appelé les sous-officiers.

« Pendant ce temps, un grenadier s'était échappé et était venu me prévenir. Je suis accouru, mais la porte de ma caserne était fortement occupée par ces individus qui sont tombés sur moi et qui m'ont dit : « Prisonnier ! » (entre autres un grand colonel). J'ai mis sabre en main et me suis vigoureusement prononcé pour arriver à mes soldats qui étaient dans la cour de ma caserne. Le prince Louis s'est présenté, et m'a dit : « Capitaine, soyez des nôtres, et vous aurez tout ce que vous voudrez, etc. » Prince

Louis ou non, je ne vous connais point ; Napoléon, votre prédécesseur, avait abattu la légitimité, et c'est à tort que vous voudriez ici la réclamer ; qu'on évacue ma caserne. » Tout en luttant et criant ainsi, je m'approchai de mes soldats, qui, sitôt qu'ils m'ont aperçu, sont accourus et ont repoussé hors de la porte ce groupe ennemi. Tous les officiers du détachement se trouvaient alors près de moi, et pendant que j'ordonnais ma troupe, le groupe a voulu rentrer et parlementer ; mais, alors, je lui ai signifié de se retirer ou que j'allais employer la force. Comme je m'adressais particulièrement au prince Louis, il m'a tiré un coup de pistolet, dont la balle a atteint un grenadier à la bouche. Aussitôt, j'ai fait refouler le groupe et refermer la porte... »

Ce que le capitaine n'avait pu voir ou comprendre dans l'émotion d'une collision semblable, c'est que le pistolet du prince était parti par suite des mouvements brusques d'une troupe d'hommes qui se mêlent et se poussent. Cet incident était le plus malheureux qui pût se produire : il changeait en ennemis les soldats qu'on voulait gagner à la cause du prince. Aussi, le lieutenant Aladenize, auquel le prince avait fait connaître ses intentions relativement aux éventualités d'une lutte, s'écria-t-il en entendant le coup : « Pas de sang répandu ; ménagez les soldats ! » Ce coup de feu involontaire, et que le prince eût voulu racheter de son sang, fut le signal d'une déroute. La petite troupe battit en retraite vers la haute ville. On se dirigea vers le château.

Mais le sous-préfet était déjà prévenu : les portes étaient fermées. Tout était fini.

On reprit le chemin de la plage et, revenus près de la colonne, on fit halte. Lombard voulut au moins planter le drapeau impérial au haut de la colonne ; quant au prince, il calculait avec douleur les conséquences d'une semblable retraite. Ne valait-il pas mieux perdre la liberté, ou même la vie que d'affronter le ridicule qui s'attache à l'insuccès ? On le suppliait d'ordonner la retraite : « Non, non, s'écriait-il, partez, laissez-moi, j'ai juré de mourir sur la terre de France ; l'heure est venue de tenir mon serment. » Il fallut user de violence pour chercher à le sauver. On l'entraîna jusqu'au canot.

Cependant la garde nationale avait été réunie : la brigade de gendarmerie avait pris les armes, et quelques compagnies du 42e accouraient du côté de la falaise. Le prince fut placé dans le canot où montèrent le colonel Voisin, Mésonan, M. de Persigny, d'Hunin. Les autres hommes se jetèrent à la nage espérant aborder le bateau à vapeur qui se tenait à un quart de lieue de la côte. Plusieurs coups de feu furent tirés sur le canot par la garde nationale : il n'y avait pas de danger à craindre ; les fugitifs ne ripostaient pas. Aussi, le feu devint-il bientôt plus nourri : on tirait sur le canot comme sur une cible. Deux balles percèrent les habits du prince : Faure tomba mortellement frappé ; d'Hunin se noya ; le colonel Voisin fut gravement atteint de trois balles, et un Polonais, du nom d'Owenski eut l'épaule cassée. Il mourut plus tard des suites de l'amputation. Pendant cette sanglante exécution, le canot chavira et on se saisit de tous ceux qu'on n'avait pas frappés. Le bateau à vapeur fut saisi : on y trouva mille fusils de fabrique anglaise. Cinquante-deux prisonniers furent faits : on les transféra d'abord dans la citadelle de Boulogne, puis dans la forteresse de Ham. Le 9 août, une ordonnance royale fut rendue pour convoquer la Cour des pairs : on y qualifiait l'événement de Boulogne, d'attentat contre la sûreté de l'État. La Cour des pairs se constitua en haute cour, le 18 août, sous la présidence du chancelier Pasquier.

Les débats s'ouvrirent le lundi 28 septembre 1840. L'acte d'accusation lu par le procureur général, le prince prit la parole en ces termes :

« Pour la première fois de ma vie, il m'est enfin permis d'élever la voix en France et de parler librement à des Français.

» Malgré les gardes qui m'entourent, malgré les accusations que je viens d'entendre, plein des souvenirs de ma première enfance, en me trouvant dans les murs du Sénat, au milieu de vous que je connais, Messieurs, je ne peux croire que j'avais l'espoir de me justifier ni que vous puissiez être mes juges. Une occasion solennelle m'est offerte d'exprimer à mes concitoyens ma conduite, mes intentions, mes projets, ce que je pense, ce que je veux.

» Sans orgueil, comme sans faiblesse, si je rappelle les droits déposés par la nation dans les mains de ma famille, c'est uniquement pour expliquer les devoirs que ces droits nous ont imposés à tous.

» Depuis cinquante ans que le principe de la souveraineté du peuple a été consacré en France par la plus puissante révolution qui se soit faite dans le monde, jamais la volonté nationale n'a été proclamée aussi solennellement, n'a été constatée par des suffrages aussi nombreux et aussi libres que pour l'adoption des constitutions de l'Empire.

» La nation n'a jamais révoqué ce grand acte de sa souveraineté, et l'Empereur l'a dit : « Tout ce qui a été fait sans elle est illégitime. »

» Aussi gardez-vous de croire que, me laissant aller aux mouvements d'une ambition personnelle, j'aie voulu tenter en France, malgré le pays, une restauration impériale. J'ai été formé sous de plus hautes leçons, et j'ai vécu sous de plus nobles exemples.

» Je suis né d'un père qui descendit du trône sans regret le jour où il ne jugea plus possible de concilier avec les intérêts de la France les intérêts du peuple qu'il avait été appelé à gouverner.

» L'Empereur, mon oncle, aima mieux abdiquer l'empire, que d'accepter par des traités les frontières restreintes qui devaient exposer la France à subir les dédains et les menaces que l'étranger se permet aujourd'hui. Je n'ai pas respiré un jour dans l'oubli de tels enseignements. La proscription immméritée et cruelle qui, pendant vingt-cinq ans, a traîné ma vie des marches du trône, sur lesquelles je suis né, jusqu'à la prison d'où je sors en ce moment, a été impuissante à irriter comme à fatiguer mon cœur; elle n'a pu me rendre étranger un seul jour à la dignité, à la gloire, aux droits, aux intérêts de la France. Ma conduite, mes convictions s'expliquent.

» Lorsqu'en 1830, le peuple a reconquis sa souveraineté, j'avais cru que le lendemain de la conquête serait loyal comme la conquête elle-même, et que les destinées de la France étaient à jamais fixées; mais le pays a fait la triste expérience des dix dernières années. J'ai pensé que le vote de quatre millions de citoyens, qui avait élevé ma famille, nous imposait au moins le devoir de faire appel à la nation et d'interroger sa volonté; j'ai cru même que, si au sein du congrès national que je voulais convoquer, quelques prétentions pouvaient se faire entendre, j'aurais le droit d'y réveiller les souvenirs éclatants de l'Empire, d'y parler du frère aîné de l'Empereur, de cet homme vertueux qui, avant moi, en est le digne héritier, et de placer en face de la France aujourd'hui affaiblie, passée sous silence dans le congrès des rois, la France d'alors, si forte au dedans, au dehors si puissante, si respectée. La nation eût répondu : République ou monarchie, empire ou royauté. De sa libre décision dépend la fin de nos maux, le terme de nos dissensions.

Quant à mon entreprise, je le répète, je n'ai point eu de

complices, j'ai tout résolu ; personne n'a connu à l'avance, ni mes projets, ni mes ressources, ni mes espérances. Si je suis coupable envers quelqu'un, c'est envers mes amis seuls. Toutefois qu'ils ne m'accusent pas d'avoir abusé légèrement de courages et de dévouements comme les leurs ; ils comprendront les motifs d'honneur et de prudence qui ne me permettent pas de révéler à eux-mêmes combien étaient étendues et puissantes mes espérances de succès.

« Un dernier mot, Messieurs, je représente devant vous un principe, une cause, une défaite. Le principe, c'est la souveraineté du peuple ; la cause, celle de l'Empire ; la défaite, Waterloo. Le principe, vous l'avez reconnu ; la cause, vous l'avez servie ; la défaite, vous voulez la venger ? Non, il n'y a pas désaccord entre vous et moi, et je ne veux pas croire que je puisse être dévoué à porter la peine des défections d'autrui.

» Représentant d'une cause politique, je ne puis accepter, comme juge de mes volontés et de mes actes, une juridiction politique. Vos formes n'abusent personne. Dans la lutte qui s'ouvre, il n'y a qu'un vainqueur et un vaincu. Si vous êtes les hommes du vainqueur, je n'ai pas de justice à attendre de vous et je ne veux pas de générosité. »

Cette noblesse de langage, cette calme dignité commencèrent à faire repentir de leur imprudence, ceux qui venaient de procurer au prince une occasion publique de déployer sa haute et ferme raison, son ardent patriotisme.

Chaque fois qu'on lui donnait ainsi un piédestal, on arrivait à le grandir, et on put comprendre dès lors pourquoi, une première fois, on lui avait refusé des juges.

On chercha à détruire par un interrogatoire habilement, perfidement dirigé, l'effet produit par le discours du prince. Les calomnies reparurent. Vous avez voulu corrompre les soldats, vous avez voulu tuer un officier français, vous avez noué des intrigues en Amérique, vous avez recruté des partisans dans les garnisons : telles furent les insinuations venimeuses glissées dans l'interrogatoire du prince. Tant qu'il ne fut question que de lui-même, il répondit avec une loyale fierté ; mais quand on voulut lui faire accuser ses amis, ses fidèles, il trouva de chaleureuses paroles pour faire rougir ses juges. « Ma condescendance, s'écria-t-il, n'ira pas plus loin, et je ne répondrai désormais aux questions adressées que dans le cas où mon silence pourrait être nuisible à mes coaccusés. »

Quant à ceux-ci, ils firent assaut de dévouement. Pas un d'eux ne s'était plaint, en se voyant entraîné dans la chute du prince. Pas un d'eux ne désavoua la part qu'il avait prise à l'expédition.

Bientôt une parole éloquente se fit entendre, celle de M. Berryer :

« Messieurs, dit l'illustre orateur, j'ai compris M. le procureur général quand il s'est écrié : Voilà un triste et déplorable procès ! Et moi aussi, je n'ai pu assister à ces graves débats sans qu'il ne s'élevât de douloureuses réflexions en mon cœur.

» Quel n'est donc pas le malheur d'un pays où, dans un si petit nombre d'années, tant de révolutions successives, violentes, renversant tour à tour les droits proclamés, établis, jurés, ont jeté une si profonde et si affligeante incertitude dans les esprits et dans les cœurs!

» Eh quoi! dans une seule vie d'homme, nous avons été soumis à la République, à l'Empire, à la Restauration, à la royauté du 7 août ; et tous ces grands changements, tous ces gouvernements si rapidement dressés les uns sur les autres ; comment ne se seraient-ils pas faits au grand détriment de l'énergie des consciences, de la dignité de l'homme, je dirai même de la majesté des lois? »

Sans doute l'éloquent défenseur du prince était resté attaché à des souvenirs glorieux, à un droit périmé ; mais il n'en fit pas moins comprendre, avec une rare autorité de parole, combien peu les sectateurs du gouvernement de hasard intronisé en 1830 pouvaient s'indigner de voir contester leur domination accidentelle. Chez un peuple ainsi éprouvé par des révolutions successives, disait-il avec vérité, il arrive ce malheur que les hommes, réputés factieux et mauvais citoyens, sont précisément ceux qui ont conservé dans leur âme l'énergie, la loyauté, le culte du droit.

Qu'avait fait le prince? il était descendu sur le sol français, il avait contesté, les armes à la main, la souveraineté à la famille d'Orléans ; il était venu réclamer pour sa propre famille le droit à cette souveraineté; il l'avait fait au même titre et en vertu du même principe politique sur lequel reposait la royauté nouvelle. Permis à lui de ne pas voir la souveraineté nationale dans les résolutions isolées de chambres qui, au mois d'août 1830, ne représentaient pas la nation. Louis-Napoléon Bonaparte était un prétendant, non un factieux. Héritier d'une cause vaincue, il engageait de nouveau la lutte. On pouvait le combattre, mais le juger, on n'en avait pas le droit.

Et la preuve, c'est qu'en 1836, on avait appliqué au prince ce principe évident qu'à l'égard des familles déchues, il n'y a que politique, non justice, et qu'en pareil cas les formes judiciaires ne peuvent être qu'une odieuse comédie.

Rappelant avec adresse les récentes manifestations impériales du gouvernement lui-même, ces grands souvenirs ranimés dans les derniers temps, l'invocation solennelle faite à la mémoire de celui-là qui avait promené sa grande épée d'un bout de l'Europe à l'autre, l'esprit guerrier rallumé, les restes sacrés de l'Empereur revendiqués au nom de la France, un monument s'élevant pour le héros national sur les rives de la Seine, l'orateur demanda si on devait s'étonner que toutes ces provocations eussent fait éclater des sentiments longtemps comprimés dans le cœur du jeune prince, héritier de ce grand nom ! Un ministre du roi Louis-Philippe n'avait-il pas dit hautement : « Napoléon fut le souverain légitime du pays ? » Quoi d'étonnant que le représentant de cette légitimité populaire se fût dit : J'irai, je conduirai ce deuil, je poserai ces armes vénérées sur la tombe de l'Empereur, et je dirai à la France : Voulez-vous de moi ?

Il y eut un long frémissement dans l'auditoire et une vive rougeur colora quelques visages lorsque M. Berryer ajouta :

« Messieurs, il y a un arbitre éternel entre le juge et l'accusé : la conscience. Eh bien ! à la face du pays, sans consulter la faiblesse des moyens, dites-vous : S'il eût réussi, j'aurais nié, méconnu, repoussé son droit. Ah ! j'accepterais un tel arbitrage. Que celui d'entre vous qui peut dire, la main sur le cœur : Je l'aurais renié victorieux ! que celui-là le condamne !... »

Cependant l'arrêt était fixé à l'avance. Ceux qui, parmi les juges, avaient encensé l'oncle, lui avaient juré fidélité éternelle, avaient hâte de se débarrasser de semblables souvenirs. Louis-Napoléon Bonaparte fut condamné à la détention perpétuelle dans une forteresse située sur le territoire continental du royaume. Quant aux autres accusés, on nous saura gré de payer à ces soldats dévoués d'un principe impérissable, le souvenir de leur martyre.

Jean-Baptiste Aladenize fut condamné à la peine de la déportation ; Charles Tristan, comte de Montholon, Charles Parquin, Jules Lombard, Jules-Gilbert Fialin de Persigny à vingt années de détention ; Jean-Baptiste Voisin, Jean-Baptiste Forestier, Napoléon Ornano, à dix années de détention ; Eugène Bataille, Hippolyte Bouffet de Montauban, Joseph Orsi, à cinq années de détention ; tous devant rester toute leur vie sous la surveillance de la haute police.

Henri Conneau fut condamné à cinq années d'emprisonnement ; Etienne Laborde à deux ans, tous deux avec cinq années de surveillance.

Le prince qui avait consenti à se laisser défendre, ne voulut pas cependant autoriser par son silence l'exception politique invoquée par M. Berryer pour sa situation spéciale de prétendant. Après la réplique du procureur général, il s'était levé et avait prononcé ces simples et nobles paroles :

« En priant M. Berryer de vouloir bien expliquer ici mes intentions dénaturées, d'expliquer mes droits, j'ai voulu par là faire mon devoir envers ma naissance et ma famille. M. Berryer a admirablement rempli mon attente. Mais maintenant qu'il ne s'agit que de mon sort, je ne veux pas me mettre à l'abri d'une exception ; je veux partager le sort des hommes qui ne m'ont pas abandonné au jour du danger : je prie M. Berryer de ne pas continuer ces débats. »

Pouvait-il, en effet, accepter ses juges ? Qu'avait-il besoin d'un avocat qui, tout illustre qu'il fût, ne pouvait parler au nom du droit que lui, Louis-Napoléon, avait affirmé en face de la France ?

Singulière situation que celle du prince, soit lors du procès Laity, soit lors du procès de Boulogne ! Il n'y avait pas eu jusqu'à son avocat lui-même, qui ne se crût obligé de lui contester ces titres, auxquels Louis-Napoléon Bonaparte avait une foi si entière, si tenace. M. Michel (de Bourges) avait, on se le rappelle, cru devoir soumettre à une censure sévère, ce qu'il appela les illusions du parti napoléonien, et il avait prononcé ces paroles, dont le but était de faire voir que la cause napoléonienne était perdue, même à ses yeux : « Je ne suis ici que pour les principes, s'était écrié l'avocat démocrate, et si le prince revenait troubler le pays, il me trouverait le premier sur son passage. » Ainsi la réprobation devait venir au prince, même de celui-là qui lui donnait un apparent patronage.

Recueillons-nous ici, et admirons cette énergie de conviction, cette sublime obstination du droit nouveau, qui s'affirme malgré tous les obstacles, et qui se réfugie dans l'avenir quand le présent lui manque sous les pieds. En vain les insultes lui viennent de tous côtés, même de ceux d'où la protection pouvait être le plus justement attendue. Il s'enveloppe dans sa force et il attend.

Ah ! c'est qu'il sait bien ce qu'il y a de faux dans cette opinion grossière qui n'aperçoit dans la religion napoléonienne, qu'un fétichisme rétrograde. C'est qu'il a conscience de l'inanité du droit apparent qui gouverne. C'est qu'il possède l'avenir et qu'il peut être patient.

LA PRISON DE HAM.

o-≪≫-o

Quand il entendit prononcer son jugement, l'illustre captif s'écria : « Tant mieux ! Au moins je mourrai en France ! » Le 6 octobre, à quatre heures du soir, on lui lut officiellement sa sentence : à minuit, une voiture l'attendait aux portes de la Conciergerie. Un colonel de la garde municipale et une forte escorte s'ébranlèrent, entourant la voiture : on partit au galop et on ne s'arrêta qu'aux portes de Ham.

C'était la forteresse choisie pour l'emprisonnement perpétuel du prince.

Le 7, à midi, la voiture pénétra dans la première cour intérieure. Comme on constatait au greffe le nom du prisonnier et la sentence qui l'avait frappé, le prince dit avec gaieté : « Monsieur le greffier, *perpétuel* n'est pas plus français qu'*impossible*. »

Ce fut une grande joie, dans le parti constitutionnel, que l'issue de ce procès. Le *Journal des Débats* annonça la condamnation comme il eût fait d'un heureux événement, comme il avait fait, plus de trente ans auparavant, lorsqu'il annonçait l'heureuse naissance de Son Altesse Impériale Charles-Louis-Napoléon, « ce digne héritier, disait-il alors, du nom de l'Empereur, de ses sentiments et de sa grandeur. »

On ne s'apercevait pas que la prison de Ham allait mettre une auréole de plus au front de celui qu'on croyait n'avoir plus à craindre.

C'était une froide et triste bastille que cette vieille forteresse, choisie pour user l'énergie du prince. Du haut du sombre donjon, l'œil attristé plane sur le marais de la Somme. L'air est empesté par les miasmes qui s'élèvent des tourbières, dont le sol noirâtre, fangeux, nourrit à peine quelques troupeaux chétifs.

Les souvenirs illustres ne manquaient pas dans la vieille bastille féodale, et le neveu de l'Empereur éveillait à chaque pas de glorieux souvenirs. Dans ces noirs donjons avaient été renfermés Charles le Simple, Louis XI, Condé. C'est là qu'avaient passé une à une ces grandes infortunes, ces victimes innocentes, Marie-Antoinette, Michel Ney. Là Philippe d'Orléans avait commencé une expiation terrible. Ces froides cellules avaient vu couler bien des larmes, avaient étouffé bien des soupirs.

Le prince ne s'y trouva pas seul. Le dévouement l'y avait accompagné. Le général Montholon, jaloux de continuer son noble rôle de courtisan du malheur, le docteur Conneau, fidèle aux recommandations de la reine Hortense à son lit de mort, avaient obtenu, comme une grâce, de partager avec leur prince cette prison qu'ils ne voulaient quitter qu'avec lui. Un fidèle domestique, le valet de chambre, Charles Thélin, n'avait pas voulu se séparer de son maître. Attaché, dès son enfance, au service de l'impératrice Joséphine, il avait passé plus tard à celui de la reine Hortense qui, en mourant, l'avait recommandé à son fils.

C'est entouré de ces amitiés inaltérables que Louis-Napoléon Bonaparte s'établit dans le cachot que lui donnait la fortune en attendant un trône. Car son courage ne faiblit pas un moment, et sa foi profonde dans l'avenir ne fut pas un moment altérée. Qu'on lise, pour s'en convaincre, cette admirable lettre écrite à une noble Anglaise dont le prince avait fait la connaissance chez un de ses amis dévoués d'Angleterre, le comte d'Orsay. M. le comte Barins a publié le premier ce curieux document qui lui avait été confié par le comte d'Orsay lui-même.

« Ham, 13 janvier 1841.

» Milady,

» Je reçois seulement aujourd'hui votre lettre du 1er janvier, parce que, étant en Anglais, il a fallu qu'elle soit envoyée au ministère, à Paris, afin qu'elle y fût lue.

» Je suis bien sensible à votre bon souvenir, et c'est avec douleur que je pense que jamais auparavant vos lettres ne m'étaient parvenues. Je n'ai reçu de Gon-House qu'une lettre du comte d'Orsay, auquel je me suis empressé de répondre lorsque j'étais à la Conciergerie ; je regrette vivement qu'on l'ait interceptée, car je lui témoignais toute ma reconnaissance de l'intérêt qu'il prenait à mes malheurs. Je ne vous ferai pas le récit de tout ce que j'ai souffert. Votre âme poétique et votre noble cœur ont deviné tout ce qu'a de cruel une position où la défense a des limites infranchissables, et la justification, des réserves obligées. Dans ce cas, la seule consolation contre toutes les calomnies et contre les rigueurs du sort, c'est de sentir dans le fond de son cœur une voix qui vous absout ; c'est de recevoir des témoignages de sympathie de la part de ces natures exceptionnelles qui, comme vous, Madame, se séparent de la foule par l'élévation de leurs sentiments, par l'indépendance de leur caractère, et ne font pas dépendre leurs affections et leur jugement des caprices de la fortune et de la fatalité du sort.

» Je suis depuis trois mois au fort de Ham avec le général Montholon et le docteur Conneau, mais toute communication avec l'extérieur est défendue : personne encore n'a pu obtenir de venir me voir. Je vous enverrai, un de ces jours, la vue de la citadelle que j'ai faite d'après une petite lithographie, car vous pensez bien que je ne connais pas le fort, vu en dehors.

» Ma pensée se reporte souvent sur les lieux que vous habitez, et je me rappelle avec plaisir les moments que j'ai passés dans votre aimable société, que le comte d'Orsay embellit encore par sa spirituelle et franche gaieté. Cependant je ne désire pas sortir des lieux où je suis, car ici je suis à ma place : *avec le nom que je porte, il me faut l'ombre d'un cachot ou la lumière du pouvoir.*

» Si vous daignez, Madame, m'écrire quelquefois et me donner des détails de la société de Londres et d'un pays où j'ai été trop heureux pour ne pas l'aimer, vous me ferez le plus grand plaisir, etc., etc.

» Napoléon-Louis. »

Ce fut un singulier spectacle que celui que donna la France, pendant le dernier mois de l'année 1840. Le passé se dressa tout à coup en face du présent comme une accusation terrible. Étrange ironie de la fortune ! Pendant que le corps de l'Empereur, racheté enfin de son long exil, arrivait de Sainte-Hélène, pendant que l'esprit public, soulevé dans ses dernières profondeurs, éclatait avec une unanimité singulière en souvenirs patriotiques, pendant qu'une nation tout entière, tête nue, le genou plié, recevait la sainte relique du glorieux capitaine, le neveu, l'héritier de cette gloire, de ce droit, respirait l'air infect d'un cachot.

Ce contraste frappa vivement tous ceux qui avaient eu l'honneur de connaître, et par conséquent d'aimer le prince. Un des hommes les plus remarquables parmi ceux qui avaient été admis dans l'intimité de son Altesse, le comte d'Orsay, ce Français qui fut si longtemps à l'Angleterre un modèle d'esprit et de bon goût, s'écria à cette occasion : « Louis-Philippe va poser la première pierre du tombeau de Napoléon, pourquoi ne prend-il donc pas celle qui ferme la porte du château de Ham? »

Mais si les nobles cœurs réclamaient de la monarchie triomphante un peu de cette générosité qu'elle ne sut jamais trouver à propos, le prince ne cessait de prier ses amis de s'abstenir de toute démarche qui eût l'air d'une prière. Il se considérait comme un vaincu, non comme un prisonnier légalement condamné. On n'avait donc pas le droit de lui faire grâce. Aussi, un des actes qui furent le plus pénibles pour le prince, ce fut une démarche de ce genre, tentée par la voie d'un journal et qui tirait sa gravité du nom de celui qui avait cru devoir y recourir. Le père du prince, dans sa retraite d'Italie, usé par la souffrance, n'avait pu comprendre les entreprises chevaleresques de son fils. Il écrivit donc cette lettre qui se ressentait à la fois de l'éloignement, du manque d'information, de la faiblesse physique et morale de l'ex-roi de Hollande.

« Monsieur,

» Permettez que je vous prie de recevoir la déclaration suivante :

» Je sais que c'est un singulier moyen et peu convenable, que celui de recourir à la publicité ; mais quand un père affligé, vieux, malade, légalement expatrié, ne peut venir autrement au secours de son fils malheureux, un semblable moyen ne peut qu'être approuvé par tous ceux qui portent un cœur de père.

» Convaincu que mon fils Napoléon-Louis est tombé pour la troisième fois dans un piége épouvantable, un effroyable guet-apens, puisqu'il est impossible qu'un homme qui n'est pas dépourvu de moyens et de bon sens, se soit jeté de gaieté de cœur dans un tel précipice. S'il est coupable, les plus coupables et les plus véritables sont ceux qui l'ont séduit et égaré.

» Je déclare surtout avec une sainte horreur que l'injure qu'on a faite à mon fils, en l'enfermant dans la chambre d'un assassin, est une cruauté monstrueuse, antifrançaise, un outrage aussi vil qu'insidieux.

». Comme père profondément affligé, comme bon Français, éprouvé par trente années d'exil, comme frère, et, si j'ose le dire, élève de celui dont on redresse les statues, je recommande mon fils égaré et séduit à ses juges et à tous ceux qui portent un cœur français et de père.

» Votre abonné,
» Louis de Saint-Leu.
» Florence, ce 24 août 1840. »

Cette lettre, hâtons-nous de le dire, ne pouvait être désavouée par un fils respectueux; mais elle n'engageait en rien la dignité personnelle du prince.

On eut donc ce spectacle de l'héritier impérial jeté dans une prison d'État comme un criminel, tandis que son prédécesseur sur le trône populaire entrait dans l'église des Invalides, au bruit du canon et des acclamations universelles. On vit ces vieux courtisans de l'infortune, ces débris de l'époque héroïque, les Bertrand, les Gourgaud, les Molitor, s'agenouiller devant ce qui restait de leur maître, comme s'ils eussent dit : C'est maintenant, Seigneur, que tu peux nous rappeler, *Nunc dimittis!* Mais si la foule pleurait avec eux, les habiles se repentaient déjà d'avoir remué ces cendres brûlantes. Ils avaient déjà peur de l'ombre appelée au milieu d'eux. C'est le premier et *le dernier* de sa race, s'écriait un adroit courtisan de la royauté nouvelle. On interrogeait avec anxiété l'écho de Ham : on craignait qu'il n'en sortît quelque voix terrible pour revendiquer cet héritage qu'on s'appropriait sans pudeur.

Une honte nouvelle vint s'ajouter à ces hontes. Au moment

même où cette gloire posthume se redressait et parlait à tous les yeux de l'ancienne France conquérante et souveraine, une France nouvelle, la France de 1830, voyait abaisser ses couleurs devant le drapeau de l'Angleterre. Le canon de Beyrouth proclamait notre honte en Syrie, et la France était mise en quarantaine par ses vieilles ennemies de la Sainte-Alliance. Napoléon rentrait dans un pays déshonoré !

Comment s'étonner que Louis-Napoléon Bonaparte se refusât à essayer la moindre démarche pour faire adoucir ou abréger sa captivité, quand ceux de qui il eût fallu accepter une grâce souillaient ainsi le noble dépôt que le hasard leur avait confié ?

Voici ce que, plus tard, il écrivait, quand déjà plus de deux années de captivité avaient passé sur sa tête.

« Fort de Ham, le 18 avril 1843.

» Vous me dites qu'on parle beaucoup à Paris d'une amnistie, et vous me demandez l'impression que produit sur moi cette nouvelle. Je réponds franchement à votre question.

» Si demain on ouvrait les portes de ma prison en me disant : « Vous êtes libre, venez avec nous vous asseoir comme citoyen au foyer national ; la France ne répudie plus aucun de ses enfants. » Ah ! certes, alors un vif mouvement de joie saisirait mon âme. Mais si, au contraire, on venait m'offrir de changer ma position actuelle pour l'exil, je refuserais une telle proposition, car ce serait à mes yeux une aggravation de peine. Je préfère être captif sur le sol français que libre à l'étranger.

» Je connais d'ailleurs ce que vaut une amnistie de la part du pouvoir actuel. Il y a sept ans, après l'affaire de Strasbourg, on vint, une nuit, m'arracher à la justice du pays, et, sans écouter mes protestations, sans même me donner le temps de prendre les vêtements les plus nécessaires, on m'entraîna à deux mille lieues de l'Europe. Après avoir été retenu prisonnier jusque dans la rade de Rio-Janeiro, on me conduisit enfin aux États-Unis. Ayant appris à New-York la nouvelle de la grave maladie de ma mère, je revins en Angleterre. En arrivant, quelle fut ma surprise de voir que toutes les portes du continent m'étaient fermées par les soins du gouvernement français, et quelle fut mon indignation en apprenant que, pour m'empêcher d'aller fermer les yeux de ma mère mourante, on avait répandu, pendant mon absence, cette calomnie, tant de fois reproduite et démentie, que j'avais promis de ne plus jamais revenir en Europe!

» Trompant les polices des États allemands, je parvins en Suisse, et assistai au spectacle le plus déchirant pour le cœur d'un fils. A peine le corps de ma mère reposait-il dans le cercueil, que le gouvernement français voulut me faire renvoyer du sol hospitalier où j'étais devenu propriétaire et citoyen. Le peuple suisse soutint ses droits et me garda;

mais, voulant éviter des complications sans nombre et même une collision, je quittai volontairement, mais non sans de vifs regrets, des lieux où ma mère avait, depuis vingt ans, transporté ses pénates français, où j'avais grandi, où enfin, je comptais assez d'amis pour pouvoir croire, parfois, que j'étais dans mon pays. — Voilà quels furent, à mon égard, les effets de l'amnistie violente du gouvernement. Croyez-vous que je puisse en désirer une seconde ?

» Banni depuis vingt-cinq ans, deux fois trahi par le sort, je connais, de cette vie, toutes les vicissitudes et toutes les douleurs ; et, revenu des illusions de la jeunesse, je trouve dans l'air natal que je respire, dans l'étude, dans le repos de ma prison, un charme que je n'ai pas ressenti lorsque je partageais les plaisirs des peuples étrangers, et que, vaincu, je buvais à la même coupe que le vainqueur de Waterloo.— En un mot, je répéterais, si l'occasion s'en présentait, ce que j'ai dit à la Cour des pairs : « Je ne veux pas de géné-
» rosité, car je sais ce qu'il en coûte !

» Recevez, etc.

» *Signé* Napoléon-Louis Bonaparte. »

Quelques mois après, le *Journal du Loiret* adressait au captif de Ham cette question : « Que feriez-vous si les portes de votre prison vous étaient ouvertes, et si l'exil dont toute votre famille est frappée prenait fin ? »

Le prince répondit :

» Fort de Ham, le 21 octobre 1843

» Monsieur,

» Je réponds sans hésitation à l'interpellation bienveillante que vous m'adressez.

» Jamais je n'ai cru, jamais je ne croirai que la France soit l'apanage d'un homme ou d'une famille; jamais je n'ai invoqué d'autres droits que ceux de citoyen français, et jamais je n'aurai d'autre désir que de voir le peuple entier, légalement convoqué, choisir librement la forme de gouvernement qui lui conviendra.

» Issu d'une famille qui a dû son élévation au suffrage de la nation, je mentirais à mon origine, à ma nature et, qui plus est, au sens commun, si je n'admettais pas la souveraineté du peuple comme base fondamentale de toute organisation politique. Mes actions et mes paroles antérieures sont d'accord avec cette opinion. Si on ne m'a pas compris, c'est qu'on n'explique pas les défaites, on les condamne.

» J'ai réclamé, il est vrai, une première place; mais sur la brèche. J'avais une grande ambition, mais elle était hautement avouable, l'ambition de réunir autour de mon nom plébéien tous les partisans de la souveraineté nationale, tous ceux qui voulaient la gloire et la liberté. Si je me suis trompé, est-ce à l'opinion démocratique à m'en vouloir? est-ce à la France à m'en punir?

» Croyez, Monsieur, que, quel que soit le sort que l'avenir me réserve, on ne dira jamais de moi que pendant l'exil ou la captivité, *je n'ai rien appris ni rien oublié.*

» Recevez l'assurance de mes sentiments d'estime et de sympathie.

» Louis-Napoléon Bonaparte. »

C'est une triste, mais en même temps une instructive étude que celle des souffrances imposées au prince dans cette prison de Ham. Un homme d'esprit et de cœur, M. Briffault, les a racontées, et d'après les documents fournis par le prince lui-même. L'écrivain avait communiqué au prince, alors en Angleterre, son projet d'écrire l'histoire de cette captivité ; le prince répondit par l'envoi de renseignements nombreux qu'accompagnait cette lettre :

« Londres, le 20 juillet 1846.

» Monsieur,

» Je vous envoie les documents que je vous ai promis et qui vous ont paru avoir quelque intérêt. Je vous remercie de vouloir bien rectifier, par le simple exposé des faits qui me sont relatifs, les fausses opinions qui existent contre moi. Un récit simple et exact de ce qui m'est arrivé, fuyant toute tendance politique et tout panégyrique, peut m'être très-utile ; car il peut intéresser en ma faveur même la froide diplomatie, et faire tomber les obstacles qui m'empêchent d'aller fermer les yeux de mon vieux père.

» Recevez donc, Monsieur, d'avance, l'expression de ma

reconnaissance et l'assurance de mes sentiments d'estime et d'amitié.

» Napoléon-Louis Bonaparte. »

« La patience du prisonnier, dit M. Briffaut, était mise à de continuelles épreuves, par des vexations imprévues que chaque heure du jour voyait naître. S'il se promenait sur les remparts, dans un espace de 40 pieds de long sur 20 de large, ce n'était pas assez des nombreuses sentinelles placées en dedans et en dehors de la forteresse, à chaque marche d'escalier et à la porte même de l'appartement ; il fallait encore qu'un gardien le suivît pas à pas comme son ombre.»

On refusait au fidèle Thélin, qui n'était cependant pas prisonnier, l'autorisation de sortir pour faire les achats nécessaires.

M. Briffault dit encore :

» Les soldats avaient l'ordre de ne pas rendre au prince les honneurs militaires ; mais nous devons dire à leur louange qu'ils ne manquaient jamais de lui présenter les armes et que le souvenir impérial était plus fort en eux, que la crainte de la salle de police.

» Lorsqu'après de longues réclamations et des demandes officielles, il fut reconnu que l'habitude de l'équitation avait fait de cet exercice un besoin pour la santé de Napoléon-Louis, un cheval fut enfin amené. Mais il fallut se soumettre à l'obligation de rester dans l'étroite enceinte de la cour mal pavée du château, et là servir de spectacle à la garnison ainsi qu'aux habitants de la ville que la curiosité attirait en foule aux embrasures du mur extérieur. Il est facile de comprendre que le prince fut bientôt dégoûté de promenades ainsi faites, et qu'il dut renoncer à son exercice favori.

» Pour arriver jusqu'à sa personne, il était nécessaire d'avoir un ordre écrit du ministre de l'intérieur qui ne l'accordait qu'avec une extrême difficulté ; sa signature même ne suffisait pas, et le commandant de la forteresse ne devait admettre l'ordre qu'après le contre-seing du commissaire de police. Cet agent de surveillance ignora cent offres sérieuses faites au prince pour lui procurer des moyens d'évasion ; mais en revanche sa perspicacité crut voir tout un plan de fuite dans la demande formée par un capitaine américain qui insistait pour communiquer au captif un message du gouvernement de Nicaragua, au sujet du percement projeté de l'isthme de Panama »

La surveillance et les mesures de rigueur redoublèrent. Après neuf mois d'une patience parfaite, le prince ne crut pas devoir garder un plus long silence. Il fit parvenir à ses bourreaux la protestation suivante :

PROTESTATION.

» Citadelle de Ham, 22 mai 1844

» Pendant les neuf mois que j'ai passés dans les mains du gouvernement français, je me suis patiemment soumis aux indignes traitements de tout genre ; je ne veux pas, cependant, garder un plus long silence qui semblerait une adhésion aux mesures oppressives dont je suis l'objet. Ma position doit être considérée sous deux points de vue, l'un moral et l'autre légal. Quant au premier, le gouvernement, qui a reconnu la légitimité du chef de ma famille, est forcé, par le fait, de me reconnaître comme prince et de me traiter comme tel.

» La politique a des droits que je ne prétends pas contester ; que le gouvernement agisse à mon égard comme envers un ennemi, qu'il me prive des moyens de lui nuire, je n'aurai pas à me plaindre ; mais, en même temps, sa conduite sera inconséquente s'il me traite comme un prisonnier ordinaire, moi, fils d'un roi, neveu d'un empereur, et allié à tous les souverains de l'Europe.

» Quand j'en appelle aux alliances étrangères, je n'ignore pas qu'elles n'ont jamais protégé le vaincu, et que le malheur brise tous les nœuds ; mais le gouvernement français devrait reconnaître le principe qui m'a fait ce que je suis, car c'est par ce principe qu'il existe lui-même. La souveraineté du peuple à fait mon oncle empereur, mon père roi, et m'a fait prince français par ma naissance. N'ai-je donc pas droit au respect et aux égards de tous ceux pour qui la voix d'un grand peuple, la gloire et l'infortune sont quelque chose ?

» Si, pour la première fois de ma vie, je m'appuie sur le hasard qui a présidé à ma naissance, c'est que la fierté convient à ma position actuelle, et que j'ai acheté les anciennes faveurs du sort au prix de vingt-sept ans de souffrances et de chagrins.

» En ce qui touche ma position légale, la cour des pairs a créé pour moi une pénalité exceptionnelle.

» En me condamnant à un emprisonnement perpétuel, on n'a fait que légaliser le décret du destin qui a voulu que je fusse prisonnier de guerre. On a essayé d'adoucir la politique par l'humanité, en m'infligeant la peine la moins dure pour le plus longtemps possible.

» Mais, dans l'application, le gouvernement est allé au delà des intentions que j'aime à attribuer à mes juges. Accoutumé, dès ma jeunesse, à une vie simple, je ne me plains pas de l'inconvenante médiocrité dans laquelle on me place; mais, ce dont je me plains, c'est d'être la victime de mesures vexatoires, que ne commande en rien le soin de ma surveillance.

» Durant les premiers mois de ma captivité, toute espèce de communication avec le dehors m'était interdite; et, au dedans, j'étais astreint à l'isolement le plus rigoureux. Depuis que plusieurs personnes ont été autorisées à me voir, ces mesures restrictives d'intérieur ne peuvent plus avoir d'objet; et c'est cependant lorsqu'elles sont devenues inutiles qu'on affecte d'en augmenter la rigueur.

» Tout ce qui sert à mon usage personnel est, chaque jour, soumis au plus minutieux examen.

» Le zèle de mon unique et fidèle serviteur, qui a été autorisé à me suivre, est entravé par des obstacles de tout genre. Un tel système de terreur a été mis en œuvre dans la garnison et parmi les employés du château, que nul n'ose lever les yeux sur moi, et qu'il faut ici, à un homme, beaucoup de courage pour être simplement poli.

» Comment en serait-il autrement, lorsqu'un regard est considéré comme un crime, et que ceux qui voudraient adoucir ma position sans manquer à leur devoir, sont dénoncés à l'autorité, et menacés de perdre leur place ? Au milieu de cette France, que le chef de ma famille a rendue si grande, je suis traité comme l'était un excommunié au xiiie siècle. Chacun fuit à mon approche, et l'on semble redouter mon contact, comme si mon souffle même était contagieux.

» Cette insultante inquisition qui me poursuit jusque dans ma chambre, qui s'attache à mes pas lorsque je vais respirer l'air dans un coin écarté du fort, ne s'arrête pas à ma personne ; elle veut encore pénétrer jusqu'à mes pensées. Les effusions de mon cœur, dans les lettres que j'adresse à ma famille, sont soumises au plus sévère contrôle ; et si quelqu'un m'écrit en termes trop sympathiques, la lettre est confisquée et son auteur dénoncé au gouvernement.

» Par une foule de moyens, trop longs à énumérer, il semble que l'on prenne à tâche de me faire sentir ma captivité à chaque minute du jour, et de faire retentir à mes oreilles ce cri funèbre et incessant : Malheur aux vaincus !

» On remarquera qu'aucune des mesures dont je parle n'a été pratiquée à l'égard des ministres de Charles X, dont j'occupe aujourd'hui le triste appartement. Et cependant ces ministres n'étaient pas nés sur les marches du trône ; ils n'avaient pas été condamnés à un simple emprisonnement ; leur suprême sentence paraissait devoir les destiner à un sort plus rigoureux que moi, et, enfin, ils ne représentaient pas une cause que la France entoure d'un souvenir de vénération.

» Le traitement que j'endure est donc à la fois injuste, illégal et inhumain.

» Si l'on croit arriver ainsi à me réduire, on se trompe. Ce n'est pas l'outrage, c'est la bienveillance qui subjugue les cœurs de ceux qui savent souffrir.

» *Signé* Napoléon-Louis Bonaparte. »

Cette protestation eut au moins pour effet d'adoucir quelques rigueurs, et de rappeler le gouvernement au souvenir d'une dignité trop souvent oubliée. Quant au prince, il se renferma dans l'étude solitaire. « Revenu, disait-il, de toutes les illusions de la jeunesse, je trouve dans l'air natal, dans mes études, dans mes travaux et dans le calme de ma prison, un charme indéfinissable que ne m'avaient jamais causé les plaisirs et la liberté, lorsque j'en jouissais sur la terre étrangère. »

Cependant le prisonnier poursuivait le cours de ses nobles études. Préoccupé, avant tant d'autres réformateurs bruyants et stériles, du vaste problème posé à la société moderne, l'amélioration et l'affranchissement du travail, il écrivait ce beau livre *De l'extinction du paupérisme*, dans lequel des ennemis adroits ou, ce qui est pire, de maladroits amis ont voulu voir le socialisme tout entier. Nous aurons occasion d'étudier ce remarquable travail, et nous y ferons, à chaque ligne, toucher du doigt le principe d'autorité heureusement combiné avec les éléments essentiels de la liberté et de l'égalité modernes.

Ce coup d'œil profond jeté sur les besoins sérieux des populations, à une époque où la politique officielle s'épuisait en intrigues parlementaires ou en concessions humiliantes, fut apprécié à sa vraie valeur par la classe même qu'il illuminait ainsi d'une lumière sympathique. Un assez grand nombre d'ouvriers imprimeurs de Paris écrivirent, à cette occasion, au prince cette lettre, aussi honorable pour celui à qui on l'adressait que pour ceux qui l'avaient écrite :

» Prince,

» Vous vous occupez, dans votre prison, des souffrances du peuple et de son avenir : il mérite votre bienveillante sollicitude, car c'est dans ses rangs que se sont réfugiés les sentiments qui ont autrefois rendu la France fière et glorieuse. L'écrit si remarquable que vous venez de publier sur le *paupérisme* a vivement excité notre reconnaissance ; nous venons vous remercier, au nom de la classe ouvrière, de songer et de travailler à son bien-être. L'Empereur était notre roi, à nous ; il nous aimait sincèrement, et nous sommes heureux de voir son neveu nous continuer cet attachement.

» Croyez-le bien, prince, c'est avec douleur que nous vous voyons enseveli dans une citadelle sur le sol de France. Nous faisons des vœux pour que la liberté vous soit enfin rendue avec tous vos droits de citoyen français. Puisse ce témoignage de sympathie adoucir les tristesses de votre prison et vous rappeler quelquefois qu'il y a autour de vous des compatriotes qui admirent votre courage, estiment votre noble caractère et aiment en vous le neveu de celui qui fut l'Empereur du peuple !

» Nous avons l'honneur d'être, avec un profond respect,
» Prince,
» Vos très-humbles et très-reconnaissants serviteurs. »

Voici quelle fut la réponse du prince, adressée à M. Castille, imprimeur, à Paris :

« Fort de Ham, le 14 octobre 1844.

» Monsieur,

» J'ai été bien touché de la lettre que vous m'avez adressée au nom de plusieurs personnes de la classe ouvrière, et je suis heureux de penser que quelques-uns de mes concitoyens rendent justice au patriotisme de mes intentions.

» Un témoignage de sympathie de la part d'hommes du peuple me semble cent fois plus précieux que ces flatteries officielles que prodiguent aux puissants les soutiens de tous les régimes; aussi m'efforcerai-je toujours de mériter les éloges et de travailler dans les intérêts de cette immense majorité du peuple français qui n'a aujourd'hui ni droits politiques, ni bien-être assuré, quoiqu'elle soit la source reconnue de tous les droits et de toutes les richesses.

» Compagnon des malheureux sergents de La Rochelle, vous devez facilement comprendre quelles sont mes opinions et quels sont mes sentiments, puisque vous avez souffert pour la même cause que moi; aussi est-ce avec plaisir que je vous prie d'être, auprès des signataires de la lettre que vous m'avez adressée, l'interprète de mes sentiments de reconnaissance, et recevez,

» Monsieur,
» l'assurance de mon estime et de ma sympathie,
» *Signé* Napoléon-Louis.

Et ce n'était pas seulement avec d'intelligents représentants du travail que le prince se trouvait ainsi en communauté d'idées et de sentiments généreux. C'était encore avec les princes de l'esprit en tous genres. Le lecteur nous saura gré de lui faire connaître, entre cent autres, les lettres suivantes de trois des plus grands écrivains dont s'honore la France, Georges Sand, Béranger, Chateaubriand.

Lettre de Georges Sand.

» Prince,
» Je dois vous remercier du souvenir flatteur dont vous

m'avez honorée en m'adressant, avec un mot de votre main, qui m'est précieux, le noble et remarquable travail sur l'extinction du paupérisme. C'est de grand cœur que je vous exprime l'intérêt sérieux avec lequel j'ai étudié votre projet. J'ai été surtout frappée de la juste appréciation de nos malheurs et du généreux désir d'en chercher le remède. Quant à bien apprécier les moyens de la réalisation, je ne suis pas de force à le faire, et, d'ailleurs, ce sont là des controverses dont je suis sûre que vous feriez, au besoin, bon marché. En fait d'application, il faut peut-être avoir la main à l'œuvre pour s'assurer qu'on ne s'est pas trompé, et le rôle d'une vaste intelligence est de perfectionner les plans en les exécutant.

» Mais l'exécution, prince, en quelles mains l'avenir la confiera-t-il? Il y a peut-être inconvenance et manque de respect à soulever cette question en vous parlant.

» Peut-être aussi de vives sympathies en donnent-elles le droit. Je ne sais pas si votre infortune a des flatteurs, je sais qu'elle mérite d'avoir des amis. Croyez qu'il faut plus d'audace aux esprits courageux pour vous dire la vérité aujourd'hui, qu'il n'en eût fallu si vous eussiez triomphé. C'est notre habitude, à nous, démocrates, de braver les puissants, et cela ne nous coûte guère, quel qu'en soit le danger. Mais devant un héros captif et un guerrier enchaîné, nous ne sommes pas braves. Sachez-nous donc quelque gré, vous qui comprenez ces choses, de ce que nous voulons nous défendre des séductions que votre caractère, votre intelligence et votre situation exercent sur nous, et de ce que nous osons vous dire la vérité de nos consciences. Cette vérité, c'est que jamais nous n'eussions reconnu d'autre souverain que le peuple, et que la souveraineté de tous nous paraîtra toujours incompatible avec celle d'un homme. Aucun miracle, aucune personnification du génie populaire dans un seul, ne nous prouvera le droit d'un seul. Mais vous savez cela; vous le saviez peut-être quand vous marchiez vers nous. Et nous, s'il eût fallu que nous fussions conquis, nous eussions préféré à tout autre une conquête qui eût ressemblé à une délivrance. Mais il nous eût fallu vous voir à l'épreuve, et ce que vous ne saviez pas, c'est que les hommes longtemps trompés et opprimés ne s'éveillent pas dans un jour à la confiance. La pureté de vos intentions eût été fatalement méconnue, et vous ne vous seriez pas assis au milieu de nous sans avoir à nous combattre et à nous réduire. Telle est l'inflexibilité des lois qui entraînent la France vers son but, que vous n'aviez pas mission, vous, homme d'élite, de nous arracher à la tyrannie. Hélas! vous devez souffrir de cette pensée, autant qu'on souffre de l'envisager et de le dire; car vous méritiez de naître en des jours où vos rares qualités eussent pu faire notre bonheur.

» Mais il est une autre gloire que celle de l'épée, un autre ascendant que celui des faits; vous le savez maintenant que le calme du malheur vous a rendu toute votre sagesse, toute votre grandeur naturelle, et vous aspirez, dit-on, à n'être qu'un citoyen français; c'est un assez beau rôle pour qui sait le comprendre. Vos préoccupations et vos écrits prouvent que nous aurions en vous un grand citoyen, si les ressentiments de la lutte pouvaient s'éteindre, et si le règne de la liberté venait un jour guérir les ombrageuses méfiances des hommes. Vous voyez comme les lois de la guerre sont farouches et implacables, vous qui les avez courageusement affrontées et qui les subissez plus courageusement encore. Elles paraissent odieuses quand on voit un homme tel que vous en être la victime.

» Eh bien! là est votre gloire nouvelle, là sera votre grandeur véritable. Le nom terrible et magnifique que vous portez n'eût pas suffi pour nous vaincre. Nous avons à la fois diminué et grandi depuis les jours d'ivresse sublime qu'*il* nous a donnés. Son règne illustre n'est plus de ce monde, et l'héritier de son nom, penché, médite, attendri sur le sort des prolétaires!

» Oui, c'est là votre gloire! C'est un aliment sain qui ne corrompra pas la sainte jeunesse et la haute droiture de votre âme, comme, malgré vous, l'eût fait peut-être l'exercice du pouvoir. Là serait le lien du cœur entre vous et les âmes républicaines que la France compte par millions aujourd'hui.

» Quant à moi, je ne connais pas le soupçon, et s'il dépendait de moi, après avoir lu, j'aurais foi en vos promesses, et j'ouvrirais la prison pour vous faire sortir, la main pour vous recevoir.

» Mais, hélas! ne vous faites pas d'illusions! ils sont tous inquiets et sombres autour de moi, ceux qui aspirent à des jours meilleurs. Vous ne les vaincrez que par les idées, par le sentiment démocratique, par la doctrine de l'égalité. Vous avez de tristes loisirs, mais vous savez en tirer parti. Parlez-nous donc souvent de délivrance et d'affranchissement, noble captif! Le peuple est, comme vous, dans les fers. Le Napoléon d'aujourd'hui est celui qui personnifie les douleurs du peuple, comme l'autre personnifiait ses gloires.

» Acceptez, Prince, l'expression de mes sentiments respectueux.

» *Signé* : GEORGES SAND. »

» 26 novembre 1844.

Lettre de Béranger.

» Prince,

» La personne qui m'a remis les brochures que vous m'avez fait l'honneur de m'adresser, m'assure qu'il ne peut vous être désagréable de recevoir directement les remercîments que je vous dois. Je m'empresse donc, Prince, de vous exprimer la satisfaction que la lecture de ces ouvrages vient de me procurer; ils m'ont surtout fait admirer ce qu'il y a de courage à vous de consacrer à d'utiles travaux les longues heures de votre captivité.

» La brochure sur les sucres est celle qui m'a fait le plus de surprise. Je conçois parfaitement vos études historiques et les réflexions si justes qu'elles vous suggèrent ; mais je conçois moins comment vous avez approfondi, Prince, un sujet purement industriel et financier. Vous avez pour moi éclairci ce débat d'intérêts opposés, sauf pourtant, si vous me permettez de le dire, en ce qui touche l'intérêt du consommateur, toujours un peu négligé par les grands de ce monde.

» Puissiez-vous un jour, Prince, être en position de consacrer à notre commune patrie le fruit des connaissances que vous avez déjà acquises et que vous acquerrez encore. En attendant qu'on vous rende, comme il serait juste de le faire, les droits de citoyen français, ainsi qu'à tous les membres de votre illustre famille, croyez aux vœux ardents que je fais pour vous voir rendre à la liberté, sûr que je suis que vous vous consacreriez désormais à des travaux littéraires et scientifiques qui ajouteraient un rayon à l'immense auréole du nom que vous portez.

» Recevez, Prince, avec mes vœux et mes remercîments, l'assurance des sentiments avec lesquels j'ai l'honneur d'être, Prince,

» Votre très-humble serviteur,

» *Signé :* BÉRANGER. »

Passy, 14 octobre 1842.

Deuxième lettre de Béranger.

» Prince,

» J'ai l'honneur de vous remercier de l'envoi que vous m'avez fait de votre écrit. Il doit mériter les suffrages de tous les amis de l'humanité. L'idée que vous émettez dans cette trop courte brochure est une de celles qui pourraient le mieux améliorer le sort des classes industrielles et travailleuses. Il ne m'appartient pas, Prince, de juger de l'exactitude des calculs dont vous l'appuyez, mais j'ai trop souvent fait des rêves qui avaient le même but que votre généreuse intention pour ne pas en apprécier toute la valeur. Par un hasard même dont je suis fier, mes utopies du coin du feu se rapprochent singulièrement du projet que vous développez si clairement et appuyez si bien de raisons victorieuses.

» C'est moins par vanité, Prince, que je vous parle ici de mes rêvasseries, que pour vous faire juger de la satisfaction que votre ouvrage a dû me procurer.

« Il est beau à vous, au milieu des ennuis et des souffrances de la captivité, de vous occuper ainsi, Prince, de ceux de vos concitoyens dont les maux sont si nombreux et si menaçants. C'est la meilleure manière et la plus digne du grand nom que vous portez, de faire sentir le tort des hommes d'État qui hésitent si longtemps à vous rendre la liberté et une patrie. Avec mes vœux, pour que vous recouvriez enfin l'une et l'autre, agréez, Prince, l'assurance de mes sentiments de haute considération.

» *Signé* : Béranger. »

Passy, 30 juin 1844.

Lettre de Chateaubriand.

» Prince,

» Au milieu de vos infortunes, vous avez étudié avec autant de sagacité que de force les causes d'une révolution qui, dans l'Europe moderne, a ouvert la carrière des calamités royales. Votre amour de la liberté, votre courage et vos souffrances, vous donneraient à mes yeux tous les droits si, pour être digne de votre estime, je ne devais rester fidèle aux malheurs d'Henri V, comme je le suis à la gloire de Napoléon.

» Qu'il me soit permis, Prince, de vous remercier de l'extrême honneur que vous m'avez fait en citant mon nom dans votre bel ouvrage. Ce précieux témoignage de votre souvenir me pénètre de la plus vive reconnaissance.

» Je suis avec un profond respect, Prince, votre très-humble et très-obéissant serviteur.

» *Signé :* Chateaubriand. »

D'autres sympathies moins illustres éveillèrent des susceptibilités misérables. Le nom du prisonnier, le bruit de sa bienfaisance et de ses grandes qualités n'avaient pas tardé à percer les murs de la vieille bastille et à se répandre dans les environs. Quelques chefs d'institutions de la ville de Ham eurent l'idée de solliciter du prince quelques témoignages d'approbation propres à être distribués en prix à leurs élèves. Le prince envoya des médailles frappées en l'honneur de Napoléon, en diverses circonstances. L'autorité s'émut et vit dans ces dons sans conséquence un moyen dangereux d'influence. Le recteur de l'Académie d'Amiens arriva à la hâte et mena grand bruit à propos de ces distributions anarchiques.

Ce qu'on ne pouvait ou ce qu'on n'osait empêcher, c'était l'échange des idées purement théoriques entre l'illustre captif et les intelligences préoccupées au dehors des mêmes problèmes d'avenir social. Ainsi, le prince était devenu, du fond de son cachot, le collaborateur d'un journal estimé, le *Progrès du Pas-de-Calais*. Quelques articles qu'il y inséra, et sur lesquels nous reviendrons dans l'examen de ses œuvres, firent une grande sensation dans la presse. Le *Journal du Loiret* prit part à cette intéressante conversation sur les principes les plus élevés de la politique.

Plus d'une fois déjà des bruits vagues d'amnistie avaient été répandus, comme à dessein, pour rendre, par des espérances incessamment trompées par la réalité, la captivité plus pesante. On s'irritait peut-être en secret de voir cette noble intelligence se suffire à elle-même et trouver en soi des ressources pour supporter une épreuve dont rien n'annonçait le terme. La sérénité du prisonnier n'avait pu être ébranlée. Et d'ailleurs ces échos menteurs de la liberté n'annonçaient-ils pas ou une humiliation inacceptable, ou une torture nouvelle, l'exil? Il répondait à ceux de ses amis qui se flattaient de voir s'ouvrir enfin les portes de sa prison :

» Si l'on devait ouvrir les portes de ma prison, en m'annonçant que je suis libre, et que je puis m'asseoir comme un citoyen, au foyer national, dans cette France qui ne répudierait plus aucun de ses enfants, certes un torrent de joie viendrait inonder mon cœur ; mais si l'on m'offrait d'échanger mon sort actuel pour un nouvel exil, je refuserais sans hésitation, car j'y trouverais une aggravation de peine. »

Mais la terreur est impitoyable et l'effroi que le nom seul du prince causait au timide gouvernement de juillet, prouverait suffisamment qu'une pensée d'amnistie n'entra jamais sérieusement dans ses vues. Sans doute on voulait préjuger à l'avance de la force du parti napoléonien en lançant dans la circulation l'idée d'une amnistie à laquelle on n'eût pas osé penser.

Ce qui peut donner la mesure des intentions secrètes du pouvoir, ce fut un douloureux événement qui seul put rendre au prince la liberté désirable.

Vers le milieu de l'année 1845, l'ex-roi de Hollande avait tenté, sans l'aveu de son fils, quelques démarches pour sa mise en liberté. Un émissaire intelligent et dévoué, M. Sylvestre Poggioli, était venu apporter à Paris des lettres destinées à MM. Montalivet, Decaze et Molé. C'était s'adresser assez mal pour obtenir une grâce. De ces hommes qui avaient eu des obligations personnelles à l'Empereur, aucun ne sut trouver que des formules banales de politesse cachant mal une mauvaise volonté facile à deviner.

Mais si le prince n'avait, en aucune façon, autorisé ces démarches, il s'émut en apprenant que son pauvre père, depuis longtemps malade, touchait à sa fin et allait expirer dans l'exil, sans que les mains d'un fils pussent lui fermer les yeux. Alors seulement, le prince pensa à une démarche; mais il ne lui vint à l'idée de la faire que dans la mesure de sa nature chevaleresque et généreuse. Il proposa, à qui, à M. Duchâtel! d'aller, sur parole, à Florence, recevoir les dernières bénédictions d'un père, et de revenir ensuite se constituer prisonnier. Le 25 décembre, il écrivit cette lettre qui, seule, pourrait suffire à faire apprécier ce noble caractère :

Au Ministre de l'intérieur.

» Monsieur,

» Mon père, dont l'âge et les infirmités réclament mes soins, a demandé au gouvernement de m'autoriser à aller les lui rendre. Sa démarche n'a pas été suivie de résultat; d'après ce que j'entends dire, on exige de moi des garanties formelles. En pareille circonstance, ma détermination ne saurait être douteuse, et je suis prêt à faire tout ce qui sera compatible avec mon honneur, pour parvenir à offrir à mon père les consolations auxquelles il a droit de ma part.

» Je vous déclare donc, Monsieur, que, si le gouvernement français consent à me permettre le voyage de Florence pour y remplir ce devoir sacré, je promets, sur l'honneur, de revenir et de me remettre à sa disposition aussitôt qu'il m'en exprimera le désir.

» Recevez, Monsieur, l'assurance de ma haute considération.

» Napoléon-Louis Bonaparte. »

Erreur d'une grande âme! Louis-Napoléon croyait sans doute avoir à faire à des ennemis de sa trempe. Il n'avait pu soupçonner que ce cauteleux gouvernement ne verrait qu'un piège dans une semblable démarche. C'est qu'on juge trop souvent les autres par soi-même.

M. Duchâtel répondit à M. Poggioli, porteur de cette lettre, que le conseil était incompétent; qu'une semblable faveur serait une grâce déguisée, dont la générosité royale n'aurait pas même le bénéfice. C'était là tout ce qu'on devait attendre. Une parole d'honnête homme, M. Duchâtel pouvait-il y croire? Tant d'honneur entre-t-il dans l'âme des renégats politiques? On demandait des *garanties*, un pacte avilissant.

Le 14 janvier 1846, le prince fit une seconde démarche, une seconde faute. Il adressa directement sa demande au roi. C'était se tromper encore. Le roi ne s'appelait pas alors François Ier ou Henri IV, il se nommait Louis-Philippe.

« Sire,

» Ce n'est pas sans une vive émotion que je viens demander à Votre Majesté, comme un bienfait, la permission de quitter, même momentanément, la France, moi qui ai trouvé depuis cinq ans, dans l'air de la patrie, un ample dédommagement aux tourments de la captivité : mais aujourd'hui mon père, malade et infirme, réclame mes soins ; il s'est adressé, pour obtenir ma liberté, à des personnes connues par leur dévouement à Votre Majesté ; il est de mon devoir de faire de mon côté tout ce qui dépend de moi pour aller auprès de lui.

» Le conseil des ministres, n'ayant pas cru qu'il fût de sa compétence d'accepter la demande que j'avais faite d'aller à Florence, en m'engageant à revenir me constituer prisonnier dès que le gouvernement m'en témoignerait le désir, je viens, Sire, avec confiance, faire appel aux sentiments d'humanité de Votre Majesté, et renouveler ma demande en la soumettant, Sire, à votre haute et généreuse intervention.

» Votre Majesté, j'en suis convaincu, comprendra une démarche qui, d'avance, engage ma gratitude, et, touchée de l'isolement d'un proscrit qui a su gagner sur le trône l'estime de toute l'Europe, elle exaucera les vœux de mon père et les miens.

» Je prie Votre Majesté d'agréer l'expression de mon profond respect. » Napoléon-Louis Bonaparte. »

Le roi joua, en cette occasion, la comédie ordinaire du gouvernement représentatif. Il déclara que, « pour son compte, » la garantie lui paraissait suffisante, mais qu'il fallait en référer au conseil des ministres. Là, M. Duchâtel se chargea du dénoûment. Il répondit, le 25 janvier :

« Que le conseil avait délibéré, que ce serait une grâce indirecte, et que, pour maintenir l'exercice propre et spontané de la clémence royale, on voulait que cette grâce fût *méritée et franchement avouée.* »

Ingratitude chez ceux-ci, froid machiavélisme chez ceux-là, espoir secret d'obtenir une dégradation morale qui tuât le prince dans l'opinion, voilà tout ce que la loyale démarche du prisonnier avait pu rencontrer dans l'âme de ses adversaires. Après quelques jours d'une juste et profonde douleur, le prince se releva dans sa dignité d'honnête homme offensé. Il s'adressa à l'opinion, au parlement, non plus pour solliciter, mais pour flétrir. Il trouva d'honorables échos. MM. de Lascazes et de Vatry, députés dévoués à la monarchie de juillet, ne purent cacher leur dégoût de semblables procédés. MM. Arago, de Lamartine, Dupont (de l'Eure) plaidèrent chaleureusement la cause du prince ; M. Thiers s'y intéressa vivement, au moins en apparence. Il est juste d'ajouter que M. Thiers n'était pas ministre à cette époque, sans quoi sa conduite eût sans doute été fort différente. Quoi qu'il en soit, à une lettre de Louis-Napoléon, il répondit la lettre suivante :

» Prince,

» J'ai reçu la lettre que vous m'avez fait l'honneur de m'adresser pour me faire part du refus qu'on avait opposé a votre demande. Le désir d'embrasser un père mourant, accompagné de la promesse de vous constituer prisonnier à la première réquisition du ministre de l'intérieur, aurait dû être accueillie ; quant à moi, il me semble qu'une telle mesure pourrait être adoptée sans inconvénient pour la responsabilité du ministre qui l'aurait prise. Je suis fâché, prince, de ne pouvoir vous être utile en cette circonstance d'aucune manière quelconque. Je n'ai nulle influence sur le gouvernement, et la publicité vous servirait peu. Dans toute occasion où il me sera possible de soulager votre infortune, sans manquer à mon devoir, je serai heureux de pouvoir donner une marque de sympathie au nom glorieux que vous portez.

« Recevez, prince, l'hommage de mon respect.

» A. THIERS.

» Membre de la Chambre des Députés. »

16 février 1846.

Un honnête homme, dont l'intelligence politique a pu être trouvée en défaut, mais dont le cœur ne faillit jamais, M. Odilon Barrot, fut un des députés qui s'intéressèrent le plus loyalement à la cause du prisonnier. Pensant amener par quelques concessions un résultat désirable, il avait arrêté, avec M. Duchâtel, la rédaction d'une seconde lettre à écrire au roi. M. Barrot n'avait pas aperçu le piége caché dans ce paragraphe :

» J'espérais que le gouvernement de Votre Majesté verrait dans cet engagement (celui de se reconstituer prisonnier) une garantie de plus et un lien *nouveau* ajouté à ceux que *devait* m'imposer la reconnaissance. »

C'eût été un suicide moral. M. Ferdinand Barrot avait d'abord engagé le prince à signer cet étrange paragraphe ; il se rétracta depuis. M. Marie, consulté, s'opposa vivement à une pareille abdication. Le prince, lui, n'hésita pas un instant. *Fais ce que dois, advienne que pourra,* telle fut toujours sa maxime. Il répondit donc à M. Odilon Barrot, qui, dans sa candeur, insistait pour la signature :

« Fort de Ham, le 2 février 1846

» Monsieur,

» Permettez-moi, avant de répondre à la lettre que vous avez bien voulu m'écrire, de vous remercier, ainsi que vos amis politiques, de l'intérêt que vous m'avez témoigné, et des démarches spontanées que vous avez cru devoir faire pour alléger le poids de mon infortune. Croyez que ma reconnaissance ne manquera jamais aux hommes généreux qui, dans des circonstances si pénibles, m'ont tendu une main amie.

» Maintenant je dois vous dire pourquoi je ne crois pas devoir signer la lettre dont vous m'envoyez le modèle.

L'homme de cœur qui se trouve seul en face de l'adversité, seul en présence d'ennemis intéressés à l'avilir, doit éviter tout subterfuge, toute équivoque, et mettre la plus grande netteté dans ses démarches : comme la femme de César, il faut qu'il ne puisse pas même être soupçonné. Si je signais la lettre que vous et beaucoup de députés m'engagez à signer, je demanderais réellement grâce sans oser l'avouer, je me cacherais derrière la demande de mon père comme un poltron qui s'abrite derrière un arbre pour éviter le boulet. Je trouve cette conduite peu digne de moi. Si je trouvais honorable et convenable d'invoquer purement et simplement la clémence royale, j'écrirais au roi : « Sire, je demande grâce. »

» Mais telle n'est point mon intention. Depuis bientôt six ans, je supporte sans me plaindre une réclusion qui est une des conséquences naturelles de mes attaques contre le gouvernement. Je la supporterais encore dix ans, s'il le faut, sans accuser ni le sort ni les hommes. Je souffre, mais tous les jours je me dis : « Je suis en France, je conserve mon honneur intact; je vis sans joies, mais aussi sans remords, et tous les soirs je m'endors satisfait. » Rien, de mon côté, ne serait venu troubler ce calme de ma conscience, ce silence de ma vie, si mon père ne m'eût manifesté le désir de me revoir auprès de lui pendant ses vieux jours. Mon devoir de fils vint m'arracher à ma résignation, et je me décidai à une démarche dont je pesai toute la gravité, mais qui portait en elle ce caractère de franchise et de loyauté que je désire mettre dans toutes mes actions. J'écrivis au chef de l'État, à celui-là seul qui eût le droit légal de changer ma position ; je lui demandai d'aller auprès de mon père ; je lui parlai de *bienfait*, d'*humanité*, de *reconnaissance ;* parce que je ne crains pas d'appeler les choses par leur nom. Le roi a paru satisfait de ma lettre ; il a dit au digne fils du maréchal Ney, qui avait bien voulu se charger de la remettre, que la garantie que j'offrais était suffisante ; mais il n'a point encore fait connaître sa détermination. Les ministres, au contraire, statuant sur une copie de ma lettre au roi, que je leur avais envoyée par déférence, abusant de ma position et de la leur, m'ont fait transmettre une réponse qui prouve un grand mépris pour le malheur. Sous le coup d'un pareil refus, ne connaissant même pas encore la décision du roi, mon devoir est de m'abstenir de toute démarche, et surtout de ne pas souscrire à une demande en grâce déguisée en piété filiale.

» Je maintiens tout ce que j'ai dit dans ma lettre au roi, parce que les sentiments que j'y ai manifestés étaient profondément sentis et me paraissent convenables ; mais je n'avancerai pas d'une ligne. Le chemin de l'honneur est étroit et mouvant ; il n'y a qu'un travers de main entre la terre ferme et l'abîme.

» D'ailleurs, croyez-le bien, Monsieur, si je signais la lettre dont il s'agit, on se montrerait encore plus exigeant. Le 25 décembre, j'écris une lettre assez sèche à M. le ministre de l'intérieur, pour lui demander d'aller auprès de mon père. On me répond poliment. Le 14 janvier, je me décide à une démarche très-grave de ma part, j'écris au roi une lettre où je n'épargne aucune des expressions que je crois convenables à la réussite de ma demande. On me répond par une impertinence.

» Ma position est claire et simple, je suis captif ; mais je me console en respirant l'air de la patrie. Un devoir sacré m'appelle auprès de mon père, et je dis au gouvernement : Une circonstance impérieuse me force à vous demander, comme un bienfait, de sortir de France. Si vous m'accordez ma demande, comptez sur ma reconnaissance, et comptez-y d'autant plus que votre décision aura l'empreinte de la générosité ; car il n'y a aucun compte à faire sur la reconnaissance de ceux qui auraient consenti à s'humilier pour obtenir un avantage.

» En résumé, j'attends avec calme la décision du roi, de cet homme qui a, comme moi, traversé trente années de malheur. Je compte sur l'appui et la sympathie des hommes généreux et indépendants comme vous. Du reste, je m'en remets à la destinée, et je m'enveloppe d'avance dans ma résignation.

» Recevez, etc.

» LOUIS-NAPOLÉON BONAPARTE. »

Tous furent obligés de reconnaître ce qu'il y avait de juste et d'élevé dans une détermination semblable. Par là, le prince avait déjoué l'infâme projet dévoilé par ces paroles connues de M. Duchâtel : « Nous l'amènerons à demander grâce ! »

M. Odilon Barrot exprima, dans une lettre au prince, la satisfaction douloureuse qu'il éprouvait à le voir ennoblir ainsi sa captivité : « Mon prince, lui disait-il, tout en m'affligeant de la détermination que vous avez prise, je n'ai pas la force de blâmer le sentiment qui vous l'a dictée. Dans le temps où nous vivons, l'élévation et la noblesse de l'âme se rencontrent assez rarement, pour que je ne sois pas très-disposé à les honorer, même dans ce qu'elles peuvent avoir d'exagéré. »

Toutefois, sans l'aveu du prince, les négociations continuèrent. Trente-trois députés résolurent de tenter une dernière démarche, et choisirent pour interprète auprès du roi M. Odilon Barrot. Le chef de la gauche dynastique se rendit auprès de Louis-Philippe, lui exposa ce qu'il y avait de regrettable pour la famille régnante elle-même dans cette triste situation faite à toute la famille impériale. Louis-Philippe parut attendri, sacrifia son ministre en appliquant à la réponse de M. Duchâtel cette qualification sanglante : « Réponse de geôlier. » Mais ce n'était là qu'une comédie nouvelle. On voulait avoir à la fois les bénéfices de la dureté et les avantages de la clémence. Malgré les bonnes dispositions apparentes du roi, la conclusion fut un refus basé sur les raisons les plus pitoyables, la situation extérieure. M. Odilon Barrot dut annoncer à Louis-Napoléon que toutes les tentatives avaient échoué.

« Mon prince, lui écrivait-il le 25 février 1846, nous avons échoué dans notre nouvelle négociation, et si je vous en préviens si tard, c'est que, hier encore, quelque espoir m'était laissé. On se rejette sur les circonstances actuelles, l'état de l'Italie, celui de la Suisse... On aurait cependant passé sur ces circonstances, si une garantie plus *explicite* eût été donnée dans votre lettre, parce qu'alors on se serait dispensé d'en saisir le conseil. Mais la politique n'ayant point été mise hors de cause, il a bien fallu se rendre aux considérations d'ordre public qui ont prévalu dans le conseil. Ainsi, quant à présent, avec les circonstances, *pas de mise en liberté!* »

Dès lors, la résolution de Louis Napoléon fut prise. On avait négligé une occasion d'enchaîner son avenir : c'était un coup de la Providence. Il reprenait toute sa liberté, toute sa confiance en lui-même, et dans cette étoile que, lui aussi, apercevait, comme l'Empereur, dans un ciel lointain. Il fit appeler son fidèle ami, le docteur Conneau, et lui dit : « Conneau, je vais sortir d'ici ! » C'était le 15 mai 1846.

L'ÉVASION.

'ÉVASION, dernière et dangereuse ressource en présence de ces ennemis sans cœur et sans entrailles ! L'évasion qui, si on ne réussissait pas, pouvait fournir un moyen de se débarrasser d'un prisonnier gênant, qui amènerait en tout cas un redoublement de rigueur et un ridicule. Que ne dirait-on pas, si la tentative échouait, de ce prince qui s'en va s'imaginer qu'on sort d'une prison d'État par un grossier subterfuge? Ce serait le coup de grâce. Et cependant Louis-Napoléon s'arrêta à cette détermination. Il résolut d'essayer à sortir sous le déguisement d'un ouvrier. Mais, pour cela, il fallait trouver un prétexte pour introduire des ouvriers dans la prison ; car, quelles que fussent les sympathies secrètes de la garnison, dans laquelle se trouvaient des soldats du 46e de ligne et du 42e, c'est-à-dire des amis de Strasbourg et de Boulogne, il n'y avait pas à penser que la discipline de la prison pût laisser jour à une tentative basée sur ces bonnes dispositions que révélaient seulement des inscriptions *séditieuses*, chaque jour effacées, chaque jour reproduites sur les murs.

Mais un mot d'abord et sur la prison elle-même, et sur les habitudes du prince. Des explications sont nécessaires pour faire comprendre les chances et les difficultés de l'entreprise.

A ce moment de notre récit, et pour l'intelligence des événements que nous allons raconter, jetons un coup d'œil d'ensemble sur l'enceinte de la vieille bastille féodale qui renfermait le prince.

La construction du château actuel de Ham date du commencement du xiiie siècle. Sa situation, au milieu des marais de la Somme, indique sa destination primitive de garder le passage de cette rivière et de servir de rempart contre des invasions. Il fut élevé sur l'emplacement d'un château plus ancien et de diverses masures que le besoin de défense avait converties en forteresses. Dans le courant des XIVe et XVe siècles, ses seigneurs le modifièrent et en accrurent l'importance par des développements successifs.

L'enceinte, d'une forme rectangulaire, est longue d'environ cent vingt mètres et large de quatre-vingts. A chaque angle s'élève une tour ronde, en saillie sur les courtines. Celle qui occupe le nord-est est d'une dimension, en hauteur et longueur, beaucoup plus considérable que les autres. On l'appelle la Grosse-Tour ou la tour du Connétable. En outre de ces quatre tours rondes, il en existe encore deux autres, mais carrées, élevées aussi en saillie sur les courtines, dont l'une, celle du nord, qui servait autrefois d'entrée, fut bouchée au XVe siècle, et dont l'autre, celle de l'ouest, est la seule porte actuelle du fort. Du côté de l'esplanade, l'enceinte et les tours sont protégées par un fossé large et profond, jadis baigné par les eaux d'un étang. Il y a été pratiqué des galeries souterraines, qui communiquaient avec le fort par un passage à travers les piliers des arches du pont. Ces travaux avaient pour but de faciliter aux assiégés leur retraite après une sortie. On rentrait par ces galeries aboutissant dans un terrain situé sous l'entrée, d'où il était facile de gagner les poternes. Le fossé est à sec depuis la suppression du barrage de la porte de Noyon et le détournement de la Sommette, petite rivière qui alimentait l'étang et qui, aujourd'hui, se jette dans la Somme en avant de Ham.

Un mur de contregarde, haut de trois mètres, muni d'un couronnement et servant de chemin de ronde dans les fossés mêmes, formait encore une défense extérieure. L'entrée est couverte par une demi-lune qui commande les approches du fort. Cet ouvrage du xvie siècle, séparé de l'esplanade par le prolongement du grand fossé d'enceinte, est garni d'une porte pleine et d'un pont-levis.

Du côté de l'est, il existe aussi une demi-lune, autrefois entourée par l'étang, et que le canal de la Somme sépare encore aujourd'hui du fort. Vers le sud, à une certaine distance de la courtine, on voit encore les vestiges d'une tour de barbacane, qui s'élevait au milieu des eaux. Le mur d'enceinte est d'une épaisseur considérable ; sa hauteur est de treize mètres ; il est construit en matériaux d'une grande solidité. Des créneaux et des mâchecoulis ont été établis dans les parties de l'ouest, de l'est et du nord ; des galeries forment une communication à couvert d'une tour à l'autre. La tour du Connétable, bâtie de 1446 à 1470, est imposante par sa masse. Elle a trente-trois mètres de hauteur et autant de diamètre. Ses murs, construits en moellon et revêtus de grès, sont d'une épaisseur de onze mètres. Elle forme trois étages, autant de grandes salles sexagones et de plus une plate-forme percée d'embrasures. C'est au-dessus de la porte de cette tour qu'on lit l'inscription MÔ MYEUX, cri de guerre du connétable de Saint-Pol, gravée à côté de ses armes, les houppes et cordelières que portaient ses étendards à la journée de Montlhéry contre Louis XI. A l'intérieur, un bel escalier en spirale, et pratiqué dans l'épaisseur du mur, descend aux souterrains ou monte aux étages supérieurs. Dans le bas, sont des galeries conduisant à de petits postes, qui ont à tort reçu le nom d'oubliettes, et qui n'étaient que les guérites intérieures des sentinelles chargées de surveiller les courtines en vue. L'immense salle hexagone et à voûtes ogivales de cet étage, n'est éclairée que par une étroite meurtrière. Dans l'épaisseur de la muraille sont douze fourneaux de mine, pour faire sauter la tour en cas de besoin et qu'on dit avoir servi de cachots. Le rez-de-chaussée, ou salle des gardes, servait de logement aux soldats qui couchaient sur la dalle; on y remarque une énorme cheminée, un puits et un four. Le premier étage, ou chambre du conseil, est une vaste salle voûtée, à ogive, avec une grande cheminée éclairée par une seule fenêtre. A côté de cette salle on trouve, dans l'épaisseur du mur, un petit réduit avec cheminée éclairée par un créneau seulement. C'est ce qu'on appelait *la chambre du roi.*

Les autres tours, moins grandes et moins élevées, ont cependant de la ressemblance avec cette tour principale. Mais ce qui frappe, à l'aspect de ces lieux humides et obscurs, de ces salles vastes et anciennes, c'est l'indifférence pour le bien-être, le luxe et l'élégance. Les commodités les plus simples y ont été négligées, quelque facilité qu'on eût à se les procurer. Il est impossible de ne pas faire un retour vers les nobles et puissants hôtes de cette demeure féodale, en la comparant aux habitations de notre bourgeoisie moderne. Quels hommes et surtout quelles femmes pouvaient vivre en de si tristes réduits, ayant de nombreux domaines, de riches revenus, et tout ce que pouvaient leur donner la puissance et l'illustration? C'est là cependant qu'habitèrent les riches comtesses de Béthune, de Roy et de Luxembourg.

Dans cette sombre demeure, le prisonnier occupait l'ancienne chambre de M. de Polignac, et plus tard l'appartement de M. de Peyronnet. Tout, dit M. Briffaut, y était dans un affreux délabrement; les plafonds troués, les papiers de tenture en lambeaux, le carrelage du sol inégal et brisé. Les dépenses de la table avaient été réglées sur le pied de sept francs par jour!

Le délabrement même du cachot fournit une occasion désirée. Des travaux indispensables durent être faits dans l'escalier et dans les corridors. Le prince arrêta dès lors un plan que ses deux fidèles amis, le docteur Conneau et M. Charles Thélin, se chargèrent d'exécuter. Ici, force nous est, pour faire de l'histoire réelle, d'emprunter aux deux relations de ces hommes dévoués les seuls renseignements authentiques qu'on ait pu recueillir sur l'évasion du prince. Tout autre récit ne pourrait être que de fantaisie.

Ajoutons seulement un détail qui pourra servir à mesurer la force d'âme du prince. Si l'on veut s'assurer que rien n'avait pu altérer l'inaltérable tranquillité d'esprit du prisonnier : qu'on lise ces deux lettres écrites, de la prison, au baron de La Tour de Mélicocq.

« Fort de Ham, le 8 décembre 1845.

» Monsieur le baron,

» Quoique je n'aie pas le plaisir de vous connaître personnellement, je viens vous demander un renseignement historique dont j'ai trouvé la trace dans un de vos ouvrages, et qui est très-important pour un travail que j'ai entrepris sur l'*Histoire des armes à feu.*

» Dans vos recherches sur *Royon et le Royonnais,* imprimé en 1841, page 54, vous produisez une citation latine portant le nom de Philippi Honorii, *de Regno Gal. Relat.*, et puis de l'*Histoire des peuples d'Italie* de Bolta, tome III, page 17.

» Or, j'ai fait chercher à Paris quel pouvait être ce Philippe Honorius, et personne n'a pu trouver cet auteur. J'ai ensuite également cherché dans Bolta, et je n'ai point trouvé cette citation. Je viens donc vous prier de me dire si vous auriez quelques renseignements sur Philippe Honorius et sur l'édition de Bolta, dans laquelle se trouve la citation que vous avez reproduite ; car, ce qu'il m'importe surtout, c'est de savoir à quelle époque s'applique la remarque importante de Philippe Honorius sur l'artillerie française, et par conséquent, dans quel siècle vivait cet auteur.

J'espère, monsieur le baron, que vous voudrez bien, par amour pour la science, excuser mon importunité et recevoir l'assurance de mes sentiments distingués.

» NAPOLÉON-LOUIS BONAPARTE. »

Seconde lettre.

« Ham, le 24 mai 1846.

» J'ai reçu exactement, au mois de décembre dernier, les précieux renseignements que vous avez bien voulu m'envoyer. Non-seulement ils m'ont fait un grand plaisir, à cause de l'intérêt qu'ils m'offraient, mais aussi parce que les paroles aimables et flatteuses qui les accompagnaient m'ont vivement touché. Je vous remercie, Monsieur, de la *Notice sur le château de Ham*, que vous m'avez envoyée; je l'ai lue avec le plus grand intérêt; je suis heureux de trouver en vous un compatriote qui veuille bien sympathiser avec mes douleurs.

» Recevez donc, Monsieur, avec mes remercîments, la nouvelle assurance de mes sentiments distingués.

» NAPOLÉON-LOUIS BONAPARTE. »

Le lendemain de cette seconde lettre devait avoir lieu l'évasion.

Les précautions journalières prises par le commandant de la forteresse avaient bien pu diminuer et se relâcher à la longue pendant les cinq années qui venaient de s'écouler; mais elles étaient encore nombreuses et redoublaient à certaines époques et selon les plus futiles circonstances. Lorsqu'arrivait la nuit, il y avait toujours un surcroît de vigilance. Prisonniers, soldats, gardiens même, tout était enfermé par le commandant. Il n'y avait donc rien de possible la nuit.

Mais, le matin, la surveillance était moindre : des trois gardiens qui en étaient chargés, deux se trouvaient toujours au bas de l'escalier. Le prince avait observé qu'à certains jours de la semaine, l'un de ces derniers, qui allait chercher les journaux, s'absentait pendant un quart d'heure, laissant, durant ce court espace de temps, la garde à son camarade resté seul; il devenait alors plus facile de détourner l'attention de celui-ci. Il fallait encore éviter les sentinelles, mais cette nécessité n'était pas ce qui inquiétait le plus le prince. Dans les premiers temps de sa détention, comme on était persuadé qu'il ne voulait pas s'échapper, toutes les consignes avaient été dirigées contre le dehors : la sortie était plus facile que l'entrée.

Voici ce qui fut arrêté :

Thélin et le docteur Conneau n'étaient plus considérés comme prisonniers, ce dernier étant resté au service du prince après sa peine expirée, le premier n'ayant jamais été que prisonnier volontaire. Il fut convenu que Thélin, ainsi que cela lui était arrivé plusieurs fois, demanderait au commandant l'autorisation d'aller à Saint-Quentin. Au moment où il sortirait, le prince, déguisé en ouvrier, s'avancerait, lui aussi, pour sortir, et Thélin détournerait l'attention des gardiens et des soldats en faisant jouer bruyamment le fidèle *Ham*, le chien du prince. Une voiture serait prête au dehors et, en sortant à sept heures, on pourrait arriver à temps à Valenciennes pour prendre le convoi de quatre heures à l'embarcadère du chemin de fer de Belgique.

Pendant huit jours le prince et ses amis étudièrent avec soin les habitudes des ouvriers, et les mesures extraordinaires de surveillance adoptées à leur égard. Cette surveillance était très-grande à leur entrée et à leur sortie en masse. Lorsqu'ils arrivaient par la première grille du château, ils étaient tenus de défiler un à un et de passer sous l'inspection d'un sergent de planton et d'un portier-consigne préposé spécialement à la garde de la première porte d'entrée. Le commandant lui-même était présent à la sortie du soir, pendant laquelle se répétait cette minutieuse inspection. Aucune de ces particularités n'échappait au prince et à ses amis. Ils observaient, en outre, que toutes les fois que les ouvriers allaient dans quelque coin de la citadelle, ils étaient strictement surveillés. Mais avaient-ils besoin de sortir du fort pour aller chercher quelque outil ou quelques matériaux, comme alors ils suivaient le chemin le plus droit, à travers la grande cour, sous les fenêtres du commandant et à la vue de toute la garnison, et qu'on était à même de les apercevoir pendant tout le trajet, ils n'inspiraient aucune défiance et pouvaient, sans difficulté, franchir les grilles et les ponts-levis.

Le lundi, 25 mai, fut le jour choisi. Placé derrière les rideaux d'une fenêtre, le prince, le docteur et Thélin observaient, dès le petit jour, et attendaient l'arrivée des ouvriers. Par un fâcheux hasard, le seul soldat qu'on eût voulu éviter se trouvait en faction à la porte même du prince. Ancien planton du commandant, cet homme avait des habitudes de surveillance inquiétantes. Heureusement, et par exception, il fut relevé à six heures.

Alors vint le moment décisif. Le costume était prêt : Le prince fit abattre ses moustaches. C'était passer le Rubicon. Car, les moustaches une fois coupées, la tentative d'évasion ne pouvait être remise. L'indice eût été trop clair et une seconde tentative eût été rendue impossible.

Il avait été convenu qu'après avoir attiré les deux hommes de peine et les ouvriers dans la salle à manger, pour leur offrir la *goutte du matin*, Thélin précèderait le prince dans l'escalier pour détourner l'attention des gardiens. Quant à éloigner ces derniers, sous un prétexte ou sous un autre, il ne fallait pas y songer, car, l'avant-veille, le commandant ne les ayant pas trouvés exactement à leur poste, leur avait enjoint, sous peine d'être chassés immédiatement, de s'arranger pour que deux au moins d'entre eux restassent toujours au guichet, tant qu'il y avait un ouvrier dans la prison. La remontrance était trop récente pour qu'ils l'eussent oubliée.

Le prince une fois dans la cour, Thélin devait se laisser dépasser par lui, mais en le suivant de près afin d'être à portée, comme nous l'avons dit, de dérouter, en les interrompant par son propre appel, ceux qui, prenant son maître pour un ouvrier de la ville, seraient tentés de lui adresser la parole.

Il était un peu plus de cinq heures quand les ponts-levis se baissèrent et les ouvriers furent introduits dans le fort. Ils passèrent entre deux files de soldats sous les armes. Ils étaient d'abord peu nombreux et en général plus proprement vêtus que de coutume, sans doute à cause du lundi. Comme le temps était magnifique, ils n'avaient plus leurs sabots. Les premiers qui parurent n'étaient que les maçons ou les peintres; les menuisiers n'arrivaient pas, et pourtant c'était en menuisier que le prince devait s'évader. Dès lors, il devenait à craindre que la trop scrupuleuse fidélité du costume ne trahît le déguisement. Le prince, pour ressembler davantage aux ouvriers qu'il voyait, voulut un moment renoncer aux sabots, ce qui eût été fâcheux, car ceux qu'on lui avait préparés et dans lesquels il devait mettre des bottes à talons, le grandissaient de quatre pouces, et cette exagération de la taille produisait dans l'aspect de sa personne un changement extraordinaire.

Le moment venu, le prince plaça dans la poche de son grossier pantalon un poignard pour vendre chèrement sa vie s'il était attaqué, et dans la poche de son gilet, ces deux talismans qui ne le quittaient jamais, une lettre de sa mère et une lettre de l'Empereur dans laquelle se trouvent ces mots prophétiques adressées à la reine Hortense en parlant du prince :

« J'espère qu'il grandira et se rendra digne des destinées qui l'attendent. »

Puis, vêtu sous le costume d'ouvrier, d'un habit dégagé, assez convenable à un commis-voyageur, le tablier bleu à la ceinture, une pipe culottée à la bouche, la figure et les mains suffisamment noircies, les sabots aux pieds; le prince chargea sur ses épaules un long rayon de bibliothèque et partit.

« A sept heures moins un quart, dit Thélin lui-même, Thélin appela tous les ouvriers qui se trouvaient dans l'escalier et les fit entrer dans la salle à manger où l'homme de peine *Laplace*, invité comme eux, fut chargé de leur verser à boire. Confier à ce dernier cette tâche d'échanson, c'était le meilleur moyen de se débarrasser de lui. Cette utile diversion ainsi opérée, Thélin vint avertir le prince qu'il n'y avait pas un instant à perdre. Aussitôt celui-ci descendit l'escalier au bas duquel étaient les deux gardiens *Dupin* et *Issalé* ainsi qu'un ouvrier qui travaillait à la rampe. Il échangea quelques mots avec les premiers qui lui dirent bonjour et qui, présumant bien, à le voir porter son paletot sur le bras, qu'il allait à Saint-Quentin, lui souhaitèrent un bon voyage. Pour assurer le passage du prince, il fallait au moins neutraliser le coup d'œil d'un des deux gardiens. Thélin, sous prétexte de lui faire une communication qui l'intéressait, attira Issalé dans le guichet et se plaça de manière à ce que celui-ci, pour l'écouter, fût obligé de tourner le dos à la porte. »

Laissons parler maintenant celui des trois acteurs du complot qui était resté dans la situation la plus difficile, le docteur Conneau qui, l'œil derrière un rideau, suit avec d'horribles battements de cœur ces deux hommes pour qui il y a presque une question de vie ou de mort dans ces mots : sortir ou ne pas sortir.

« Moi-même je ne l'aurais pas reconnu. Il partit. Les ouvriers arrivèrent au même instant ; l'un d'eux me salua ; il vit le prince par derrière et ne le reconnut pas. J'étais à la fenêtre... je tremblai un instant au moment où le prince fut devant la sentinelle, qui me parut hésiter. Enfin, voilà le prince devant la cantine... Là était un lieutenant de la garnison ; heureusement qu'il lisait une lettre. Tout à coup, je vois sortir de la voûte d'entrée, en face du prince, le garde du génie, M. Leclère. J'en conçus une grande frayeur. Leclère, qui venait travailler tous les jours au pavillon, pouvait reconnaître le prince. Heureusement ces deux messieurs étaient occupés à lire des papiers qu'ils tenaient entre les mains. Toute la garde regarda l'ouvrier passer ; le tambour l'examina particulièrement et d'un air moqueur. »

Ici, le docteur ne peut suivre le prince des yeux plus longtemps. Reprenons le récit de Thélin.

Celui-ci se tenait toujours en arrière, sous les yeux du

portier-consigne, et s'efforçait d'attirer l'attention, en jouant bruyamment avec Ham, qu'il menait en laisse. Le sergent de planton, posté à côté du guichet, regarda fixement le prince, mais cet examen fut interrompu par un mouvement de la planche dont l'une des extrémités, pointée sur la figure du soldat qui tenait le verrou, l'obligea à se ranger, Il ouvrit aussitôt la porte en détournant la tête ; le prince sortit et la grille se referma. Thélin alors souhaita le bonjour au portier-consigne et sortit à son tour.

Entre les deux ponts-levis, le prince vit venir droit à lui, du côté où son visage n'était pas caché par la planche, deux ouvriers qui, de la distance où ils étaient, le considéraient d'une façon d'autant plus inquiétante, qu'en élevant la voix, ils manifestaient leur étonnement de rencontrer en ce lieu un menuisier qui ne fût pas de leur connaissance. Peut-être leur surprise se bornerait-elle à cette simple expression, sans qu'ils en vinssent à un éclaircissement. Dans cette supposition, le prince fit la seule chose qu'il y eût à faire : feignant d'être fatigué de porter la planche sur l'épaule droite, il la plaça sur l'épaule gauche ; mais ces hommes paraissaient si curieux, qu'un instant il crut ne pas pouvoir leur échapper... Dieu ! qu'allait-il devenir? Que ferait-il s'il était découvert? Enfin ils étaient tout près de lui, et ils semblaient s'apprêter à lui parler, lorsqu'il eut la satisfaction de les entendre s'écrier : « *Ah! c'est Berthoud!* »

Enfin, le prince est hors des murs. Il a longtemps étudié

un plan fait par le docteur Conneau. Il prend sans hésiter, le chemin de Saint-Quentin, tandis que Thélin va chercher un cabriolet retenu la veille. Malgré ses sabots, qui allourdissent sa marche, Louis-Napoléon arrive bientôt à une demi-

lieue de la ville, près du cimetière Saint-Sulpice. Thélin devait le rejoindre à cet endroit avec la voiture. Le prince s'agenouilla pieusement devant une croix de bois, et adressa à Dieu une de ces ardentes prières qui fortifient le cœur.

Thélin arrive. Le prince cache dans un champ de blé sa planche et ses sabots, monte en voiture, gagne la route de Cambrai, arrive à Valenciennes, prend le chemin de fer. Enfin il a touché la terre de liberté, il est à Bruxelles, puis à Ostende, puis en Angleterre.

Pendant ce temps, que se passait-il à Ham ? Le docteur Conneau le dit aux juges de Péronne qui lui demandent compte de son dévouement :

« En cherchant à dissimuler le départ du Prince, mon intention était de lui procurer, s'il était possible, vingt-quatre heures d'avance sur les ordres qui seraient expédiés dès qu'on saurait l'événement. Je commençai par fermer la porte de communication entre la chambre à coucher du prince et son salon ; j'allumai un grand feu, bien qu'il fît extrêmement chaud ; je voulais faire supposer que le prince était malade. Dans ce but, je mis des cafetières au feu et je dis à l'homme de peine que le prince était indisposé. Vers huit heures, on apporta de la diligence un paquet de plans de violettes. Je recommandai au gardien d'aller disposer des pots avec de la terre pour la plantation, et je l'empêchai d'entrer dans le salon du prince. Vers huit heures et demie, l'homme de peine de Laplace était venu me demander où l'on déjeunerait ; je lui répondis : Dans ma chambre. « En ce cas, me dit-il, je vais y porter la grande table. » — Non, lui dis-je, c'est inutile, le général Montholon est malade, il ne déjeunera pas avec nous.

» Je souhaitais ainsi pousser jusqu'au lendemain. J'avais dit que le prince avait pris un remède ; il fallait nécessairement que ce remède fût pris. Je m'exécutai. Je devais faire prendre aussi un bain. — Impossible à cause des ouvriers. Je songeai alors à un vomitif ; j'essayai de remplir les fonctions du malade, jamais je n'y pus parvenir. Afin de produire une illusion, je jetai dans un pot du café avec de la mie de pain que j'avais fait bouillir, et j'ajoutai au tout de l'acide nitrique, ce qui produisit une odeur assez désagréable. L'homme de peine dut alors bien se persuader que l'indisposition du prince était réelle.

» Le commandant s'était déjà présenté, il avait été averti de la maladie du prince. Vers midi et demi, je le vis pour la seconde fois, et je lui appris qu'il était plus calme. Après avoir regardé les travaux, il m'offrit de m'envoyer son domestique, à cause du départ de M. Thélin. Vers une heure, je dis à Laplace de venir faire le lit du prince. Toutes les fois que je sortais du petit salon où le prince était censé reposer sur un canapé, je feignais de lui parler; l'homme de peine cependant ne m'entendit pas, ce qui prouve qu'il n'avait pas le sens de l'ouïe très-délié.

» Jusqu'à sept heures et un quart; la journée se passa assez bien. A ce moment, le commandant entra d'un air un peu effaré. « Commandant, lui dis-je, le prince va un peu mieux. » — Si le prince est souffrant, s'écria-t-il, il faut que je lui parle, il faut que je parle au prince! » J'avais disposé une sorte de mannequin et l'avais placé dans le lit du prince. Une forme de tête, que j'avais arrangée, était posée sur l'oreiller. — J'appelai le prince, et *naturellement* le prince ne répondit pas.

» Je revins vers le commandant à qui je fis signe qu'il dormait. Alors le commandant qui ne comprenait rien à ce sommeil, ne crut pas devoir s'en tenir là. Il s'assit dans le salon, en disant : « Le prince ne dormira pas toujours, je vais attendre. » L'instant d'après, il me fit observer que l'heure de l'arrivée des diligences était passée, il était étrange que Thélin ne fût pas encore de retour. Je lui expliquai qu'il avait pris un cabriolet. Le tambour battit, le commandant se leva et dit : Le prince a remué dans son lit, il se réveille. »

» Le commandant prêtait l'oreille, il n'entendait pas respirer. — « Oh! je vous en prie, lui dis-je, laissez-le dormir. » Il s'approcha du lit et trouva le mannequin. Il se tourna vers moi en s'écriant : Le prince est parti? — Oui. — A quelle heure? — A sept heures du matin. »

L'Angleterre, c'était la liberté, mais c'était encore l'exil. Louis-Napoléon commença par rassurer les gouvernements sur ses intentions. Il répéta, libre, comme il l'avait dit captif, que son père mourant avait été la seule cause de son évasion et il écrivit cette lettre à M. le comte de Saint-Aulaire :

« Londres, 28 mai 1846.

» *A monsieur le comte de Saint-Aulaire.*

» Monsieur le comte,

» Je viens franchement déclarer ici à l'homme qui a été l'ami de ma mère, qu'en quittant ma prison, je n'ai été guidé par aucune idée de renouveler, contre le gouvernement français, une lutte qui a été désastreuse pour moi ; mais seulement, j'ai voulu me rendre auprès de mon vieux père.

» Avant d'en venir à cette extrémité, j'ai fait tous mes efforts pour obtenir du gouvernement français la permission d'aller à Florence. J'ai offert toutes les garanties compatibles avec mon honneur. Mais ayant vu toutes mes demandes rejetées, je me suis déterminé à avoir recours au dernier expédient adopté par le duc de Nemours et le duc de Guise, sous Henri IV, en pareille circonstance.

» Je vous prie, monsieur le comte, d'informer le gouvernement français de mes intentions pacifiques, et j'espère que cette assurance spontanée de ma part contribuera à abréger la captivité de mes amis qui sont encore restés en prison.

» Recevez l'assurance de mes sentiments,

» NAPOLÉON-LOUIS BONAPARTE. »

Puis il retourna à ses études favorites, observant avec soin les symptômes d'un mouvement nouveau qui se faisait alors dans les intelligences politiques de la France.

C'est qu'en effet la question se déplaçait insensiblement dans le monde des idées. Du républicanisme gouvernemental, aux théories absolutistes et arriérées, les penseurs arrivaient insensiblement à une théorie nouvelle, née de besoins économiques nouveaux. L'ensemble de ces principes, encore mal définis, empruntait le nom de socialisme, nom d'une science vraie au fond, mais dans laquelle les esprits violents et exclusifs n'apercevaient que les satisfactions brutales de leurs intérêts ou de leurs passions.

Excès de misère, excès de cupidité, ce n'étaient pas là les seules sources du socialisme moderne. Le monstre avait encore un autre père, le mépris : le mépris de tout ordre, de toute supériorité, de toute autorité. « Nous avons perdu le respect et c'est ce qui nous tue, » s'écriait, il n'y a pas longtemps, un des princes de l'Église. Chose étrange ! Le mépris avait gagné jusqu'aux dépositaires de l'autorité eux-mêmes. De là ces défaillances subites de royautés, qui ne trouvèrent pas en elles assez de respect d'elles-mêmes pour se défendre. On avait régné sans trop croire en son règne : on n'avait pas gouverné.

De là cette soif de gouvernement, qui s'exprimait chez quelques-uns par l'acquiescement à la plus tyrannique des dictatures, le socialisme.

Ce qu'il y avait d'instincts honnêtes et de besoins réels au milieu de ces théories brutales, le prince avait été un des premiers à le comprendre et à le proclamer. Aussi, ne faut-il pas s'étonner si la révolution de février le trouva admirablement préparé, tandis que ses auteurs eux-mêmes ne savaient comment diriger ce mouvement dont ils n'eurent pas un instant l'intelligence.

Avant ce grand événement, un seul incident vint attrister la vie studieuse et retirée du prince. Le grand-duc de Toscane avait refusé l'autorisation demandée par Louis-Napoléon de visiter son père mourant. Le 25 juillet 1846, celui qui avait porté le nom de roi de Hollande, et qu'on nommait alors le comte de Saint-Leu, mourut à Florence sans avoir eu la consolation de presser une dernière fois son fils dans ses bras.

Ses restes furent déposés à Saint-Leu, le 29 septembre 1846, et les glorieux débris des armées impériales s'empressèrent autour de cette tombe qui rappelait tant de glorieux souvenirs.

Louis-Napoléon, qui n'avait pu assister à cette pieuse cérémonie, écrivit de Londres la lettre suivante à M. le capitaine Lecomte, sous les ordres duquel les glorieux débris de nos armées impériales s'étaient rangés pour rendre les derniers devoirs au frère de l'Empereur.

« Londres, le 4 mars 1847.

» Monsieur,

» Les témoignages de respect offerts à la mémoire de mon père, le 29 septembre dernier, m'ont vivement ému, et j'ai surtout été touché d'apprendre qu'un grand nombre d'anciens militaires de l'Empereur assistaient à cette cérémonie.

» Je viens aujourd'hui remercier ces glorieux vétérans de nos armées, par l'entremise de leur digne chef, du tribut d'hommage rendu par eux à un ancien compagnon d'armes.

» Ce n'est pas l'homme que le hasard et la victoire avaient fait roi pour quelques jours, que vous avez voulu honorer de vos regrets, mais le vieux soldat des armées républicaines, d'Italie et d'Egypte, l'homme resté pur sur le trône, l'homme enfin qui paya, par quarante années d'exil, quelques années de gloire, et qui mourut isolé sur la terre étrangère! La sympathie qui a entouré ses funérailles est plus qu'un hommage, c'est une réparation!

» Permettez-moi donc de vous remercier de votre concours, car vous exprimer mes sentiments de reconnaissance, c'est atténuer la douleur amère que j'éprouve de n'avoir pu m'agenouiller devant les tombeaux de ma famille, c'est oublier un instant que je semble condamné à rester toujours éloigné des hommes que j'aime le mieux, des objets qui me sont les plus chers.

» Recevez, Monsieur, l'assurance de mes sentiments d'estime et de sympathie.

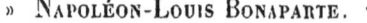» Napoléon-Louis Bonaparte. »

LOUIS-NAPOLÉON ET LA RÉPUBLIQUE.

A royauté de juillet s'affaissa tout à coup et tomba plus vite encore qu'elle ne s'était élevée. Louis-Napoléon ne put être surpris d'un événement qu'il avait vingt fois annoncé. Il se hâta de se rendre à Paris, pensant que la famille de l'Empereur rentrait, par le fait, dans le droit commun. La proscription devait cesser avec la libération de tout un peuple, et le prince crut qu'en entrant en France il n'y serait qu'un citoyen de plus.

Il arriva donc à Paris. Les pavés étaient encore empilés en barricades menaçantes. Le prince a raconté lui-même à ses amis un singulier épisode de ce retour. Comme il entrait dans la ville, par le faubourg Saint-Antoine, le peuple s'occupait à replacer ces terribles pavés de l'insurrection qui ne servaient plus qu'à entraver la circulation. Tous contribuaient à ce travail public, et une femme arrêta le prince, lui montrant un pavé à remettre dans son trou. Le prince se baissa, souleva le pavé et le plaça à côté des autres, puis, sa dette payée, gagna la place de la Bastille.

« Vous le voyez, disait plus tard Louis-Napoléon avec un fin sourire, j'étais destiné à remettre ici toutes choses en ordre. »

Mais le peuple n'avait pas été consulté. Une faction accaparait la révolution et on s'inquiétait peu de l'assentiment populaire. Le gouvernement provisoire se sentit trop faible pour tolérer à Paris, ou même en France, la présence d'un neveu de Napoléon. Avec son dévouement habituel à la patrie, le prince reprit le chemin de l'exil, ne voulant pas gêner par sa présence cette expérience de liberté qui s'annonçait si mal. Lui parti, la faction qui cherchait à absorber à son profit le mouvement national, se donna toute carrière. On imagina de jouer à l'élection, tout en pesant par la menace et par l'intrigue sur le suffrage universel qu'on ne consulta même pas sur le principe. Toutes barrières étant rompues, chacun montait à l'assaut du pouvoir. Il n'était si médiocre talent, si ridicule obscurité qui ne se promît l'éclat du premier rang. Les ambitions les moins justifiées travaillèrent à piper l'opinion publique. Chacun ouvrit une école d'anarchie à son point de vue, à son profit personnel; l'un se haussa dans un journal, l'autre grimpa sur la tribune d'un club. Celui-ci criait, celui-là sut hurler pour se faire entendre. Ce fut un concours ardent entre toutes les passions, toutes les convoitises, toutes les bassesses. Chacun reniait son Dieu de la veille et se tournait vers l'astre du nouveau matin. Le peuple était le roi du jour : le peuple eut ses flatteurs, ses courtisans. Quelques-uns allèrent jusqu'à déguiser leur personne, après avoir déguisé leur langage. La blouse du prolétaire recouvrit les épaules qui n'avaient pas appris à la porter. Il n'était fils de bonne mère qui ne se proclamât ouvrier, ouvriers de la plume, ouvriers du ciseau, ouvriers de la pensée! c'était l'aristocratie par en bas.

Le prince avait fait son devoir en s'effaçant et il l'avait fait noblement, sans arrière-pensée ; qu'on en juge par cette déclaration :

« Messieurs, après trente-trois années d'exil et de persécutions, je croyais avoir acquis le droit de retrouver un foyer sur le sol de la patrie.

» Vous pensez que ma présence à Paris est maintenant un

sujet d'embarras, je m'éloigne donc momentanément. Vous verrez dans ce sacrifice la pureté de mes intentions et la sincérité de mon patriotisme. »

La révolution marchait, emportant chaque jour une illusion, donnant chaque jour une preuve nouvelle de l'incapacité de ceux qui prétendaient la diriger. La garde nationale de Paris eut à elle seule la gloire de sauver ce malheureux pays qui s'en allait tomber dans l'anarchie. Ces luttes, ces dangers eurent bientôt réveillé, dans la partie saine de la nation, le sentiment de la conservation, le besoin d'un chef honnête et énergique.

Le premier symptôme de cette situation morale fut la double et successive élection du prince par la Seine, l'Yonne, la Sarthe et la Charente-Inférieure. C'était une réponse au déni de justice opposé à Louis-Napoléon par l'Assemblée constituante. On avait refusé de lire la lettre par laquelle il discutait l'ostracisme imposé à sa famille, et on avait accordé la publicité de la tribune aux lettres de deux princes de la famille d'Orléans.

Mais la publicité de la presse ne manqua pas à cette lettre que nous reproduisons :

« Londres, 23 mai.

« Citoyens représentants, disait-il, j'apprends par les journaux du 22, qu'on a proposé, dans les bureaux de l'Assemblée, de maintenir contre moi seul la loi d'exil qui frappe ma famille depuis 1816 ; je viens demander aux représentants du peuple pourquoi je mériterais une semblable peine.

» Serait-ce pour avoir toujours publiquement déclaré que, dans mes opinions, la France n'était l'apanage ni d'un homme, ni d'une famille, ni d'un parti ?

» Serait-ce parce que, désirant faire triompher, sans anarchie ni licence, le principe de la souveraineté nationale, qui seul pouvait mettre un terme à nos dissensions, j'ai deux fois été victime de mon hostilité contre le gouvernement que vous avez renversé?

» Serait-ce pour avoir consenti, par déférence pour le gouvernement provisoire, à retourner à l'étranger après être accouru à Paris au premier bruit de la révolution? Serait-ce pour avoir refusé, par désintéressement, les candidatures à l'Assemblée qui m'étaient proposées, résolu de ne retourner en France que lorsque la nouvelle constitution serait établie et la république affermie ?

» Les mêmes raisons qui m'ont fait prendre les armes contre le gouvernement de Louis-Philippe me porteraient, si on réclamait mes services, à me dévouer à la défense de l'Assemblée, résultat du suffrage universel.

» En présence d'un roi élu par deux cents députés, je pouvais me rappeler que j'étais l'héritier d'un empire fondé par l'assentiment de quatre millions de Français. En présence de la souveraineté nationale, je ne peux et ne veux revendiquer que mes droits de citoyen français ; mais ceux-là, je les réclamerai sans cesse avec l'énergie que donne à un cœur honnête le sentiment de n'avoir jamais démérité de la patrie. »

Quant aux électeurs qui venaient de lui accorder un éclatant témoignage de confiance, après avoir une première fois décliné leur mandat, il l'accepta en ces termes :

« Vos suffrages, leur disait-il, me pénètrent de reconnaissance. Cette marque de sympathie, d'autant plus flatteuse que je ne l'avais point sollicitée, vient me trouver au moment où je regrettais de rester inactif, alors que la patrie a besoin du concours de tous ses enfants pour sortir des circonstances difficiles où elle se trouve placée.

» Votre confiance m'impose des devoirs que je saurais remplir ; nos intérêts, nos sentiments, nos vœux sont les mêmes. Enfant de Paris, aujourd'hui représentant du peuple, je joindrai mes efforts à ceux de mes collègues pour rétablir l'ordre, le crédit, le travail, pour assurer la paix extérieure, pour consolider les institutions démocratiques et concilier entre eux des intérêts qui semblent hostiles aujourd'hui parce qu'ils se soupçonnent et se heurtent, au lieu de marcher ensemble vers un but unique : la prospérité et la grandeur du pays.

» Le peuple est libre depuis le 24 février ; il peut tout obtenir sans avoir recours à la force brutale. Rallions-nous donc autour de l'autel de la patrie, sous le drapeau de la république, et donnons au monde ce grand spectacle d'un peuple qui se régénère sans violence, sans guerre civile, sans anarchie. »

Il avait tenu à expliquer, même à ses intimes, sa conduite réservée et la manière dont il entendait ménager cette situation délicate. Ainsi, il écrivait à son ancien précepteur d'Arenenberg.

« Londres, le 11 mai 1848.

» Mon cher monsieur Vieillard,

» Je n'ai pas encore répondu à la lettre que vous m'avez adressée de Saint-Lô, parce que j'attendais votre retour à Paris et l'occasion de vous expliquer ma conduite. Je n'ai pas voulu me présenter comme candidat aux élections, parce que je suis convaincu que ma position à l'Assemblée eût été extrêmement embarrassante. Mes antécédents ont fait de moi, bon gré, mal gré, non un chef de parti, mais un homme sur lequel s'attachent les regards de tous les mécontents. Tant que la société française ne sera pas assise, tant que la constitution ne sera pas fixée, je sens que ma position en France serait très-difficile et même très-dangereuse pour moi. J'ai donc pris la ferme résolution de me tenir à l'écart et de résister à toutes les séductions que peut avoir pour moi le séjour dans mon pays. Si la France avait besoin de moi, si mon rôle était tout tracé, si enfin je pouvais croire être utile à mon pays, je n'hésiterais pas à passer sur toutes les considérations secondaires pour remplir mon devoir. Mais, dans les circonstances actuelles, je ne puis être bon à rien, je ne serais tout au plus qu'un embarras.

» J'ignore si vous me blâmerez de cette résolution ; mais si vous saviez combien de propositions ridicules me parviennent, même ici, vous comprendriez combien davantage, à Paris, je serais en butte à toutes sortes d'intrigues.

» Je ne veux me mêler de rien ; je désire voir la république se fortifier en sagesse et en droit, et, en attendant, l'exil volontaire m'est très-doux, parce que je sais qu'il est volontaire.

» Recevez, mon cher monsieur Vieillard, l'assurance de ma sincère amitié.

» Napoléon-Louis. »

La volonté nationale s'était trop énergiquement manifestée pour qu'on pût songer à invalider l'élection. Mais les passions factieuses s'emparèrent du nom de Napoléon et cherchèrent à en faire dans la rue un prétexte d'émeute. Louis-Napoléon se sacrifia encore et, le 11 juin, il adressa cette protestation au président de l'Assemblée :

« Monsieur le président,

» Je partais pour me rendre à mon poste, quand j'apprends que mon élection sert de prétexte à des troubles déplorables et à des erreurs funestes.

« Je n'ai pas cherché l'honneur d'être représentant du

peuple, parce que je savais les soupçons injurieux dont j'étais l'objet. Je recherchais encore moins le pouvoir. Si le peuple m'imposait des devoirs, je saurais les remplir.

» Mais je désavoue ceux qui me prêtent des intentions que je n'ai pas. Mon nom est un symbole d'ordre, de nationalité, de gloire, et ce serait avec la plus vive douleur que je le verrais servir à augmenter les troubles et les déchirements de la patrie. Pour éviter un tel malheur, je resterais plutôt en exil. Je suis prêt à tous les sacrifices pour le bonheur de la France.

» Ayez la bonté, monsieur le président, de donner connaissance de ma lettre à l'Assemblée. Je vous envoie une copie de mes remercîments aux électeurs.

» Recevez, etc.

» *Signé* Napoléon-Louis Bonaparte. »

Le 15 juin, il donnait sa démission en termes :

« Monsieur le président,

» J'étais fier d'avoir été élu représentant du peuple à Paris et dans trois autres départements. C'était, à mes yeux, une ample réparation pour trente ans d'exil et six ans de captivité : mais les soupçons injurieux qu'a fait naître mon élection, mais les troubles dont elle a été le prétexte, mais l'hostilité du pouvoir exécutif, m'imposent le devoir de refuser un honneur qu'on croit avoir été obtenu par l'intrigue.

» Je désire l'ordre et le maintien d'une république sage, grande, intelligente, et puisque, involontairement, je favorise le désordre, je dépose, non sans de vifs regrets, ma démission entre vos mains.

» Bientôt, je l'espère, le calme renaîtra et me permettra de rentrer en France comme le plus simple des citoyens, mais aussi comme un des plus dévoués au repos et à la prospérité de mon pays.

» Recevez, etc.

» *Signé* Louis-Napoléon Bonaparte. »

Quelques jours après, le prince apprit encore que la Corse venait de le nommer l'un de ses représentants. Il adressa de nouveau sa démission, mais en faisant naturellement des réserves pour l'avenir.

« Sans renoncer, disait-il, à l'honneur d'être un jour représentant du peuple, je crois devoir attendre, pour rentrer dans le sein de ma patrie, que ma présence en France ne puisse, en aucune manière, servir de prétexte aux ennemis de la république. Je veux que mon désintéressement prouve la sincérité de mon patriotisme ; je veux que ceux qui m'accusent d'ambition soient convaincus de leur erreur. »

Mais, nous l'avons dit, la seconde élection de septembre ne laissait plus de doute sur le vœu populaire. Le 26 septembre, le prince entra comme représentant dans l'Assemblée, et fit en ces quelques mots sa profession de foi politique :

« J'ai besoin d'exposer ici hautement, et dès le premier jour où il m'est permis de siéger parmi vous, les vrais sentiments qui m'animent. Après trente-quatre années de proscription et d'exil, je retrouve enfin ma patrie et tous mes droits de citoyen !

» La république m'a fait ce bonheur. Que la république reçoive mon serment de reconnaissance et de dévouement, et que les généreux patriotes qui m'ont porté dans cette enceinte soient certains que je m'efforcerai de justifier leurs suffrages en travaillant avec vous au maintien de la tranquillité, le premier besoin du pays, et au développement des institutions démocratiques que le peuple a droit de réclamer.

» Longtemps je n'ai pu consacrer à la France que les méditations de l'exil et de la captivité ; aujourd'hui, la carrière où vous marchez m'est ouverte. Recevez-moi dans vos rangs, mes chers collègues, avec le même sentiment d'affectueuse confiance que j'y apporte. Ma conduite, toujours inspirée par le devoir, toujours animée par le respect de la loi, ma conduite prouvera, à l'encontre des passions qui ont essayé de me noircir pour me proscrire encore, que nul ici plus que moi n'est résolu à se dévouer à la défense de l'ordre et à l'affermissement de la république. »

Ainsi voilà que, tout à coup, au même instant, l'étoile impériale se lève aux yeux sur trois points. Ce grand nom reçoit le même hommage à Paris, dans l'Yonne, dans la Charente-Inférieure. Les paysans de la Saintonge, entraînés à l'improviste par je ne sais quel mystérieux signal, déchirent leurs bulletins, déjà tout écrits, pour y substituer le nom fascinateur des Césars au nom d'un inconnu. Les ouvriers de Paris, les travailleurs des ateliers nationaux, tous ces hommes qu'on enivre d'orgueil et de paresse, qu'on ameute depuis des années contre toute autorité, effacent de la liste sacramentelle qu'on leur a distribuée le nom qui leur plaît le moins, celui sur lequel ils ont le plus de répugnance à vaincre, et lui substituent le nom de Louis-Napoléon Bonaparte.

On s'obstinait pourtant à faire au neveu de Napoléon un piédestal maladroitement élevé par ses ennemis eux-mêmes. On le posait en prétendant à force d'accusations et de terreurs. Il fallut enfin parler, et Napoléon le fit avec ce tact et cette franchise qu'il apporte dans toutes les situations politiques. Il accepta hautement cette candidature qu'on lui imputait à crime, et qu'on ne faisait que rendre plus populaire encore en cherchant à la flétrir.

Le 26 octobre, il monta à la tribune et prononça ce discours, qui était un acte :

« Que ceux qui m'accusent d'ambition connaissent peu mon cœur ! Si un devoir impérieux ne me retenait pas au milieu de vous, si la sympathie de mes concitoyens ne me consolait pas de l'animosité de quelques attaques et de l'impétuosité même de quelques défenses, il y a longtemps que j'aurais regretté l'exil.

» On me reproche mon silence, il n'est donné qu'à peu de personnes d'apporter ici une parole éloquente au service d'idées justes et saines. N'y a-t-il donc qu'un seul moyen de servir son pays? Ce qu'il faut, surtout, ce sont des actes; ce qu'il lui faut, c'est un gouvernement ferme, intelligent et sage, qui pense plus à guérir les maux de la société qu'à les venger, un gouvernement qui se mette franchement à la tête des idées vraies pour repousser ainsi, mille fois mieux que par les bayonnettes, les théories qui ne sont pas fondées sur l'expérience et la raison.

» Je sais qu'on veut semer mon chemin d'écueils et d'embûches; je n'y tomberai pas. Je suivrai toujours, comme je l'entends, la ligne que je me suis tracée, sans m'inquiéter, sans m'irriter. Rien ne m'ôtera mon calme, rien ne me fera oublier mes devoirs. Je n'ai qu'un but, c'est de mériter l'estime de l'Assemblée, et, avec cette estime, celle de tous les hommes de bien, et la confiance de ce peuple magnanime qu'on a si légèrement traité hier.

» Je déclare donc à ceux qui voudraient organiser contre moi un système de provocation, que dorénavant je ne répondrai à aucune interpellation, à aucune excitation, qui voudraient me faire parler quand je veux me taire; et, fort de ma conscience, je resterai inébranlable contre toutes les attaques, impassible contre toutes les calomnies. »

L'Assemblée accueillit ces loyales déclarations, ici par des acclamations enthousiastes, là par un silence plein de dépit et d'amertume.

Mais l'élection de Louis-Napoléon à la présidence de la république était désormais assurée. Tout fut mis en œuvre par la faction républicaine pour détourner ce résultat. Calomnies infâmes, débauches de verve satirique, pamphlets officiels, intrigues, rien n'y fit.

Le 4 novembre, la constitution était définitivement adoptée. L'élection présidentielle fut fixée au 10 décembre. Plusieurs candidats se présentaient. Mais deux seuls étaient sérieux : M. le général Cavaignac, candidat de l'Assemblée et de la faction exclusive des républicains modérés, accepté par un assez grand nombre d'hommes d'ordre, non pour ses principes, mais malgré ses principes ; Louis-Napoléon, candidat naturel de qui voulait la grandeur et la liberté du pays, l'autorité aux mains d'un seul homme et non d'un parti.

Le 27 novembre, le prince publia son manifeste. Nous devons ici une place à cette pièce remarquable.

Manifeste de Louis-Napoléon Bonaparte à ses concitoyens.

» Pour me rappeler de l'exil, vous m'avez nommé représentant du peuple. A la veille d'élire le premier magistrat de la république, mon nom se présente à vous comme symbole d'ordre et de sécurité.

» Ces témoignages d'une confiance si honorable s'adressent, je le sais, bien plus à ce nom qu'à moi-même, qui n'ai rien fait encore pour mon pays ; mais plus la mémoire de l'Empereur me protège et inspire vos suffrages, plus je me sens obligé de vous faire connaître mes sentiments et mes principes. Il ne faut pas qu'il y ait d'équivoque entre vous et moi.

» Je ne suis pas un ambitieux qui rêve tantôt l'Empire et la guerre, tantôt l'application de théories subversives. Élevé dans les pays libres, à l'école du malheur, je resterai toujours fidèle aux devoirs que m'imposeront vos suffrages.

» Si j'étais nommé président, je ne reculerais devant aucun danger, devant aucun sacrifice pour défendre la société si audacieusement attaquée ; je me dévouerais tout entier, sans arrière pensée, à l'affermissement d'une république sage par ses lois, honnête par ses intentions, grande et forte par ses actes.

» Je mettrais mon bonheur à laisser, au bout de quatre ans, à mon successeur, le pouvoir affermi, la liberté intacte, un progrès réel accompli.

» Quel que soit le résultat de l'élection, je m'inclinerai devant la volonté du peuple, et mon concours est acquis d'avance à tout gouvernement juste et ferme qui rétablisse l'ordre dans les esprits comme dans les choses ; qui protège efficacement la religion, la famille, la propriété, bases éternelles de tout état social ; qui provoque les réformes possibles, calme les haines, réconcilie les partis, et permette ainsi à la patrie inquiète de compter sur un lendemain.

» Rétablir l'ordre, c'est ramener la confiance, pourvoir par le crédit à l'insuffisance passagère des ressources, restaurer les finances.

» Protéger la religion et la famille, c'est assurer la liberté des cultes et la liberté de l'enseignement.

» Protéger la propriété, c'est maintenir l'inviolabilité des produits de tous les travaux, c'est garantir l'indépendance et la sécurité de la possession, fondements indispensables de la liberté civile.

» Quant aux réformes possibles, voici celles qui me paraissent les plus urgentes :

» Admettre toutes les économies qui, sans désorganiser les services publics, permettent la diminution des impôts les plus onéreux au peuple ; encourager les entreprises qui, en développant les richesses de l'agriculture, peuvent, en France et en Algérie, donner du travail aux bras inoccupés; pourvoir à la vieillesse des travailleurs par des institutions de prévoyance ; introduire dans nos lois industrielles les améliorations qui tendent, non à ruiner le riche au profit du pauvre, mais à fonder le bien-être de chacun sur la prospérité de tous ;

» Restreindre dans de justes limites le nombre des emplois qui dépendent du pouvoir, et qui souvent font d'un peuple libre un peuple de solliciteurs.

» Eviter cette tendance funeste qui entraîne l'État à exécuter lui-même ce que les particuliers peuvent faire aussi bien et mieux que lui. La centralisation des intérêts et des entreprises est dans la nature du despotisme ; la nature de la république repousse le monopole.

» Enfin, préserver la liberté de la presse des deux excès qui la compromettent toujours : l'arbitraire et sa propre licence.

» Avec la guerre point de soulagement à nos maux. La paix serait donc le plus cher de mes désirs. La France, lors de la première révolution, a été guerrière parce qu'on l'avait forcée à l'être. A l'invasion, elle répondit par la conquête. Aujourd'hui, qu'elle n'est pas provoquée, elle peut consacrer ses ressources aux améliorations pacifiques, sans renoncer à une politique loyale et résolue. Une grande nation doit se taire ou ne jamais parler en vain.

» Songer à la dignité nationale, c'est songer à l'armée dont le patriotisme, si noble et si désintéressé, a été souvent méconnu. Il faut, tout en maintenant les lois fondamentales qui font la force de notre organisation militaire, alléger et non aggraver le fardeau de la conscription. Il faut veiller au présent et à l'avenir non-seulement des officiers, mais aussi des sous-officiers et des soldats, et préparer aux hommes qui ont servi longtemps sous les drapeaux une existence assurée.

» La république doit être généreuse et avoir foi dans son avenir ; aussi, moi qui ai connu l'exil et la captivité, j'appelle de tous mes vœux le jour où la patrie pourra sans danger faire cesser toutes les proscriptions et effacer les dernières traces de nos discordes civiles.

» Telles sont, mes chers concitoyens, les idées que j'apporterais dans l'exercice du pouvoir, si vous m'appeliez à la présidence de la république.

» La tâche est difficile, la mission immense, je le sais ! mais je ne désespérerais pas de l'accomplir en conviant à l'œuvre, sans distinction de parti, les hommes que recommandent à l'opinion publique leur haute intelligence et leur probité.

» D'ailleurs, quand on a l'honneur d'être à la tête du peuple français, il y a un moyen infaillible de faire le bien, c'est de le vouloir.

» 27 novembre 1848. »

M. de la Guéronnière raconte, dans son *Portrait politique du prince*, que, par déférence plus que par goût, Louis-Napoléon crut devoir consulter, en cette occasion, deux hommes influents sur l'opinion publique, M. Thiers et M. Émile de Girardin. M. Thiers vint le premier. Il lut cette phrase : « Je mettrais mon honneur à laisser, au bout de quatre ans, à mon successeur, le pouvoir affermi, la liberté intacte, un progrès réel accompli. »

« — Qu'allez-vous faire ? s'écria M. Thiers. Biffez, biffez cette phrase imprudente. Gardez-vous bien d'engagements de cette sorte. N'engagez rien. Réservez tout ! »

« Le manifeste contenait encore la phrase suivante : La république doit être généreuse et avoir foi dans son avenir : aussi, moi qui ai connu l'exil et la captivité, j'appelle de tous mes vœux le jour où la patrie pourra, sans danger, faire cesser toutes les proscriptions et effacer les dernières traces de nos guerres civiles. »

« — Encore une imprudence ! s'écria M. Thiers. L'amnistie, quand le sang de juin n'est pas effacé sur le pavé ! La bourgeoisie va crier haro ! Il s'agit bien d'être généreux, il s'agit d'être habile ! »

L'habileté ! c'est le dernier mot de l'inspirateur funeste de la coalition monarchique. Survint M. de Girardin. — « Qu'en pensez-vous ! dit le prince, en lui montrant les deux pièces : — « Que celle-ci, dit le rédacteur en chef de *la Presse*, en montrant le manifeste du prince, est vraie comme la nature, tandis que l'autre est pâle comme une copie calquée derrière une vitre. Soyez vous-même. C'est ce qu'il y a de mieux. »

Le prince était résolu à l'avance à écrire lui-même. Il lança son manifeste, et on sait quel en fut l'effet.

L'ÉLECTION DU 10 DÉCEMBRE

uel est le cœur français qui ne se rappelle encore avec émotion ce magnifique spectacle de tout un peuple se levant pour choisir son chef, l'héritier du nom de Napoléon! Par un admirable soleil de décembre, les populations se dirigeaient innombrables, joyeuses, vers l'urne du scrutin. Dans un

grand nombre de communes, les habitants, maire et adjoints en tête, souvent précédés par leur curé, marchaient au vote comme à une fête nationale, portant à leur chapeau et sur le drapeau tricolore le nom magique qui remuait toute la France.

Le 20 décembre, le résultat de l'élection fut officiellement constaté ; mais déjà, dès le premier jour, l'instinct du pays lui avait révélé qu'il y avait la plus qu'une élection, une acclamation.

Louis-Napoléon avait obtenu sur sept millions trois cent vingt-sept mille deux cent quarante-cinq votes, cinq millions quatre cent trente-quatre mille deux cent vingt-six suffrages. Est-il besoin de dire le sens de cette élection formidable qui exprimait si hautement le vœu du pays?

Était-ce exaltation passagère, enthousiasme irréfléchi ? Non. Qui ne sait que l'élection se fit avec une unanimité froide et résolue, sans manifestation, sans cris, sans aucun luxe de démonstrations extérieures. La France n'obéissait pas seulement aux voix des souvenirs, à des rêves de la gloire passée, elle écoutait surtout sa raison ; elle se disait qu'il fallait, pour arrêter la France sur le bord de l'abîme, une main pure d'excès, une main qui n'eût pas juré fidélité à la monarchie, et qui n'eût pas non plus soulevé les pavés de la révolution ; il lui fallait enfin un nom qui représentât la souveraineté populaire dans sa consécration la plus haute, un nom qui n'eût pas sa gloire à faire, et qui fût un drapeau.

Louis-Napoléon fut élu, et l'on vit encore une fois se réaliser ces belles paroles de l'Empereur :

« Lorsqu'une déplorable faiblesse et une versatilité sans fin se manifestent dans les conseils du pouvoir, lorsque les citoyens les plus modérés sont forcés de convenir que l'État n'est plus gouverné, alors une inquiétude vague se répand dans la société, le besoin de sa conservation l'agite, et, promenant sur elle-même ses regards, elle semble chercher un homme qui puisse la sauver. Que ce sauveur, impatiemment attendu, donne tout à coup un signe d'existence, l'instinct national le devine et l'appelle, les obstacles s'applanissent devant lui, et tout un grand peuple, volant sur son passage, semble dire : Le voilà. »

Et cependant, dès les premiers pas, la situation gouvernementale fut entourée des difficultés les plus graves. Dès son arrivée à l'hôtel du Rhin, place Vendôme, le prince s'était vu obligé de compter avec les représentants parlementaires des anciens partis. Élu empereur dans le secret des cœurs, Louis-Napoléon n'était en réalité que le président d'une république odieuse à la France, étrangère à ses habitudes et traîtreusement servie par les hommes politiques des deux monarchies tombées.

Pour le comité de la rue de Poitiers, le nom du prince servait de passe-port à une majorité orléaniste et légitimiste. On consentait à s'associer à toutes les mesures de salut dont la popularité pourrait rejaillir sur les chefs des anciens partis.

Mais au fond, on ne voulait pas se départir de cette passivité que M. Thiers définissait ainsi : la politique des bras croisés. Les anciens partis voulaient que le président se chargeât de vaincre les difficultés de la situation pour eux, mais sans leur concours.

Dès l'installation du président, les hommes politiques attachés à l'ordre ancien des choses avaient décliné l'honneur d'entrer dans les conseils du gouvernement. Les lieutenants imitèrent les chefs ; diverses combinaisons échouèrent successivement par le refus non-seulement de M. Thiers, de M. Molé, de M. Berryer, mais encore de beaucoup d'autres hommes marquants, mais secondaires, qu'il est inutile de nommer ici.

La force des choses voulut donc que le président gouvernât seul, en s'appuyant, il est vrai sur la majorité; mais sans recevoir d'elle d'autre appui qu'un concours purement législatif. Le pays se trouva par le fait heureusement soustrait à l'influence des vieilles combinaisons parlementaires et des luttes périodiques qu'elles n'eussent pas manqué d'amener sous la république, comme sous la monarchie, ébranlée et ruinée par elles. Une direction unique, malgré certaines résistances secrètes, fut imprimée aux affaires.

Dès le premier jour de la présidence, le général de la coalition monarchique, M. Thiers, a cru, ou cherché à faire croire, qu'il aurait été passé une sorte de contrat entre les partis, par suite duquel chacun d'eux s'interdisait de faire aucun acte qui pût préparer un avenir quelconque de sécurité à la France. D'après ce contrat, a-t-il dit, les partis monarchiques et républicains s'engageaient à garder leur position respective, sauf à se disputer, à un jour donné, le gouvernement avec les chances aussi égales que possible. Ainsi, la présidence eût été un armistice, pendant lequel on eût organisé la guerre civile.

Dans ce plan, l'élément dont on ne tenait aucun compte, c'était justement le prince, acclamé par la France. On consentait à le tolérer comme un provisoire assez commode pour masquer les intrigues des divers partis.

« La présidence de Louis-Napoléon, disait l'un, c'est pour nous un pont jeté entre la république et la monarchie. »

« La République, disait M. Thiers, est ce qui nous divise le moins. » Première précaution prise contre l'Empire !

L'élection du 10 décembre à peine accomplie et son résultat proclamé, les partis demandèrent, à grands cris, la dissolution de l'Assemblée. Selon eux, le pouvoir législatif, pour être utile, pour être légitime, pour être respecté, devait marcher d'accord avec le pouvoir exécutif. Les principaux journaux des départements, réunis dans une association connue sous le nom de *Congrès de Tours*, exprimèrent, dans une nouvelle session, tenue à Paris, l'espoir « que l'Assemblée nationale, cédant au vœu général du pays, comprendrait la nécessité de prévenir toute chance de nouveaux tiraillements dans le nouveau gouvernement, en déposant ses pouvoirs et en venant avec confiance se retremper par l'élection dans la souveraineté nationale. »

On sait avec quelle ardeur les feuilles légitimistes et orléanistes développèrent ce thème. Au fond, elles avaient raison. L'élection pacifique, régulière, nationale du 10 décembre infirmait visiblement les élections révolutionnaires du mois d'avril 1848. Le pays avait successivement créé deux pouvoirs inconciliables ; il lui appartenait de rétablir l'accord par de nouvelles élections générales. Former une assemblée sympathique au gouvernement du président de la république, déterminée à l'appuyer en toute occasion, pour ainsi dire systématiquement sur le terrain de l'ordre, de la légalité et de la conciliation, tel fut le sens très-net des élections du 13 mai 1849.

Dans un des départements de l'Ouest, on vit un candidat de l'extrême droite, un légitimiste pur, faire dessiner en tête de sa proclamation de foi l'image d'un aigle aux ailes déployées.

C'étaient là des avertissements significatifs.

Les conseils ne manquèrent pas cependant aux intrigants des anciens partis. Ceux-là même qui, entraînés par la chute suprême de la monarchie constitutionnelle, semblaient devoir partager ses passions et ses espérances, ceux-là lui donnaient de sévères avertissements. Le ministre tombé de Louis-Philippe, M. Guizot, causait un jour avec deux hommes politiques, l'un bonapartiste, l'autre orléaniste. Il reconnaissait la mission du prince, mais, tout en ne la regardant que comme provisoire. Toutefois, se tournant vers le bonapartiste : « Ce provisoire peut être fort long, si vous le voulez, » dit-il en souriant. Et à l'orléaniste : « Il peut durer toujours, si vous n'êtes pas sages. »

Lui, cependant, point de mire de tant d'espérances et de tant de haines, attendait avec cette énergique patience qui le caractérise ; il observait autour de lui sans se livrer à personne. Cette froide réserve, on l'interpréta bien vite : on refusa au prince l'éloquence, la connaissance de la langue française, jusqu'à l'esprit. Lui, disait en souriant à ses intimes : « Ils disent que je suis *bête et têtu* ; bête, c'est possible, car j'ai cru autrefois trop facilement à ceux qui me trouvaient beaucoup d'esprit et m'empruntaient de l'argent ; têtu, c'est possible encore, mais je tâcherai du moins d'être aussi têtu pour faire le bien que ces gens-là le sont pour faire le mal. »

Le plus éclatant résultat de l'élection présidentielle avait été la condamnation de la révolution violente implantée en Autriche, en Prusse et en Italie par des minorités. L'essai d'indépendance italienne, détourné de sa voie véritable par l'ambition de Charles-Albert et par les menées démagogiques de la jeune Italie, n'avait abouti qu'à la défaite du Piémont et à l'odieux guet-apens pratiqué à Rome contre le plus vertueux des pontifes. Partout la démocratie outrée cédait du terrain : l'Europe se sentait rassurée.

Le jugement le plus sévère que l'histoire puisse porter

sur la valeur et sur la moralité de la commotion profonde qui ébranla l'Europe en 1848, sera sans doute le tableau des efforts faits par tous les gouvernements, aidés des peuples eux-mêmes, pour en effacer les vestiges, pour en relever les ruines. A la stupeur causée par l'explosion soudaine de l'incendie, aux terreurs des nations menacées dans leur existence, succède une haine générale contre le danger vaincu, On répare avec fureur, on restaure avec rage. C'est un besoin, en même temps qu'un danger, que cette réaction universelle. Ce n'est pas au nom d'un principe politique, c'est au nom d'un besoin social que s'accomplit ce travail des reconstitutions universelles. Ce besoin, c'est celui de la sécurité. Le grand parti qui, à cette époque, se forme en Europe comme en France, ne se nomme d'aucun nom théorique : c'est le parti conservateur.

Le pouvoir présidentiel, à son début, devait, de toute nécessité, entrer dans cette voie réparatrice. Ce fut l'honneur et la force du prince Louis-Napoléon d'avoir laissé aux anciens partis, qui l'initiaient à la vie politique, les paroles et les fautes de cette œuvre nécessaire. Lui, marqué d'en haut pour régner, il arrivera à temps, lorsque les ruines seront en partie relevées, pour construire définitivement l'édifice nouveau. Mais il n'aura pas compromis l'avenir.

1848 avait vu, sur presque tous les points, la révolution victorieuse ; mais il semblait que ce triomphe d'un jour n'eût sa raison d'être que dans un malentendu. L'enthousiasme de la jeune Europe pour le libéralisme constitutionnel l'avait entraînée, par une pente rapide, vers la démocratie; la démocratie, à son tour, l'entraînait vers une dissolution sociale au bout de laquelle était l'inconnu. Cette exigence terrible du sphinx politique, l'Europe se refusait à la deviner, et elle se rattachait avec désespoir à tout ce qui lui avait donné jusqu'alors la paix, l'ordre, la sécurité, l'avenir. Partout, à tort ou à raison, l'idée démocratique, un instant réalisée, s'était identifiée avec la révolte contre toute autorité, contre toute croyance, contre toute tradition, avec le déficit dans les revenus, avec l'augmentation dans les dépenses, avec la guerre civile. Enfin, par une contradiction qui n'avait jamais éclaté si hautement, les excès de la liberté n'avaient enfanté que le despotisme. Une seule autorité était resté debout, à qui la société devait son salut, et cette autorité ce n'était ni celle des rois, ni celle des principes, c'était l'autorité militaire. Là où s'était réfugié l'esprit d'obéissance, s'étaient aussi retrouvées la force et la vie.

Mais si l'esprit de liberté s'était confondu avec l'esprit de désordre, l'esprit monarchique tendait à représenter chaque jour davantage les instincts de réaction et de despotisme.

C'est entre ces deux écueils que se trouvait placé le prince au début de sa carrière présidentielle. Mais il avait lui, pour se guider, une lumière qui manquait aussi bien à la démagogie, follement progressive, qu'aux monarchies réactionnaires. Il savait, par l'histoire même de l'idée napoléonienne, quelle est la valeur de l'autorité appuyée sur sa base véritable, l'élection populaire consacrant l'hérédité. Il savait cela, et c'est ce qui lui avait fait comprendre de prime abord l'étrange spectacle présenté par la France nouvelle.

L'histoire intérieure de la France, depuis 1814, n'est autre chose, en effet, que l'histoire d'un grand pays qui se défend contre ses institutions. Depuis longtemps elle avait besoin de repos, d'autorité, de sécurité. Mais elle n'avait pu accepter ces bienfaits à la suite d'une défaite nationale. Rapidement lancée sur une pente sans fin, elle avait roulé de la monarchie bâtarde de juillet à la république inattendue du 24 février. Elle s'était cramponnée à la république pseudo-légale du 4 mai, et avait enfin interprété ses désirs par l'élection du 10 décembre. Dans cette marche involontaire, éclairée de lueurs sinistres par les insurrections du 15 mai, du 23 juin, du 29 janvier, du 13 juin, elle avait peu à peu oublié ces convictions tenaces, cette constance de la foi politique qui distinguait si nettement les partis aux époques de prospérité publique. Malgré une répulsion profonde, la forme républicaine avait été peu à peu acceptée comme le terrain commun d'espérances ajournées et de craintes présentes.

Pour le parti modéré, c'est-à-dire pour la grande majorité de la nation, la république de fait était donc comme le point de rencontre, comme le terrain neutre. « C'est ce qui nous divise le moins. » disait M. Thiers. Oui. Mais qu'arriverait-il le jour où l'une des fractions du parti modéré voudrait sortir de cette place commune et s'ouvrir une route vers son propre principe ?

Déjà on pouvait le prévoir. Chacun avait interprété à sa manière et selon ses vœux le mouvement d'opinion du 10 décembre; mais nul n'avait eu le droit de le faire avec plus d'autorité personnelle que le prince-président. Et cependant, dès la première heure, il s'était trouvé isolé au milieu des éléments divers qu'il lui fallait ménager. Aussi la première administration présidentielle, dans un but de haute politique, fut-elle choisie dans le sein de toutes les opinions conservatrices.

En voici la composition :

MM. Odilon Barrot, président du conseil, ministre de la justice; Rulhières, ministre de la guerre; Maleville, ministre de l'intérieur; Passy, aux finances; Drouyn de Lhuis, aux affaires étrangères; Lacrosse, aux travaux publics; de Falloux, à l'instruction publique; Bixio, au commerce; de Tracy, à la marine.

C'était, on le voit, un large essai de conciliation, mais qui démontrait en même temps tout ce qu'il y avait de provisoire dans la situation politique.

Le premier indice d'une pensée personnelle au prince se trouve dans la lettre suivante adressée, par le président de la république, au ministre de l'intérieur, M. Léon de Maleville.

« Monsieur le ministre,

» J'ai demandé à M. le préfet de police s'il ne recevait pas quelquefois des rapports sur la diplomatie, il m'a répondu affirmativement, et il a ajouté qu'il vous avait remis hier les copies d'une dépêche sur l'Italie. Ces dépêches, vous le comprendrez, doivent m'être remises directement, et je dois vous exprimer tout mon mécontentement du retard que vous mettez à me les communiquer.

» Je vous prie également de m'envoyer les seize cartons que je vous ai demandés; je veux les avoir jeudi (ce sont les dossiers des affaires de Strasbourg et de Boulogne). Je n'entends pas non plus que le ministre de l'intérieur veuille rédiger les articles qui me sont personnels : cela ne se faisait pas sous Louis-Philippe, et cela ne doit pas être.

» Depuis quelques jours aussi je n'ai point reçu de dépêches télégraphiques; en résumé, je m'aperçois bien que les ministres que j'ai nommés veulent me traiter comme si la fameuse constitution de Sieyès était en vigueur; mais je ne le souffrirai pas. »

C'est qu'en effet, le ministre, encore tout imbu de ses idées et de ses habitudes constitutionnelles, avait cherché, dès le premier jour, à annuler la personnalité du président. Celui-ci le rappelait à l'intelligence d'un ordre politique nouveau. On n'était plus au temps du fameux axiome : le roi règne et ne gouverne pas, et M. de Maleville, comme tous les anciens parlementaires, affectait d'oublier que la constitution avait fait le président de la république responsable.

Ce fut là la première parole du chef de la France. Après sept jours d'une première administration, cette lettre significative provoqua la retraite de M. de Maleville qui fut remplacé par M. Léon Faucher.

Pour qui sait lire, le second indice révélateur d'une pensée personnelle inébranlable se retrouve dans une lettre que le prince écrivit, le 10 avril, à son cousin, le prince Jérôme-Napoléon, à propos d'un incident sur lequel nous aurons à revenir en esquissant la vie du fils de l'ex-roi de Westphalie. Dans cette lettre, quelques-uns remarquèrent la phrase suivante :

« Tu me connais assez pour savoir que *je ne subirai jamais l'ascendant de qui que ce soit, et que je m'efforcerai sans cesse de gouverner dans l'intérêt des masses et non d'un parti.* »

C'était le second avertissement donné par le prince aux habiles de la monarchie.

Continuons à suivre cette voie et à marquer les étapes de la pensée impériale. L'expédition de Rome a été résolue. Un odieux guet-apens a causé à nos armes un échec sous les murs de la ville éternelle. L'Assemblée constituante, à son agonie, oublia assez tout sentiment d'honneur et de dignité nationale pour prendre, le 7 mai, à la majorité de trois cent vingt-huit voix contre deux cent quarante et une, la résolution suivante :

« L'Assemblée nationale invite le gouvernement à prendre sans délai les mesures nécessaires pour que l'expédition d'Italie ne soit pas plus longtemps détournée du but qui lui est assigné. »

Cette honteuse reculade ne pouvait être acceptée par le prince. Il y répondit en publiant cette lettre adressée par lui au général Oudinot :

« Mon cher général, la nouvelle télégraphique qui annonce la résistance imprévue que vous avez rencontrée sous les murs de Rome m'a vivement peiné. J'espérais, vous le savez, que les habitants de Rome, ouvrant les yeux à l'évidence, recevraient avec empressement une armée qui venait accomplir chez eux une mission bienveillante et désintéressée. Il en a été autrement ; nos soldats ont été reçus en ennemis. Notre honneur militaire est engagé, je ne souffrirai pas qu'il reçoive aucune atteinte. Les renforts ne vous manqueront pas. Dites à vos soldats que j'apprécie leur bravoure, que je partage leurs peines, et qu'ils pourront toujours compter sur mon appui et sur ma reconnaissance.

» Recevez, mon cher général, l'assurance de mes sentiments de haute estime. »

De son côté, le général Changarnier adressait aux troupes sous ses ordres l'ordre du jour que voici :

« Officiers, sous-officiers et soldats,

» Vous avez remarqué dans les journaux la lettre adressée par le président de la république au chef des troupes qui ont combattu courageusement, mais sans succès, sous les murs de Rome. Le général en chef désire qu'elle soit connue dans tous les rangs de la hiérarchie militaire.

» Cette lettre doit fortifier l'attachement de l'armée au chef de l'État, et elle contraste heureusement avec le langage des hommes, qui, à des soldats français sous le feu de l'ennemi, voudraient envoyer pour tout encouragement un désaveu. »

Un mot sur le général Changarnier. Le lendemain de son installation, le prince avait réuni entre les mains du général toutes les forces stationnées dans la première division militaire, et la première attitude du général dans la journée du 29 janvier 1849 avait été celle qu'on devait attendre de l'homme à qui était confiée la sécurité de Paris. Dès ce jour, et en présence d'une émeute sans importance, excitée par les chefs du parti socialiste, Louis-Napoléon eût pu balayer d'un seul mot tous ces ennemis ridicules, tous ces amis hypocrites. Ce mot, il ne voulut pas le prononcer. Il était empereur s'il l'eût fait. Mais il voulait d'abord donner à la France la mesure de sa patience et de l'impuissance des partis.

L'Assemblée législative avait, au commencement de juin, achevé de se constituer ; le 6, elle reçut du président de la république ce message, empreint d'une énergie calme et rassurante, d'un patriotisme honnête et sincère. C'était un langage tout nouveau. Citons-en quelques passages :

« Mon élection à la première magistrature de la république avait fait naître des espérances qui n'ont point encore pu toutes se réaliser.

» Jusqu'au jour où vous vous êtes réunis dans cette enceinte, le pouvoir exécutif ne jouissait pas de la plénitude de ses prérogatives constitutionnelles. Dans une telle position, il lui était difficile d'avoir une marche bien assurée.

» Néanmoins, je suis resté fidèle à mon manifeste.

» A quoi, en effet, me suis-je engagé en acceptant les suffrages de la nation ?

» A défendre la société audacieusement attaquée ;

» A affermir une république sage, grande, honnête ;

» A protéger la famille, la religion, la propriété ;

» A provoquer toutes les améliorations et les économies possibles ;

» A protéger la presse contre l'arbitraire et la licence ;

» A diminuer les abus de la centralisation ;

» A effacer les traces de nos discordes civiles ;

» Enfin à adopter à l'extérieur une politique sans arrogance comme sans faiblesse.

» Le temps et les circonstances ne m'ont point permis d'accomplir tous ces engagements, cependant de grands pas ont été faits dans cette voie.

» Le premier devoir du gouvernement était de consacrer tous ses efforts au rétablissement de la confiance, qui ne pouvait être complète que sous un pouvoir définitif. Le défaut de sécurité dans le présent, de foi dans l'avenir, détruit le crédit, arrête le travail, diminue les revenus publics et privés, rend les emprunts impossibles et tarit les sources de la richesse. »

Accueilli avec faveur par les hommes d'ordre, ce langage, fier et honnête à la fois, ne fit que redoubler les haines des anarchistes. Le chef des montagnards, M. Ledru-Rollin déposa, entre les mains du président de l'Assemblée, un acte d'accusation dressé contre le président de la république et ses ministres. La constitution était violée par l'expédition d'Italie, disaient les démagogues, et il fallait la défendre *même par les armes*. Ce langage insensé aboutit à la tentative avortée du 13 juin, dont tout l'effet fut de compromettre, dans une émeute plus ridicule que sanglante, les chefs factieux qui, jusque-là, s'étaient dissimulés derrière leurs séides.

Le président monta à cheval dès la première heure de cette insurrection nouvelle et, par sa présence, rassura les esprits. Puis, il fit juge des faits la France tout entière dans cette magnifique proclamation :

« Quelques factieux osent encore lever l'étendard de la révolte contre un gouvernement légitime, puisqu'il est le produit du suffrage universel.

» Ils m'accusent d'avoir violé la constitution, moi qui ai supporté depuis six mois, sans en être ému, leurs injures, leurs calomnies et leurs provocations.

» La majorité de l'Assemblée elle-même est en butte à leurs outrages.

» L'accusation dont je suis l'objet n'est qu'un prétexte ; et la preuve, c'est que ceux qui m'attaquent me poursuivaient déjà de la même haine, de la même injustice, alors que le peuple de Paris me nommait représentant, et le peuple de la France président de la république.

» Ce système d'agitation entretient dans le pays le malaise et la défiance, qui engendrent la misère.

» Il faut qu'il cesse.

» Il est temps que les bons se rassurent et que les méchants tremblent.

» La république n'a pas d'ennemis plus implacables que ces hommes qui, perpétuant le désordre, nous forcent à changer la France en un camp, nos idées d'amélioration et de progrès en préparatifs de lutte et de défense.

» Élu par la nation, la cause que je défends est la vôtre ; c'est celle de vos familles, de vos propriétés, celle du pauvre comme celle du riche, de la civilisation tout entière.

» Je ne reculerai devant rien pour la faire triompher. »

Deux jours après, l'insurrection était encore vaincue dans les murs de Lyon et, le 2 juillet 1849, l'armée française entrait victorieuse dans la ville éternelle.

L'ennemi anarchique provisoirement vaincu, les partis, jusqu'alors terrifiés, recommencèrent à lever la tête. Les monarchistes s'empressèrent de voter une épée d'honneur au général qui avait remporté la facile victoire du 13 juin. Puis, suivant sa pente naturelle, la coalition légitimiste et orléaniste apporta chaque jour à la liberté des restrictions nouvelles.

Le prince, de son côté, parcourait la France. Il inaugurait le chemin de fer de Chartres, d'Angers. Il s'efforçait de ramener le calme dans les esprits par sa présence et par ses paroles. Il trouvait des mots heureux pour expliquer ses intentions. A Saumur, il louait cet esprit militaire « qui, dans les temps de crise, est la sauvegarde de la patrie. » A Angers, il disait : « Tant que je serai président de la république, il n'y aura pas en France de parti opprimé. » A Tours, il repoussait la pensée d'un coup d'État : « Nous ne sommes pas, déclarait-il hautement, dans les conditions qui nécessitent de si héroïques remèdes. » Enfin, à Ham, le 22 juillet, étant venu visiter cette forteresse dans laquelle il avait subi une si longue captivité, il donnait aux partis cette haute leçon de respect envers l'autorité :

« Monsieur le maire, je suis profondément ému de la réception affectueuse que je reçois de vos citoyens. Mais, croyez-le, si je suis venu à Ham, ce n'est pas par orgueil, c'est par reconnaissance. J'avais à cœur de remercier les habitants de cette ville et des environs de toutes les marques de sympathie qu'ils n'ont cessé de me donner pendant mes malheurs.

» Aujourd'hui qu'élu par la France entière, je suis devenu le chef légitime de cette grande nation, je ne saurais me glorifier d'une captivité qui avait eu pour cause l'attaque contre un gouvernement régulier. Quand on a vu combien les révolutions les plus justes entraînent de maux après elles, on comprend à peine l'audace d'avoir voulu assumer sur soi la terrible responsabilité d'un changement. Je ne me plains donc pas d'avoir expié ici, par un emprisonnement de dix années, ma témérité contre ma patrie, et c'est avec bonheur que, dans les lieux mêmes où j'ai souffert, je vous propose un toast en l'honneur des hommes qui sont déterminés, malgré leurs convictions, à respecter les institutions de leur pays. »

A Tours, quelques jours après, son passage est marqué par un discours où les mêmes sentiments sont exprimés d'une manière non moins explicite.

« J'ai trop connu le malheur, dit-il, pour ne pas être à l'abri des entraînements de la prospérité. Je ne suis pas venu au milieu de vous avec une arrière-pensée, mais pour me montrer tel que je suis, et non pas tel que la calomnie veut me faire. On a prétendu et on prétend encore aujourd'hui à Paris que le gouvernement médite quelque entreprise semblable au 18 brumaire. Mais sommes-nous dans les mêmes circonstances ? Les armées étrangères ont-elles envahi notre territoire ? La France est-elle déchirée par la guerre civile ?

» Y a-t-il quatre-vingt mille familles en émigration ? Y a-t-il trois cents familles mises hors la loi par la loi des suspects ? Enfin, la loi est-elle sans vigueur et l'autorité sans force ? Non, nous ne sommes pas dans des conditions qui autorisent de si héroïques remèdes. A mes yeux, la France peut être comparée à un vaisseau qui, après avoir été ballotté par les tempêtes, a trouvé enfin une rade plus ou moins bonne, mais enfin où il a jeté l'ancre. Eh bien ! dans ce cas, il faut radouber le navire, refaire son lest, rétablir ses mâts et sa voilure avant de se hasarder encore sur la pleine mer.

» Les lois que nous avons peuvent être plus ou moins défectueuses, mais elles sont susceptibles de perfectionnement.

» Confiez-vous donc à l'avenir sans songer aux coups d'État ni aux insurrections. Les coups d'État n'ont aucun prétexte; les insurrections n'ont aucune chance de succès; à peine commencées, elles seraient immédiatement réprimées.

» Ayez confiance dans l'Assemblée nationale et dans vos premiers magistrats qui sont les élus de la nation, et surtout comptez sur la protection de l'Être suprême qui, encore aujourd'hui, protége la France. »

C'est le 18 avril 1849 qu'éclata pour la première fois la dissidence secrète qui existait entre le président de la république et la majorité de l'Assemblée. Si le prince avait entendu rétablir l'autorité pontificale dans la capitale du catholicisme, il n'avait pas eu un instant l'idée de participer à l'asservissement de la population romaine. Il voulait au contraire l'établissement de cette sage liberté, de ces utiles réformes si longtemps et si vainement réclamées des papes depuis 1815. Mais, à Rome, on avait bien vite oublié les promesses faites et les conditions imposées par la France. Le prince s'émut de cette situation qui faussait toute sa conduite et il écrivit à un de ses officiers d'ordonnance en mission à Rome, M. Edgard Ney, cette lettre qui flétrissait le système de compression inauguré par le clergé :

« Mon cher Ney,

» J'apprends avec peine que les intentions bienveillantes

du Saint-Père, comme notre propre action, restent stériles en présence de passions et d'influences hostiles. On voudrait donner comme base à la rentrée du pape la proscription et la tyrannie. Dites de ma part au général Rostolan qu'il ne doit pas permettre qu'à l'ombre du drapeau tricolore on commette aucun acte qui puisse dénaturer le caractère de notre intervention.

» Je résume ainsi le rétablissement du pouvoir temporel du pape : *Amnistie générale, sécularisation de l'administration, Code Napoléon et gouvernement libéral.*

» J'ai été personnellement blessé, en lisant la proclamation des trois cardinaux, de voir qu'il n'était pas même fait mention du nom de la France, ni des souffrances de nos braves soldats.

» Toute insulte faite à notre drapeau ou à notre uniforme me va droit au cœur, et je vous prie de bien faire savoir que si la France ne vend pas ses services, elle exige au moins qu'on lui sache gré de ses sacrifices et de son abnégation.

» Lorsque nos armées firent le tour de l'Europe, elles laissèrent partout, comme trace de leur passage, la destruction des abus de la féodalité et les germes de la liberté : il ne sera pas dit qu'en 1849, une armée française ait pu agir dans un autre sens et amener d'autres résultats.

» Dites au général de remercier, en mon nom, l'armée de sa noble conduite. J'ai appris avec peine que, physiquement même, elle n'était pas traitée comme elle devrait l'être; rien ne doit être négligé pour établir convenablement nos troupes. »

Ce langage, si noblement empreint d'indépendance personnelle, était à l'adresse de la majorité qui croyait régner définitivement sous le nom de Louis-Napoléon. Le ministère se sentit frappé et donna sa démission. Cette crise fut annoncée à l'Assemblée, lors de sa rentrée, le 31 octobre, par le message suivant :

« Monsieur le président,

» Dans les circonstances graves où nous nous trouvons, l'accord qui doit régner entre les différents pouvoirs de l'État ne peut se maintenir que si, animés d'une confiance mutuelle, ils s'expliquent franchement l'un vis-à-vis de l'autre.

» Afin de donner l'exemple de cette sincérité, je viens faire connaître à l'Assemblée quelles sont les raisons qui m'ont déterminé à changer le ministère et à me séparer d'hommes dont je me plais à proclamer les services éminents et auxquels j'ai voué amitié et reconnaissance.

» Pour raffermir la république menacée de tant de côtés par l'anarchie, pour ramener l'ordre plus efficacement qu'il ne l'a été jusqu'à ce jour, pour maintenir à l'extérieur le nom de la France à la hauteur de sa renommée, il faut des hommes qui, animés d'un sentiment patriotique, comprennent la nécessité d'une direction unique et ferme et d'une politique nettement formulée ; qui ne compromettent le pouvoir par aucune irrésolution ; qui soient aussi préoccupés de ma propre responsabilité que de la leur, et de l'action que de la parole.

» Depuis bientôt un an, j'ai donné assez de preuves d'abnégation pour qu'on ne se méprenne pas sur mes intentions véritables. Sans rancune contre aucune individualité comme contre aucun parti, j'ai laissé arriver aux affaires les hommes d'opinions les plus diverses, mais sans obtenir les heureux résultats que j'attendais de ce rapprochement. Au lieu d'opérer une fusion de nuances, je n'ai obtenu qu'une neutralisation de forces.

» L'unité de vues et d'intentions a été entravée, l'esprit de conciliation a été pris pour de la faiblesse. A peine les dangers de la rue étaient-ils passés, qu'on a vu les anciens partis relever leur drapeau, réveiller leurs rivalités et alarmer le pays en semant l'inquiétude. Au milieu de cette confusion, la France, inquiète parce qu'elle ne voit pas de direction, cherche la main, la volonté de l'élu du 10 décembre. Or, cette volonté ne peut être sentie que s'il y a communauté entière d'idées, de vues, de convictions entre le président et ses ministres, et si l'Assemblée elle-même s'associe à la pensée nationale, dont l'élection du pouvoir exécutif a été l'expression.

» Tout un système a triomphé au 10 décembre, car le nom de Napoléon est à lui seul tout un programme : il veut dire à l'intérieur, ordre, autorité, religion, bien-être du peuple ; à l'extérieur, dignité nationale. C'est cette politique, inaugurée par mon élection, que je veux faire triompher avec l'appui de l'Assemblée et celui du peuple. Je veux être digne de la confiance de la nation en maintenant la constitution que j'ai jurée. Je veux inspirer au pays par ma loyauté, ma persévérance et ma fermeté, une confiance telle que les affaires reprennent et qu'on ait foi dans l'avenir. La lettre d'une constitution a sans doute une grande influence sur les destinées du pays, mais la manière dont elle est exécutée en exerce peut-être une plus grande encore. Le plus ou moins de durée du pouvoir contribue puissamment à la stabilité des choses, c'est aussi par les idées et les principes que le gouvernement sait faire prévaloir que la société se rassure.

» Relevons donc l'autorité sans inquiéter la vraie liberté. Calmons les craintes en domptant hardiment les mauvaises passions et en donnant à tous les nobles instincts une direction utile. Affermissons le principe religieux sans rien abandonner des conquêtes de la révolution, et nous sauverons le pays malgré les partis, les ambitions et même les imperfections que nos institutions pourraient renfermer. »

A ce message était annexée la liste des nouveaux ministres : MM. le général d'Hautpoul, ministre de la guerre ; F. Barrot, ministre de l'intérieur ; Rouher, ministre de la justice ; Reyneval, ministre des affaires étrangères ; Romain-Desfossés, ministre de la marine ; Achille Fould, ministre des finances ; Bineau, ministre des travaux publics ; Dumas miuistre de l'agriculture et du commerce ; Parrieu, ministre de l'instruction publique.

Malgré le mot de république, les habitudes constitutionnelles avaient survécu à la révolution et à la constitution républicaine. Jusqu'alors, avec une sage temporisation, Louis-Napoléon y avait obéi. Enfin, il venait de dévoiler sa personnalité : c'était son droit, en présence des dangers que faisait courir à son gouvernement et à la France elle-même la trame ourdie par les monarchistes. Le message du 31 octobre fut la fin d'une tutelle.

Quant à la cause de cet éclat révélateur, on l'a déjà entrevue dans les sourdes menées des partis, mais elle avait été surtout dans un fait, récent et des plus graves. On avait eu déjà plus d'une fois la pensée de pousser le prince à un coup d'État prématuré. C'est en mars 1849 que, pour la première fois, le mot de coup d'État fut prononcé. La pensée en appartenait aux partisans violents des monarchies tombées. L'exécution devait en être confiée au général Changarnier. Celui-ci alla demander au prince une autorisation écrite pour faire sauter l'Assemblée par les fenêtres. C'eût été un 18 brumaire par procuration, et le fondé de pouvoirs espérait bien recueillir le profit de l'aventure. Louis-Napoléon ne répondit que par un refus presque silencieux : tiédeur bien significative pour tout autre homme moins entiché de son mérite et moins dédaigneux de celui des autres.

Quand on vit que cette impénétrable sagesse refusait de

courir vers le piége, on résolut de se servir contre le président des armes qu'il repoussait loin de lui. On substitua au projet d'un coup d'État présidentiel contre l'Assemblée, le projet d'un coup d'État de l'Assemblée contre le président. Une dernière manifestation força le prince à donner aux intrigants de tous les partis un avertissement significatif.

Le 28 octobre, il avait été tenu entre les différentes fractions de la majorité, une séance au conseil d'État, où avait été discutée la proposition relative au rappel des familles royales bannies. Deux opinions et un même sentiment s'étaient produits. Il faut rappeler ces princes, disaient les uns, parce que, d'un jour à l'autre, nous en aurons besoin pour nous gouverner, et il faut les avoir sous la main. Ne les rappelons pas, disaient les autres, car le temps où ils nous seront nécessaires approche, et il importe de les tenir hors de la portée des factions, comme en entrepôt à l'étranger. Ainsi les avis étaient différents, mais le sentiment était le même ; qu'on voulût rapprocher ou qu'on voulût tenir éloignées les familles proscrites, on se proposait un même but, celui de faciliter aux héritiers présomptifs de la république l'entrée en jouissance de la succession qu'on regardait comme toute prête à s'ouvrir.

La témérité de ces manifestations monarchiques imposait à Louis-Napoléon un devoir de loyauté envers six millions d'électeurs qui l'avaient nommé.

Les monarchistes bondirent sous le coup imprévu qui les

frappait. Mais la consigne du silence et de la patience leur fut donnée, et on se borna à observer avec une secrète inquiétude, avec une indifférence jouée, cette aurore du gouvernement personnel.

Pendant qu'à propos de l'action française dans la Plata et de l'organisation nouvelle de l'enseignement public, les diverses fractions de la majorité se livraient à des fantaisies d'indépendance, l'esprit de désordre se manifestait sur divers points de la France. A Beaucaire, légitimistes et socialistes s'attaquaient à coups de fusil dans les rues, renouvelant les guerres de religion du moyen âge et ranimant les haines mal éteintes de 1815. Le 13 janvier, le commentaire de ces désordres éclatait dans l'élection de M. Favand, démocrate socialiste, dans le département du Gard.

Il fallait une occasion aux démagogues de Paris pour encourager, une fois de plus, par leur exemple, les révoltés dans le reste de la France. Cette occasion fut assez malheureusement fournie par une simple mesure de police, ou plutôt de voirie. Le préfet de police, voulant donner satisfaction à un très-grand nombre de réclamations qui lui étaient adressées relativement aux arbres plantés après la révolution de février, et dont la position était de nature à gêner la circulation ou à rompre désagréablement les lignes des promenades ou l'aspect des monuments publics, avait prescrit aux commissaires de police de lui signaler ceux de ces arbres qu'il était de l'intérêt public d'enlever. Partout, cet ordre fut exécuté sans opposition. Mais les excitations des journaux de la démagogie réveillèrent dans les bas-fonds de la population parisienne les haines mal éteintes. Des rassemblements tumultueux se formèrent, le 5 février, sur le carré Saint-Martin. Le 4, des arrestations eurent lieu et, sur la place Nationale-Saint-Martin, des agents furent grièvement blessés et forcés de se défendre.

Deux incidents caractéristiques signalèrent ces scènes de désordre. Le général de Lamoricière, malgré des avances récentes faites au parti républicain extrême, fut saisi et frappé par les agitateurs, presque tous insurgés de juin. Il n'échappa à leurs mains qu'avec peine. Le procureur de la République, M. Victor Foucher, dut la vie à deux de ces hommes dont il avait signé la grâce. Sur deux cents individus arrêtés dans ces troubles, soit sur la voie publique, soit dans un secret conventicule de la rue Jean-Robert, la plupart étaient des transportés, récemment graciés par le prince-président.

Capendant le pays avait à faire une épreuve nouvelle du suffrage. Les 13 et 15 novembre 1849, trente et un représentants du peuple avaient été condamnés à la peine de la déportation et déclarés déchus de leur qualité de représentants. Les colléges électoraux privés de représentation furent convoqués pour le 10 mars.

Aucune élection partielle n'avait encore eu cette importance depuis l'établissement du suffrage universel. Le scrutin allait s'ouvrir le même jour dans seize départements. Le socialisme allait lutter sur son terrain le plus favorable, tous les siéges vacants lui ayant appartenu dans la dernière élection générale.

Le gouvernement présidentiel s'était apprêté pour toutes éventualités, en prenant une mesure énergique destinée à fortifier l'autorité dans les régions de la France plus travaillées que d'autres par la propagande dissolvante des factions. Il avait concentré dans les mains de cinq généraux les grands commandements militaires.

Les républicains et quelques monarchistes virent là de nouveaux éléments pour un procès de tendance. On dénonça un plan machiavélique consistant à réunir autour du prince Louis-Napoléon une masse d'influences et de forces pour renverser l'Assemblée et la Constitution. A ce plan, on rattachait un projet de loi sur les retraites d'ouvriers : captation des sympathies populaires ; un projet sur l'enseignement : captation des intérêts cléricaux ; le projet d'augmentation de la solde des sous-officiers : captation de l'armée.

En attendant les élections de mars, la démocratie militante ne voulut pas laisser passer l'anniversaire du 24 février sans essayer une manifestation quelconque : la maladresse d'un agent de l'autorité fournit un prétexte suffisant. Des couronnes déposées autour de la colonne de juillet furent enlevées par un officier de paix. Le préfet de police, informé de cet acte regrettable, s'empressa de faire replacer les couronnes. Mais le prétexte était donné : il fut avidement saisi. On répandit dans les faubourgs le bruit qu'un attentat venait d'être commis contre la Révolution. Un certain nombre d'hommes du peuple apportèrent de nouvelles couronnes et des processions populaires furent organisées pendant les réunions électorales.

L'agitation électorale s'en accrut d'autant. Le conclave socialiste avait choisi trois noms significatifs pour les candidatures, ceux de MM. Flotte, Vidal et Carnot, un insurgé de juin, un communiste, un socialiste théorique. Il est vrai qu'on adoucissait ces significations un peu violentes. Mais les orateurs de club se chargèrent d'interpréter plus franchement ces candidatures. « Protestation contre tout ce qui existe, » s'écriait un de ces énergumènes : « Boutiquiers, s'écriait un autre, venez avec nous, sinon vos fils ne seront pas même ouvriers. » « Les bourgeois, disait un troisième, sont les vampires et les sangsues du peuple. » M. Michel, de Bourges, brochant sur le tout, annonçait que bientôt le peuple examinerait l'origine des fortunes et du capital.

C'est à travers ces aménités qu'on arriva au 10 mars. La liste socialiste de Paris passa tout entière. En province, sur les vingt-huit représentants à élire, le parti socialiste avait obtenu dix-huit noms. C'était une défaite pour le parti de l'ordre. Dans ces élections inattendues, le parti des républicains gouvernementaux avait été définitivement absorbé dans le parti socialiste. L'alliance entre les transportés de juin et leurs vainqueurs était désormais consommée. De là une situation plus claire, une plus grande unité dans le parti révolutionnaire.

Un autre caractère de cette élection, c'est la violence de l'esprit du parti. Dans le Haut-Rhin, ce n'avait plus été la lutte pacifique du scrutin. Des bandes d'individus armés de bâtons avaient fait irruption dans des maisons particulières où étaient réunis des électeurs du parti modéré. Des groupes menaçants s'étaient promenés par les villes, couvrant de sang et de boue les affiches des candidatures de conservateurs; des cris de mort et de vengeance avaient été poussés pendant la nuit sous les fenêtres des hommes connus pour leur attachement aux principes sociaux. Quelques misérables avaient assommé et laissé pour morts sur le pavé deux enfants chargés de porter des listes dites réactionnaires. Enfin, on avait assassiné à coups de couteau un père de famille coupable du même crime que ces enfants.

Au cri de victoire poussé par le socialisme répondit un cri d'alarme de la bourgeoisie qui, tout à l'heure encore, assistait aux déclamations incendiaires comme à un amusant spectacle. Le résultat des élections du 10 mars laissait entrevoir celui des élections de 1852. Le langage du parti qui s'exaltait dans son triomphe était significatif. Jusqu'à 1852, ils le promettaient hautement, les démocrates militants laisseraient reposer leurs armées. Sûrs de vaincre par le seul suffrage universel, ils attendraient la formation légale, constitutionnelle d'une majorité socialiste. Cette modération provisoire, cette assurance d'une victoire prochaine effrayèrent les hommes d'ordre.

C'est cette situation que résolurent d'exploiter les chefs habiles des deux grands partis monarchiques.

Parmi les mesures nécessitées par les résultats menaçants de l'élection du 10 mars, la part du pouvoir présidentiel fut l'adjonction d'un talent éprouvé et énergique, M. Baroche, nommé le 16 mars, ministre de l'intérieur en remplacement de M. Barrot ; une loi de défense contre les excès de la publicité ; la fermeture de ces clubs déguisés qui surexcitaient et démoralisaient les populations ; l'action administrative renforcée par une organisation municipale plus puissante. C'était là, sans doute, tout ce qu'il fallait faire. Mais les chefs de la majorité voulaient plus. L'ennemi, pour eux, ce n'était pas seulement la démagogie, c'était le pouvoir lui-même. De là ce mot d'ordre donné par les monarchistes : Il faut organiser et *épurer* le suffrage universel. Par là on se flattait de frapper d'un même coup et la démocratie factieuse et le président dont on craignait à juste titre la réélection.

Ainsi, si on s'accordait sur le péril, on se divisait sur les remèdes, et cela parce qu'on ne poursuivait pas le même but. Les roués ne livraient pas le secret de leurs espérances. Dans une réunion générale des diverses fractions de la majorité, on reconnaissait « qu'afin de rester unis, il fallait n'aborder aucune des questions qui pouvaient diviser. » Or, quelles étaient les questions dangereuses? Toutes celles qui présentaient quelque intérêt fondamental. S'agissait-il de donner au gouvernement le droit de nomination ou de révocation des maires? il se trouvait des esprits frappés du danger d'accorder trop de force au pouvoir. S'agissait-il de contenir ou de refréner la presse? les journaux de toutes couleurs se réunissaient avec une touchante unanimité dans une protestation commune.

Telle était l'allure indécise, anarchique de ce parti qui s'intitulait *le parti de l'ordre*. Seul, le prince savait où il allait, ce qu'il voulait, et c'est là ce qui explique sa force. C'est là aussi ce qui fait comprendre pourquoi il dut laisser se démasquer les batteries secrètes de ses prétendus alliés qui devaient bientôt se prendre à leurs propres piéges.

Et cependant les doctrines et les habitudes antisociales exaltées par un triomphe inattendu s'établissaient chaque jour plus audacieusement dans le pays. On put voir une horde de misérables insulter de la façon la plus grossière à l'élu du suffrage universel. Des démonstrations ignobles eurent lieu, le 1er avril, dans le faubourg Saint-Antoine, sur le passage du prince-président. Louis-Napoléon s'était rendu à Vincennes pour passer une revue d'artillerie. Ce jour-là se tenait, près de la barrière du Trône, une foire annuelle dite *la foire au pain d'épices*. Cette circonstance, jointe au jour férié du lundi de Pâques, avait amené dans le populeux faubourg une affluence considérable. Les meneurs de la démagogie ne manquèrent pas d'exploiter cette occasion pour faire prendre le change à l'opinion publique. En se mêlant à la foule, ils pouvaient faire illusion sur leur nombre. En allant à Vincennes, le prince avait été sympathiquement accueilli par la population véritable. Au retour il n'en fut pas de même. Les meneurs avaient eu le temps d'organiser une manifestation insultante. Le personnel des sections embrigadées s'était étagé depuis Saint-Mandé jusqu'au boulevard Saint-Martin

A l'approche du prince et de sa faible escorte, les cris de *Vive la République démocratique et sociale!* se firent entendre avec furie et continuèrent pendant une grande partie du trajet. Par une manœuvre habituelle et qu'avoua naïvement le lendemain, dans un club, un des auteurs de la manifestation, les démagogues suivaient, en courant, l'escorte pour se multiplier en quelque sorte par la rapidité. C'est le procédé employé dans les théâtres pour faire foisonner l'armée des figurants. L'affluence des curieux semblait aussi appartenir à l'émeute. Des menaces infâmes, des gestes hideux furent adressés par ces honorables représentants de la démagogie au représentant de la France. Lui, n'eut, pour ces bandits avinés, qu'un calme et méprisant sourire.

Des scènes scandaleuses eurent également lieu à Rouen, à propos de la suspension d'un mauvais drame tiré d'un mauvais roman de M. Sue, *le Juif errant*. Il fallut faire évacuer la salle où deux partis s'étaient donné rendez-vous, l'un pour applaudir, l'autre pour siffler la pièce. Quelques charges de cavalerie eurent à dissiper des rassemblements énormes.

Deux jours après, le 10 avril, à Cahors, l'attitude séditieuse de plusieurs sous-officiers des 58e et 44e régiments donna lieu à des faits plus graves. Sommés de cesser des chants anarchiques qu'ils faisaient entendre dans un lieu public, quelques-uns de ces malheureux égarés outragèrent un commissaire de police et dégagèrent à main armée un prisonnier fait par les agents de l'autorité. Ce fait, peut-être inouï dans l'histoire de l'armée française, rapproché de la présence de quelques sous-officiers et soldats à la manifestation des couronnes de la Bastille, révélait la persistance du parti du désordre à poursuivre l'accomplissement de ce mot d'ordre : « Il faut désorganiser l'armée. »

Et déjà, parce qu'ils avaient entraîné quelques têtes folles, les fauteurs de la démagogie croyaient tenir dans leurs mains cette noble armée française qui devait bientôt leur prouver combien on se trompe quand on pense avoir détruit chez elle les sentiments d'honneur et de discipline.

Un événement douloureux qui frappa la France de consternation fut, pour le socialisme, une occasion avidement accueillie d'étendre ses conquêtes imaginaires. Un des plus beaux régiments de l'armée, distingué pendant les fatales journées de juin pour son attaque énergique du faubourg Saint-Martin, le 11e léger, fut décimé par le plus affreux et le plus imprévu des accidents.

Un ordre du ministre de la guerre l'envoyait en Algérie. Cette destination qui est, on le sait, une récompense enviée par nos soldats, fut travestie en punition par les journaux de la démocratie : c'était un régiment socialiste qu'on exilait. Tout à coup, on apprend qu'un sinistre épouvantable a frappé ce régiment au moment de son entrée à Angers par le pont de la Basse-Chaine. Le 1er bataillon se présentait sur la rive droite pour traverser le pont ; il fut accueilli par une véritable tempête. Au milieu d'une pluie torrentielle et du fracas des éléments, l'ordre donné aux compagnies de rompre le pas ne fut point entendu. Chaque section, incommodée par la bourrasque, accélérait instinctivement la marche. Le

pont, agité par l'ouragan, éprouvait des secousses terribles. Tout à coup, au moment où le peloton de voltigeurs qui ouvrait la marche, les sapeurs et la musique avaient touché le sol de la rive gauche, un horrible craquement se fait entendre, les câbles se brisent dans les puits d'amarres, une des piles s'affaisse, le tablier penche, et, par un violent mouvement de bascule, se retourne tout couvert d'hommes et s'enfonce sous les flots. 224 officiers et soldats y trouvèrent la mort. C'était le 16 avril.

La nouvelle de ce désastre émut vivement la population de Paris et de la France entière. Des souscriptions spontanées s'ouvrirent de toutes parts pour venir en aide aux familles des victimes. Le prince accourut immédiatement portant des consolations et des secours au régiment si cruellement atteint. Les socialistes, eux, ne virent là qu'un prétexte à exploiter. Dans les clubs électoraux, dans les journaux démocratiques, on se plut à représenter ces malheureux comme des martyrs envoyés volontairement à la mort. Calomnies atroces de l'esprit de parti. Le 11e léger donna, quelques jours après, une rude leçon à ces lâches exploiteurs de la crédulité publique, en chargeant vigoureusement des misérables qui le poursuivaient, à Poitiers et à Saumur, de leurs honteuses provocations à la désobéissance.

Cependant une nouvelle épreuve se préparait à Paris pour le suffrage universel. Un des derniers représentants élus avait opté pour un département du Rhin. De prétendues réunions électorales s'ouvrirent encore. Le langage des hommes de désordre dépassa toutes les violences connues.

Discours ouvertement séditieux, attaques indicibles à la morale universelle, à la religion, toutes les excitations mauvaises furent portées jusqu'au paroxysme. Le gouvernement fit fermer quelques réunions, et l'indignation fut telle parmi les honnêtes gens, qu'à Châtillon, à Montrouge, on eut à protéger les socialistes contre les poings vigoureux des braves carriers du pays qui assommaient les orateurs de club au cri de : *A bas les rouges, vive Napoléon !*

La candidature de M. Eugène Sue fut adoptée à Paris par le conclave socialiste. Cette candidature qui révélait, une fois de plus, l'abaissement de l'ancien parti républicain, fut présentée à la bourgeoisie parisienne comme une tentative de conciliation. Beaucoup s'y laissèrent prendre et, le 28 avril, le candidat du socialisme fut nommé.

L'effet de cette élection fut encore plus grand que celui de l'élection du 10 mars. Un profond découragement s'empara des esprits honnêtes. La baisse subite des fonds publics, l'élévation du prix de l'or, la multiplication significative des achats de fonds à l'étranger, des départs nombreux, un arrêt marqué des transactions industrielles et commerciales, tels furent les symptômes de cette confiance que devait ramener la conciliation électorale. A ces signes s'ajoutait encore l'attitude du parti vainqueur. Dans l'ivresse du triomphe, le socialisme se crut désormais le parti de la constitution et de la légalité.

Quelques-uns parmi les membres du parti modéré avaient

espéré ce résultat dont ils voulaient user pour la réalisation de leurs secrètes espérances. On exagéra la colère et l'abattement : on exploita la défaite par de sinistres prophéties, par des violences inusitées de langage.

Il y en avait qui, habitués à rejeter sur le pouvoir la responsabilité de tous les maux, l'accusaient d'inertie. Eh quoi! on reprochait au président de la république son indécision, son inaction! Mais oubliait-on que, en tant que président, la constitution lui avait lié les mains? Toutes ses résolutions avaient été perfidement neutralisées, tous ses élans comprimés. Voulait-il améliorer le sort des classes laborieuses, en les dotant d'institutions de secours et de prévoyance? Voulait-il abaisser, dans l'intérêt des travailleurs, le tarif des droits qui frappent les denrées alimentaires? Le conseil d'État, l'Assemblée opposaient à ces intentions généreuses, à ces désirs ardents, la barrière d'une froide inertie ou d'une stérile faconde. Voulait-il armer la justice et l'administration contre les excès de tout genre qui conduisaient rapidement le pays à sa perte? il ne trouvait dans la majorité parlementaire qu'un concours douteux, soupçonneux.

On avait dit au président : « Tu seras la tête qui conçoit, mais tu ne pourras rien faire de ce que tu auras conçu ; tu seras le bras qui agit, mais tu ne pourras exécuter que ce que tu n'auras pas voulu : et cependant tu seras responsable ! »

Et lui, il avait compris le piége et accepté la position, sûr de voir toutes ces habiletés mauvaises vaincues par leur propre impuissance.

C'est alors qu'on crut le moment venu pour *épurer* le suffrage universel, non sans continuer à observer avec défiance tous les actes du prince.

Toute démarche empreinte d'un caractère de personnalité était considérée comme un danger par les chefs des anciens partis. Il eût fallu que Louis-Napoléon s'annulât pour les rassurer. Leurs terreurs éclatèrent à propos d'un décret du 4 janvier qui éleva l'ex-roi de Westphalie, Jérôme Bonaparte, à la dignité de maréchal de France. Les considérants du décret portaient que, par l'effet de la loi du 11 octobre 1848, le général Jérôme Banaparte était rentré dans la plénitude de ses droits de Français et d'officier général appartenant au cadre d'activité; que, pendant les campagnes de 1807, 1809 et 1812, cet officier général avait exercé, en vertu de décrets impériaux, le commandement en chef, devant l'ennemi, de corps d'armée composés de plusieurs divisions de différentes armes; qu'en 1813 et en 1815, on le retrouvait encore à la tête d'une division, l'un des derniers à remettre son épée dans le fourreau lorsque l'ennemi envahissait la France.

En présence de cet acte de réparation, on cria au népotisme !

Une critique passionnée fut encore soulevée par l'apparition de feuilles hebdomadaires compromettantes par leur langage, par leurs allusions, par leurs réticences, par leur inexpérience des habitudes de la presse. *Le Dix-Décembre* et *le Napoléon* ouvrirent un peu trop large la porte à des impatiences mal déguisées, à de maladroites sympathies. On exploitait habilement ces imprudences et on répandait des alarmes incessantes par des bruits de coup d'État périodiquement renouvelés.

La fibre politique était devenue si irritable, qu'on regarda comme une menace, une tentative qui, en tout autre temps, eût honoré le pouvoir en révélant son intention d'améliorer les situations les plus respectables.

Notre armée, pensait Louis-Napoléon, est une des meilleures et des mieux organisées de l'Europe ; mais il lui manque une chose essentielle, d'anciens sous-officiers. En effet, tandis que, dans les pays étrangers, les soldats qui deviennent sous-officiers demeurent tels toute leur vie, il arrive qu'en France, à cause de l'avancement auquel ils ont droit, la plupart des sous-officiers se retirent du service dès qu'ils perdent l'espoir de passer officiers. Et le prince avait rappelé à ses ministres ces paroles de Napoléon :

« Il faut encourager par tous les moyens les soldats à rester sous les drapeaux, ce que l'on obtiendra facilement en témoignant une grande estime aux vieux soldats. Il faudrait aussi augmenter la solde en raison des années de service, car il y a une grande injustice à ne pas mieux payer un vétéran qu'un soldat. »

Les opinions monarchiques suspectèrent cette juste sollicitude pour l'armée. On approuva la proposition, mais on en jalousa l'initiative, et la commission de l'Assemblée réduisit le projet à une prime pour le réengagement.

On avait, par une organisation nouvelle des commandements militaires, resserré l'action gouvernementale. La réaction monarchique voulait aller plus loin. Il ne lui suffisait pas d'avoir concentré, fortifié l'autorité militaire, ce n'était là qu'une résistance légitime à l'anarchie. Les hommes des anciens partis voulaient autre chose, par exemple un 15 mai dictatorial. Le général Changarnier, cette fois encore, insista très-vivement auprès du prince pour qu'il lui fût donné carte blanche vis-à-vis de l'Assemblée. Louis-Napoléon accueillit très-froidement ces ouvertures, et l'impatient général, qui ne se sentait pas deviné, s'en alla se plaindre auprès des ministres, déclarant qu'*il n'y avait rien à faire avec cet homme, un vrai Thomas Diafoirus.*

Une nouvelle élection parisienne ayant donné la majorité à M. Eugène Sue, patroné par le conclave socialiste, la majorité s'était, on l'a vu, décidée à restreindre le suffrage universel, par la loi du 31 mai, qui exigeait des électeurs un domicile de trois années. Personne, avait dit M. Thiers, ne songe à attaquer le suffrage universel, et à éloigner le peuple de l'urne électorale; c'est *la vile multitude* que la loi veut écarter. La loi fut votée : mais, dès le premier jour, il fut évident que le prince n'avait laissé cet attentat se commettre que pour mieux démasquer ses ennemis, les ennemis de la France.

Un ami du prince parlait devant lui de la loi du 31 mai et insistait sur les chances nouvelles qu'elle offrait à sa réélection, surtout dans les villes. C'était voir la question par le petit côté et regarder la France par le gros bout de la lorgnette. Le prince répondit en souriant : « Il ne s'agit pas pour moi de chances plus ou moins favorables, mais de certitudes et de principes. Il n'y a que deux principes : celui de l'hérédité et celui de la souveraineté nationale. Le premier est mort, le second est vivant. C'est ma légitimité à moi, et jamais je ne consentirai à devenir *la branche cadette du suffrage universel.* »

La loi votée, la majorité s'empressa de montrer au prince son mécontentement et ses défiances en votant à contre-cœur un crédit de 2,400,000 francs pour les dépenses du président de la république. On ne lui accordait qu'à regret les moyens d'exercer son inépuisable charité. C'est une liste civile, disait-on.

Du 11 août au 11 novembre, l'Assemblée se prorogea, mais la majorité eut soin de laisser à Paris, comme un avant-garde, une commission de permanence composée de vingt-cinq membres presque tous notoirement hostiles au président.

Le prince profita de cet interrègne des pouvoirs pour rentrer dans le grand courant de l'opinion publique. Il savait, à n'en pas douter, que la France avait foi en lui : mais il voulut se retremper, pour ainsi dire, à la source de sa popularité. Cette popularité, on la disait atteinte et diminuée, et un incident sans importance avait été exploité par les ennemis du prince comme un indice de mécontements populaires.

Le 5 juillet 1850, des agents en surveillance aux abords du palais de l'Élysée, rue du Faubourg-Saint-Honoré, remarquèrent un jeune homme de dix-sept à dix-huit ans, dont l'air préoccupé, les marches et les contre-marches leur inspirèrent des soupçons, et les engagèrent à ne pas le perdre de vue : quelques instants plus tard, la voiture dans laquelle se trouvaient le colonel Vaudrey et d'autres personnes étant sortie de la cour de l'Élysée, cet individu s'en approcha vivement et chercha à reconnaître les personnes qui étaient dans la voiture, faisant avec sa main droite, sous sa redingote, un brusque mouvement comme pour y chercher une arme ; mais aussitôt qu'il les eut aperçus, il fit un pas rétrograde et laissa passer la voiture. L'un des agents, témoin de cette manœuvre, ne doutant plus que ce jeune homme ne fût là pour l'exécution d'un projet criminel, s'approcha immédiatement de lui pour le questionner et s'assurer de sa personne ; celui-ci, le voyant venir, le devança, et, sans lui donner le temps de l'interroger, il lui dit : « Vous êtes employé?... » sur la réponse affirmative de l'agent, il ajouta : « Je tombe mal, ça ne fait rien ; il faut vous avouer que je viens pour tuer le président de la république. »

Ce malheureux fut arrêté et on le trouva porteur d'un pistolet chargé et amorcé. Il se nommait Georges Alfred Walker, apprenti compositeur d'imprimerie, âgé de dix-sept ans. Interrogé sur les motifs qui avaient pu le porter à un semblable crime, il répondit : « C'est la dissipation, c'est le malheur qui me poursuit qui m'ont poussé à ce crime ; j'avais depuis longtemps la pensée de le commettre ; c'était chez moi une idée fixe, une fièvre, une hallucination ; j'ai eu souvent des songes qui me poursuivaient dans mon sommeil, mais le sort semblait s'attacher à protéger le président de la république. Aujourd'hui, deux voitures sont sorties de l'Élysée, aucune d'elles ne contenait la personne que j'attendais, je me crus alors vaincu par le sort ; je pensai qu'il n'était pas dans la destinée du président de la république de mourir assassiné, et dans mon impatience à lutter contre le destin, je me suis livré pour me débarrasser des pensées qui m'obsédaient. Lorsque la première voiture sortit, j'avais déjà sous ma redingote armé mon pistolet. »

Walker ajouta qu'il avait fréquenté les clubs et les réunions publiques les plus avancées. Mais, on le voit, il n'y avait pas eu là autre chose qu'une tentative isolée et sans conséquence.

Le prince partit donc pour ce voyage qui devait le mettre en communion avec la France. Ce voyage fut une ovation perpétuelle. Partout les populations campagnardes et ouvrières accouraient en colonnes serrées sur son passage.

A Saint-Quentin, on présenta au prince un vieux métayer de campagne qui avait abandonné à ses maîtres, ruinés par un incendie, ses économies et le fruit de son travail. Le prince attacha lui-même la croix d'honneur sur la poitrine de ce brave homme.

A Compiègne, le prince retrouvait et les glorieux souvenirs de l'époque impériale, et l'enthousiasme chaleureux que la population a toujours conservé à sa famille. C'était là qu'avait eu lieu la première entrevue de Napoléon avec Marie-Louise. C'était cette petite ville qui, pendant plusieurs jours, avait noblement résisté aux masses profondes des alliés. Quatre mille Autrichiens ont engraissé de leurs cadavres les sillons de ses riches campagnes.

A Ourscamps, ce furent des ouvriers qui se chargèrent de fêter sa bienvenue. Toute cette population de rudes travailleurs vint au-devant du prince, ménétriers en tête, raclant avec plus d'entrain que de science : *Veillons au salut de l'Empire*. L'atelier était de noce ce jour-là. La jeune mariée, vêtue de blanc, vint prier le prince d'honorer de sa présence la chambre qui réunissait les convives. Le prince s'y rendit de la meilleure grâce du monde, et laissa au jeune ménage 200 francs pour son cadeau de noce.

L'itinéraire arrêté par le prince caractérisait une fois de plus son coup d'œil politique et son intelligente énergie. Il s'en allait tout droit vers les départements réputés les plus *rouges* de toute la France : la Côte-d'Or, Saône-et-

Loire, le Rhône, le Bas-Rhin, lieux redoutables, disait-on, qui ont envoyé à Paris, comme une menace, les Colfavru, les Valentin, les Greppo. C'était de la bravoure, et cela pouvait s'appeler prendre le taureau par les cornes. Qu'allaient dire et faire, à Dijon, ces étudiants buveurs de bière, à Châlons, ces ouvriers des ports, ces débardeurs si bruyamment démocrates, à Lyon, ces canuts bilieux et un peu taquins, à Strasbourg l'écarlate, ces demi-Germains tout bourrés d'indépendance hargneuse et de formules sociales.

La première halte significative eut lieu à Dijon. Là, pour calmer l'effervescence de ces populations de travailleurs si douloureusement agitées depuis la révolution de février, le prince prononça ces paroles :

« Les gouvernements qui succèdent à des révolutions ont une tâche ingrate à remplir : celle de réprimer d'abord pour améliorer plus tard, de faire tomber des illusions, et de remplacer, par le langage d'une raison froide, les accents désordonnés de la passion. »

De Dijon, le prince partit pour accomplir un pieux pèlerinage. Au village de Fixies a été érigée, par les soins de M. Noisot, ancien officier des armées impériales, une statue en bronze de l'Empereur, coulée sur le modèle de M. Rudi. L'habile statuaire a reproduit ses traits après sa mort, et il l'a représenté sortant à demi de sa couche funèbre, soit qu'il ait voulu saisir le moment de sa résurrection chrétienne, soit qu'il ait entendu matérialiser sa sollicitude et son amour pour la France, en nous le montrant les yeux fixés sur elle, même au sein du tombeau.

M. Noisot a fait couler cette statue à ses frais ; il a décoré le parc dans lequel elle est placée, dans un goût sévère et guerrier ; il a mis à profit toutes les ressources naturelles que lui offrait un riche coteau qui domine l'une des plaines les plus riantes de la France, et d'où la vue s'étend jusqu'au mont Blanc. Chaque année, au 15 août, trente ou quarante mille pèlerins vont visiter ce monument remarquable ; il était naturel que le président de la république s'associât, à son passage, au sentiment qui dirige leurs pas.

La route était couverte d'une population descendue des villages d'en haut ou réunie des vignobles de la plaine et des coteaux voisins. Cette fête improvisée avait attiré plus de quarante mille personnes, dont l'empressement, les acclamations et la joie firent de ce pèlerinage, entrepris dans un but pieux, une véritable ovation pour l'élu de la France.

Quiconque a assisté à cette scène émouvante en gardera un éternel souvenir. Le cortége serpentant sur le flanc du coteau, les acclamations d'un peuple tout entier, les salves de l'artillerie placée au sommet de la montagne, tout donnait à cette fête un caractère à la fois grave et poétique, digne de la mémoire de l'Empereur et digne aussi des pensées austères qui font battre le cœur de son neveu, quand il s'agit des souvenirs de la gloire.

Un incident vint troubler un instant cette fête. Au moment où le prince, parvenu auprès du monument, le considérait dans un pieux recueillement qu'il eût fallu respecter,

M. Noisot, emporté sans doute par les souvenirs d'une vieille amitié, lui adressa une allocution dans laquelle il lui demandait d'ouvrir à M. Guignard les portes de la prison où il était enfermé.

Justement surpris d'une requête aussi étrange et à un pareil moment, le prince caractérisa à grands traits les sentiments qui avaient guidé ses pas aux pieds de la statue de l'Empereur, et fit justice en quelques mots de l'importunité, de l'inconvenance de la demande qui lui était adressée. Rien ne peut rendre l'effet de cette parole si digne, si honnête, si convaincue, de ces expressions vibrantes, sortant d'une poitrine vraiment émue, au milieu du silence religieux de la foule et sous le regard d'airain de l'Empereur. Les paroles du prince étaient celles d'un grand chef d'État pénétré de ses devoirs, parlant le langage de l'autorité, de la loi et de la raison. Le peuple qui l'entourait le comprit et il applaudit avec une énergie passionnée qui prouvait combien la réponse avait frappé juste.

« Quand je suis venu, s'écria le prince, guidé par un sentiment pieux, visiter le monument érigé au martyr de Sainte-Hélène, je voulais rendre hommage au dévouement respectueux qui en avait conçu le projet et surtout à la pensée qui l'avait placé au sein de cette Bourgogne, où l'on a vu tant d'héroïsme en 1814 pour la défense de l'Empereur ou plutôt pour la défense des droits du peuple français, des droits de tous les peuples dont il fut jusqu'au bout le champion fidèle.

» Je ne m'attendais pas, je l'avoue, qu'en un tel lieu, qu'en un tel moment, il me serait adressé un reproche, et lequel! un reproche au sujet d'un acte qu'on me demande, sans songer qu'il m'est interdit par la constitution de l'accomplir. On ne le sait donc pas? les prisonniers qu'un arrêt de la haute cour a envoyés à Doullens, n'en peuvent sortir que par une décision de l'Assemblée; et, moi, à leur égard comme à l'égard de tous, petits et grands, innocents ou coupables, je n'ai qu'un rôle à remplir : c'est d'assurer, dans l'intérêt de la société, l'exécution de la loi envers ceux qu'elle condamme, comme j'ai juré d'assurer sa protection à tous les membres de la nation. N'ai-je pas fidèlement tenu mon serment? La loi n'est elle pas souveraine et respectée? Ne venez donc pas me demander pourquoi je n'ai pas fait ce que je ne pouvais pas faire sans la violer. Que l'Assemblée prononce et je saurai faire exécuter et respecter sa décision. »

A Lyon, l'épreuve était intéressante à faire. La ville, courbée si longtemps sous le joug des *Voraces*, après plusieurs mois de cette épouvantable anarchie qui l'avait réduite à la misère, après ses deux jours de guerre civile, avait vu renaître, avec l'ordre et ses lois, le travail, l'industrie, la prospérité. Mais tous les vieux éléments de désordre ne fermentaient-ils pas encore dans son sein? Le socialisme s'agita pour faire croire à sa puissance. Les sociétés secrètes réunirent le ban et l'arrière-ban des démagogues dans la ville et même dans le département. Malgré ces efforts, la manifestation annoncée se réduit à des cris hostiles poussés par quelques centaines de misérables et les acclamations de toute la population couvrent ces protestations sauvages.

Lyon sut faire oublier ce ridicule essai d'insulte par la réception la plus splendide. Cette industrieuse et belle cité déploya, dans cette occasion, une magnificence digne de la seconde ville de France, digne même d'une capitale. Somptueux banquets, joutes nautiques, illuminations spontanées et féeriques, bals, rien ne manque à ces fêtes. Aussi, le prince, au milieu de cette atmosphère sympathique, put exprimer de la façon la plus vive ce qu'il attendait du pays, il le dit avec la plus honorable franchise.

« Je ne suis pas, dit-il, le représentant d'un parti, mais le représentant des deux grandes manifestations nationales qui, en 1804, comme en 1848, ont voulu sauver par l'ordre les grands principes de la révolution française. Fier de mon origine et de mon drapeau, je leur resterai fidèle ; je serai tout entier au pays, quelque chose qu'il exige de moi, *abnégation ou persévérance*. Des bruits de coups d'État sont peut-être venus jusqu'à vous ; mais vous n'y avez pas ajouté foi, je vous en remercie. Les *surprises* et les usurpations peuvent être le rêve des partis sans appui dans la nation ; mais l'élu de six millions de suffrages exécute les volontés du peuple, il ne les trahit pas. Le patriotisme, je le répète, peut consister dans l'abnégation comme dans la persévérance. »

A la Guillotière, le conseil municipal, infidèle interprète des sentiments de la population, refuse, par une délibération injurieuse, de s'associer à l'élan général. Les habitants de la commune s'émeuvent, s'indignent. La majorité hostile du conseil est forcée de donner sa démission devant ce cri de réprobation unanime. Bientôt, les habitants de la Guillotière s'organisent en une immense députation, et vont eux-mêmes porter à Louis-Napoléon ces sympathies qu'on voulait lui dérober.

A Besançon, Louis-Napoléon eut occasion de montrer ce

courage calme et froid qui le distingue. Il s'exposa, sans hésiter, à un odieux guet-apens dont on l'avait prévenu à l'avance. La ville avait préparé deux bals simultanés, afin que toutes les classes de la population pussent prendre part aux fêtes. L'un de ces bals avait lieu dans la salle du spectacle, l'autre dans le vaste local des halles. Le prince voulut consacrer sa première visite au bal populaire. Mais là, un complot était préparé : les meneurs socialistes avaient ramassé au loin tous les gens de désordre, et notamment beaucoup d'étrangers, des Suisses surtout, que les travaux d'horlogerie appellent à Besançon. Une hideuse manifestation fut concertée entre ces misérables : la suite prouva qu'ils n'eussent pas reculé devant l'assassinat, s'ils avaient été plus sûrs de l'impunité. Le prince, averti, ne voulut pas paraître fuir devant une poignée de démagogues. Il arrive dans la salle. Aussitôt, une vingtaine d'hommes, portant pour la plupart des cravates rouges, se précipitent du côté du prince, le séparent de ses officiers d'ordonnance. Le colonel Vaudrey, le colonel Reville et les autres officiers de la suite mettent l'épée à la main, et, après de vigoureux efforts, le prince est dégagé.

Cette ignoble tentative des socialistes valut à Louis-Napoléon un redoublement de sympathies.

A quelques lieues de là, près d'une vaste usine, vingt jeunes filles, vêtues de blanc et des bouquets à la main, attendent le président au milieu d'une foule immense de cultivateurs et d'ouvriers. L'une d'elles s'avance et lui présente son bouquet en lui disant : A votre bonne fête et rendez la France heureuse ! C'était la veille de la Saint-Louis.

A Strasbourg, il rencontra une autre espèce d'opposition, la froideur gourmée, la roideur puritaine du républicanisme jacobin. Le conseiller municipal, faisant fonctions de maire, crut faire parade d'une haute vertu civique en faisant refuser toute allocation pour la réception du *premier fonctionnaire de l'État* et en engageant le conseil à s'en tenir aux seuls actes de déférence compatibles avec *le régime démocratique*. Le maire n'autorisa qu'un bal par souscription, la ville étant, selon lui, trop pauvre pour dépenser 4,000 francs. L'enthousiasme des populations industrieuses de la reine de l'Alsace dédommagea amplement le prince de ces mauvais vouloirs isolés. Dans le banquet qui lui fut offert par le commerce et par l'industrie, il s'exprima en ces termes :

« Messieurs,

» Recevez mes remerciments pour la franche cordialité avec laquelle vous m'accueillez parmi vous ; la meilleure manière de me fêter, c'est de me promettre, comme vous venez de le faire, votre appui dans la lutte engagée entre les révolutions et les réformes utiles.

» Avant mon départ, on voulait me détourner d'un voyage en Alsace. On me répétait : Vous y serez mal venu ; cette contrée, pervertie par des émissaires étrangers, ne connaît plus ces nobles mots d'honneur et de patrie que votre nom rappelle, et qui ont fait vibrer le cœur de ses habitants pendant quarante années. Esclaves, sans s'en douter, d'hommes qui abusent de leur crédulité, les Alsaciens se refuseront à voir dans l'élu de la nation le représentant légitime de tous les droits et de tous les intérêts.

» Et moi je me suis dit : Je dois aller partout où il y a des illusions dangereuses à dissiper et de bons citoyens à raffermir. On calomnie la vieille Alsace. Dans cette terre des souvenirs glorieux et des sentiments patriotiques, je trouverai, j'en suis assuré, des cœurs qui comprendront ma mission et mon dévouement au pays. Je ne me suis pas trompé. Quelques mois, en effet, ne font pas d'un peuple profondément imbu des vertus solides du soldat et du laboureur, un peuple d'ennemis de la religion, de l'ordre et de la propriété.

» D'ailleurs, Messieurs, pourquoi aurais-je été mal reçu? En quoi aurais-je démérité de votre confiance? Placé, par le vote presque unanime de la France, à la tête d'un pouvoir légalement restreint, mais immense par l'influence morale de son origine, ai-je été séduit par les pensées, par les conseils d'attaquer une constitution faite pourtant, personne ne l'ignore, en grande partie contre moi? Non, j'ai respecté, je respecterai la souveraineté du peuple, même dans ce que son expression peut avoir ou de faux ou d'hostile.

» Si j'en agi ainsi, c'est que le titre que j'ambitionne le plus est celui d'honnête homme. Je ne connais rien au-dessus des devoirs. Je suis donc heureux, Strasbourgeois, de penser qu'il y a communauté de sentiments entre vous et moi. Comme moi, vous voulez notre patrie grande, forte, respectée ; comme vous, je veux l'Alsace reprenant son ancien rang, redevenant ce qu'elle a été pendant tant d'années, l'une des provinces les plus renommées, choisissant les citoyens les plus dignes pour la représenter, et ayant pour s'illustrer les guerriers les plus vaillants.

» A l'Alsace ! A la ville de Strasbourg ! »

A mesure qu'il se rapprochait de Paris par Nancy, Metz, Châlons, Reims, le prince voyait redoubler l'enthousiasme des populations. Les villes, les villages les plus proches étaient abandonnés et leurs habitants bordaient la route. Quelques-uns, arrivant de vingt-lieues, comme une caravane, se faisaient suivre de chariots chargés de bagages et de provisions, tout cela pour contempler un quart d'heure les traits de leur idole.

Le 3 septembre 1850, le prince repartit de Paris. C'était, cette fois, pour visiter les départements de l'Ouest, l'industrieuse et riche Normandie. Sur ce terrain l'enthousiasme n'avait pas besoin d'être réchauffé.

A Avranches, les gardes nationales rurales et celles de la ville se pressèrent spontanément sur son passage, avides de contempler les traits du neveu de l'Empereur. Là se passa une scène émouvante. Un vieillard de soixante et dix ans, dont les traits énergiques et la blanche moustache annonçaient le vieux soldat impérial, avait fait sept lieues pour être présenté au prince. Louis-Napoléon accueillit l'hommage du *vieux de la vieille* avec cette bonté affectueuse qu'il témoigne toujours aux anciens braves. A ce moment, on voit chanceler le vieillard. Il pâlit, murmure ces mots : « Je l'ai vu, je meurs heureux. » Et il tombe privé de vie.

A Cherbourg, au milieu d'une imposante solennité qui réunissait l'admirable spectacle de la belle escadre française au concours empressé des populations françaises et des Anglais, accourus de l'autre côté du détroit, le prince fit entendre ces patriotiques paroles :

» Messieurs,

» Plus je parcours la France et plus je m'aperçois qu'on attend beaucoup du gouvernement. Je ne trouve pas un département, une ville, un hameau sans que les maires, les conseils généraux et même les représentants me demandent, ici, des voies de communication telles que canaux, chemins de fer, là, l'achèvement de travaux entrepris, surtout enfin, des mesures qui puissent remédier aux souffrances de l'agriculture, donner de la vie à l'industrie et au commerce.

» Rien de plus naturel que la manifestation de ces vœux. Ils ne frappent pas, croyez-le bien, une oreille inattentive. Mais, à mon tour, je dois vous dire : Ces résultats tant désirés, ne s'obtiendront que si vous me donnez le moyen de les accomplir ; et ce moyen, il est tout entier dans votre concours à fortifier le pouvoir et à écarter les dangers de l'avenir.

» Pourquoi l'Empereur, malgré la guerre, a-t-il couvert la France de ces travaux impérissables qu'on retrouve à chaque pas, et nulle part plus remarquables qu'ici? C'est qu'indépendamment de son génie, il vint à une époque où la nation, fatiguée des révolutions, lui donna le pouvoir nécessaire pour abattre l'anarchie, combattre les factions et faire triompher à l'extérieur par la gloire, à l'intérieur par une impulsion vigoureuse, les intérêts généraux du pays.

» S'il y a donc une ville en France qui doive être napoléonienne et conservatrice, c'est Cherbourg : napoléonienne par reconnaissance, conservatrice par la saine appréciation de ses véritables intérêts.

» Qu'est-ce, en effet, qu'un port créé, comme le vôtre, par de si gigantesques efforts, sinon l'éclatant témoignage de cette unité française poursuivie à travers tant de siècles et de révolutions, unité qui fait de nous une grande nation? Mais une grande nation, ne l'oublions pas, ne se maintient à la hauteur de ses destinées que lorsque les institutions elles-mêmes sont d'accord avec les exigences de sa situation politique et de ses intérêts matériels. Les habitants de la Normandie savent apprécier de semblables intérêts, et m'en ont donné la preuve, et c'est avec orgueil que je porte aujourd'hui un toast à la ville de Cherbourg.

» Je porte ce toast en présence de cette flotte qui a porté si noblement en Orient le pavillon français, et qui est prête à le porter avec gloire partout où l'honneur national l'exigerait.

» En présence de ces étrangers, aujourd'hui nos hôtes, ils peuvent se convaincre que si nous voulons la paix, ce n'est pas par faiblesse. »

Tel fut ce voyage politique qui fit connaître Louis Napoléon à la France. Revenu à Paris, il profita du temps qui restait encore à passer avant la réunion de l'Assemblée, pour continuer ses expériences politiques. Il voulait se rendre compte de l'esprit de l'armée. Dans ce but, il passa quelques revues, entre autres une revue de cavalerie dans la plaine de Satory, près de Versailles. L'esprit militaire répondit avec une franchise inattendue, et le vrai mot de la situation fut acclamé par ces braves fils de la France : *Vive l'Empereur* !

Ce mot disait tout, souvenir et espérance. Après le peuple, l'armée venait de le prononcer. Les monarchistes s'émurent : ils crièrent au coup d'État. Le général Changarnier, ne voulant pas encore démasquer ses batteries hostiles, mit en avant son lieutenant, le général Neumayer, qui fut chargé de blâmer les revues *impériales*. Le général Changarnier, installé aux Tuileries, se contentait encore de s'affranchir à l'égard du ministre de la guerre de tout lien hiérarchique. Le prince voulut pousser jusqu'au bout la patience. Il accepta la démission de son ministre, le général d'Hautpoul, mais en même temps il destitua l'instrument du général Changarnier, le général Neumayer, dont le langage outrageant avait osé s'attaquer au chef de la France.

La commission de permanence était, à ces nouvelles, dans

des transes sincères chez les uns, admirablement jouées chez les autres. On affectait de dire que les *prétoriens* de Satory n'attendaient qu'un mot pour jeter l'Assemblée par les fenêtres. Et ces mêmes hommes qui osaient accuser le prince de conspiration prétorienne, ces mêmes hommes si prompts à suspecter la loyauté d'autrui, si chaleureux amants de la constitution républicaine, ils allaient à Claremont et à Wiesbaden, discuter les conditions auxquelles ils livreraient leur pays à la monarchie constitutionnelle ou à la monarchie absolue. En 1793, c'eût été prendre le chemin de la place de la Révolution; sous la Restauration, c'eût été encourir la mort des Ney, des Labédoyère, des Caron, des sergents de La Rochelle. Les députés de Louis-Philippe eussent flétri ces manœuvres. Le prince fit plus, il les méprisa.

Lorsque se rouvrit la tribune de l'Assemblée, toutes ces récriminations aboutirent à la confusion des partis monarchiques. On avait parlé d'accusation : on se contenta de murmurer. Le message du 12 novembre 1850 vint calmer toutes ces agitations factices. Jamais plus noble langage n'avait été parlé à un pays. Jamais homme ne s'était élevé plus haut au-dessus des mesquines passions et des intrigues de parti.

Après avoir exposé la situation générale des affaires du pays, le prince disait :

« Tel est, Messieurs, l'exposé rapide de la situation de nos affaires. Malgré la difficulté des circonstances, la loi, l'autorité ont recouvré à tel point leur empire, que personne ne croit désormais au succès de la violence. Mais aussi, plus les craintes sur le présent disparaissent, plus les esprits se livrent avec entraînement aux préoccupations de l'avenir. Cependant la France veut avant tout le repos. Encore émue des dangers que la société a courus, elle reste étrangère aux querelles de partis ou d'hommes, si mesquines en présence des grands intérêts qui sont en jeu.

» J'ai souvent déclaré, lorsque l'occasion s'est offerte d'exprimer publiquement ma pensée, que je considérerais comme de grands coupables ceux qui, par ambition personnelle, compromettraient le peu de stabilité que nous garantit la constitution. C'est ma conviction profonde, elle n'a jamais été ébranlée. Les ennemis seuls de la tranquillité publique ont pu dénaturer les plus simples démarches qui naissent de ma position.

» Comme premier magistrat de la république, j'étais obligé de me mettre en relation avec le clergé, la magistrature, les agriculteurs, les industriels, l'administration, l'armée, et je me suis empressé de saisir toutes les occasions de leur témoigner ma sympathie et ma reconnaissance pour le concours qu'ils me prêtent; et surtout, si mon nom comme mes efforts ont concouru à raffermir l'esprit de l'armée, de laquelle je dispose seul, d'après les termes de la constitution, c'est un service, j'ose le dire, que je crois avoir rendu au pays, car toujours j'ai fait tourner au profit de l'ordre mon influence personnelle.

» La règle invariable de ma vie politique sera, dans toutes les circonstances, de faire mon devoir, rien que mon devoir.

» Il est aujourd'hui permis à tout le monde, excepté à moi, de vouloir hâter la révision de notre loi fondamentale. Si la constitution renferme des vices et des dangers, vous êtes tous libres de les faire ressortir aux yeux du pays. Moi seul, lié par mon serment, je me renferme dans les strictes limites qu'elle a tracées.

» Les conseils généraux ont en grand nombre émis le vœu de la révision de la constitution. Ce vœu ne s'adresse qu'au pouvoir législatif. Quant à moi, élu du peuple, ne relevant que de lui, je me conformerai toujours à ses volontés légalement exprimées.

» L'incertitude de l'avenir fait naître, je le sais, bien des appréhensions en réveillant bien des espérances. Sachons tous faire à la patrie le sacrifice de ces espérances, et ne nous occupons que de ses intérêts. Si, dans cette session, vous votez la révision de la constitution, une constituante viendra refaire nos lois fondamentales et régler le sort du pouvoir exécutif. Si vous ne la votez pas, le peuple, en 1852, manifestera solennellement l'expression de sa volonté nouvelle. Mais, quelles que puissent être les solutions de l'avenir, entendons-nous, afin que ce ne soit jamais la passion, la surprise ou la violence qui décident du sort d'une grande nation : inspirons au peuple l'amour du repos, en mettant du calme dans nos délibérations ; inspirons-lui la religion du droit, en ne nous en écartant jamais nous-mêmes : et alors, croyez-le, le progrès des mœurs politiques compensera le danger d'institutions créées dans des jours de défiances et d'incertitudes.

» Ce qui me préoccupe surtout, soyez-en persuadés, ce n'est pas de savoir qui gouvernera la France en 1852, c'est d'employer le temps dont je dispose, de manière que la transition, quelle qu'elle soit, se fasse sans agitation et sans trouble.

» Le but le plus noble et le plus digne d'une âme élevée n'est point de rechercher, quand on est au pouvoir, par quels expédients on s'y perpétuera, mais de veiller sans cesse aux moyens de consolider, à l'avantage de tous, les principes d'autorité et de morale, qui défient les passions des hommes et l'instabilité des lois.

» Je vous ai loyalement ouvert mon cœur : vous répondrez à ma franchise par votre confiance, à mes bonnes intentions par votre concours, et Dieu fera le reste. »

Un mot avait suffi pour calmer et rassurer l'opinion publique. On chercha à l'agiter encore par la calomnie. On fit croire à M. Dupin, président de l'Assemblée législative, que le président de la république voulait le faire assassiner. Un misérable, qui se rétracta depuis, ancien agent de police du nom d'Alais, circonvint, pour exploiter sa crédulité, le commissaire de police de l'Assemblée ; et celui-ci révéla au questeur, M. Baze, que, dans la soirée du 29 octobre, vingt-six individus, parmi les membres les plus exaltés de la société du Dix-Décembre, auraient tenu une séance extraordinaire, où aurait été adopté le projet d'assassiner M. Dupin et le général Changarnier.

Cette infâme mystification, qui retomba en ridicule sur le parti qui l'avait inventée, était destinée à cacher un complot véritable. Dès ce jour il fut question de se débarrasser violemment du prince. M. le général Changarnier, ce Monck à double face, réunit dans ses salons des Tuileries une coterie de partisans des monarchies tombées. Il leur proposa d'arrêter Louis-Napoléon, de le renfermer dans un cabanon à Vincennes, de faire cerner le lieu des séances de l'Assemblée législative et d'installer une dictature provisoire.

Mais au profit de qui cette dictature? Sans doute ce ne serait pas un lieutenant général du royaume, un monarque de nouvelle fabrique qu'on inaugurerait dans la personne de l'officier d'Afrique. Qui représenterait-il sur ce trône provisoire? Éternel sujet de division entre ces éternels conspirateurs. Les légitimistes saluaient dans le général l'introducteur modeste et dévoué de M. le comte de Chambord. Les orléanistes voyaient en lui le Dumouriez de la branche cadette. Lui ne se prononçait pas.

Ainsi, tous étaient d'accord dans cette réunion étrange pour renverser le prince, seul obstacle sérieux pour leurs intrigues. Mais la discorde renaissait à la seule pensée du triomphe. Aussi, là comme ailleurs, ce jour-là comme les autres, on ne décida rien : personne ne fut mis en prison, et un honnête homme indigné, un ex-ministre, M. Molé, bien que dévoué aux intérêts de la famille d'Orléans, prévint le prince de ce qui se tramait contre lui. En vain les exigences de parti le forcèrent plus tard à renier cette honorable inspiration. Le fait est acquis à l'histoire.

Le prince savait suffisamment à quoi s'en tenir sur l'homme des Tuileries : mais il savait aussi combien d'impuissance s'alliait à ces haines si imprudentes, si mal déguisées. Il attendit encore.

Mais il fallut enfin se décider. Le 9 janvier 1851, le prince brisa cette épée ennemie suspendue sur sa tête. La destitution du général Changarnier fut un coup profondément ressenti par la majorité monarchique. On cria à l'ingratitude et, sur la proposition de M. de Rémusat, une commission fut nommée pour examiner la conduite du gouvernement. En vain M. Baroche démontra-t-il qu'en faisant cesser un pouvoir extra-légal, exorbitant, le président de la république n'avait fait qu'user de ses droits constitutionnels, la coalition des deux partis monarchiques, ralliés pour cette fois à la Montagne, monta à l'assaut de la présidence, au signal de M. Thiers.

L'amendement suivant : « L'Assemblée déclare qu'elle n'a pas confiance *dans le ministère*, et passe à l'ordre du jour, » fut adopté à une majorité de 417 voix contre 278.

Louis-Napoléon redoubla de réserve et de prudente sagesse en face de ces violences. Pour marquer la situation, il choisit un ministère extra-parlementaire, le seul possible alors, et, le 25 janvier, il adressa ce message à la Chambre :

« L'opinion publique, confiante dans la sagesse de l'Assemblée et du gouvernement, ne s'est pas émue des derniers incidents. Néanmoins la France commence à souffrir d'un désaccord qu'elle déplore. Mon devoir est de faire tout ce qui dépendra de moi pour en prévenir les résultats fâcheux.

» L'union des deux pouvoirs est indispensable au repos du pays ; mais, comme la constitution les a rendus indépendants, la seule condition de cette union est une confiance réciproque.

» Pénétré de ce sentiment, je respecterai toujours les droits de l'Assemblée en maintenant intactes les prérogatives du pouvoir que je tiens du peuple.

» Pour ne point prolonger une dissidence pénible, j'ai accepté, après le vote récent de l'Assemblée, la démission d'un ministère qui avait donné au pays et à la cause de l'ordre des gages éclatants de son dévouement. Voulant toutefois réformer un cabinet avec des chances de durée, je ne pouvais prendre ses éléments dans une majorité née de circonstances exceptionnelles, et je me suis vu à regret dans l'impossibilité de trouver une combinaison parmi les membres de la minorité, malgré son importance.

« Dans cette conjoncture, et après de vaines tentatives, je

me suis résolu à former un ministère de transition, composé d'hommes spéciaux, n'appartenant à aucune fraction de l'Assemblée, et décidés à se livrer aux affaires sans préoccupations de parti. Les hommes honorables qui acceptent cette tâche patriotique auront des droits à la reconnaissance du pays.

» L'administration continuera donc, comme par le passé. Les préventions se dissiperont au souvenir des déclarations solennelles du Message du 12 novembre. La majorité réelle se reconstituera ; l'harmonie sera rétablie sans que les deux pouvoirs aient rien sacrifié de la dignité qui fait leur force.

» La France veut, avant tout, le repos, et elle attend de ceux qu'elle a investis de sa confiance une conciliation sans faiblesse, une fermeté calme, l'impassibilité dans le droit. »

A ces avances si loyales, la majorité répondit par le refus de la dotation présidentielle et la voix de M. Thiers vint donner le signal aux partis coalisés par ces paroles célèbres : « Si vous votez la dotation, l'*Empire est fait!* »

Oui, l'Empire était déjà fait dans le cœur de la France. On le vit bientôt. Des protestations furent signées de tous côtés, des souscriptions s'organisèrent de toutes parts pour remplacer l'allocation si indignement refusée. Seul, le prince refusa de s'associer à l'élan de ces dévouements sympathiques. Il ne voulait pas paraître ameuter le peuple contre l'Assemblée.

Mais d'autres manifestations, plus graves, s'annonçaient. La

France entière demandait qu'on la délivrât de cette Constitution qui l'étreignait : elle appelait la révision comme un moyen de salut. L'Assemblée, dédaignant les vœux de plus d'un million et demi de pétitionnaires, repoussa la révision de la Constitution fatale imposée à la France.

Le parti pris était manifeste, l'hostilité flagrante. Dès ce jour, l'Assemblée fut perdue dans l'opinion publique. Il ne restait plus que deux avenirs possibles pour la France, le socialisme ou l'Empire.

Le socialisme! c'était l'anarchie, la misère. Doctrine absurde, inapplicable, étrange composé d'aspirations insensées, contradictoires, le socialisme qui menaçait la propriété dans ce pays de France qui renferme dix millions de propriétaires, le socialisme pouvait devenir un danger réel si un homme ne se dévouait pour le terrasser. C'est que l'organisation de ce désordre moral était immense. Le socialisme avait attiré à lui tout ce qui souffrait, tout ce qui convoitait. Il avait perverti les hommes les plus grossiers dans les sociétés secrètes.

Dans les bas-fonds de la société, le vertige était à son comble. Au sein de ces mystérieuses réunions, le grotesque le disputait souvent à l'atroce : ces parodies du moyen âge avaient invariablement pour théâtre quelque cabaret mal famé. Là se lisait en commun tout ce que la presse clandestine vomissait de plus odieux ; là se fredonnaient de lugubres refrains en l'honneur du vol et de l'assassinat, à la louange de la guillotine. Là, après boire, on se partageait à l'avance, le château, les prés, les bois du riche ou du bourgeois voisin, la propriété obtenue par l'héritage, comme la propriété gagnée par le travail.

Au mystère se joignait l'intimidation quand il fallait initier quelque adepte et l'effrayer par un appareil capable d'agir sur des imaginations grossières. Tremblant, le bandeau sur les yeux, le malheureux néophyte s'engageait, sans rien comprendre, par des serments horribles dans lesquels rien n'était clair, si ce n'est la violence. Par un honteux sacrilége, le nom du Christ était mêlé à ces serments impies.

Là, l'initié, une fois placé à genoux sur deux couteaux en croix et sur deux pièces de 5 francs, commençait l'interrogatoire :

— Désires-tu être affilié à la société ?

— Oui.

— Promets-tu de ne jamais révéler ses secrets ?

— Je le promets.

— Que sens-tu sous tes mains ?

— Je sens deux couteaux et deux pièces de 5 francs.

— Ces objets sont placés là pour t'apprendre que si l'appât de l'argent t'engageait à trahir la société elle t'en punirait par la mort.

Une autre formule d'initiation, plus sauvage encore, avait couru dans le canton de Valence :

« Je jure sur ces armes, symbole de l'honneur, de servir

la république démocratique et sociale et de mourir pour elle s'il le faut. Je jure, en outre, haine à outrance à tous les

rois et à tous les royalistes, et que mes entrailles deviennent plutôt la pâture des bêtes féroces que de jamais faillir à mon serment. Je le jure trois fois au nom du Christ rédempteur.

» Je jure sur mon honneur, au nom de la sainte cause pour laquelle je viens d'être reçu, de marcher en tout lieu avec mes frères de la Montagne, de prêter aide et assistance à tous les démocrates. Je le jure trois fois au nom du Christ rédempteur. »

Quand le néophyte avait prêté le serment, on le *baptisait enfant de la Montagne*.

Voici l'interrogatoire que subissait préalablement le candidat :

« Dis-moi, citoyen, quelles sont les raisons qui t'amènent ici? — Dis-moi, citoyen, on m'a dit que tu m'avais dénoncé à la justice, est-ce vrai? — Maintenant que tu as les yeux bandés et les mains attachées derrière le dos, nous sommes maîtres de toi; mais nous voulons avant t'examiner. Si, par exemple, ton frère ou ton père ne se trouvait pas de ton parti, te vengerais-tu? — Leur tirerais-tu dessus? — Cela ne te serait-il pas pénible à faire? — Maintenant on nous dit que le préfet fait circuler des listes pour la prolongation de la présidence. Les signerais-tu? — S'il te fallait prendre les armes pour la république, les prendrais-tu? — Tu veux donc être républicain? — Il nous faut ton sang!

Dans les campagnes, les difficultés de la vie rendaient les cultivateurs plus accessibles à de séduisantes utopies. L'abondance des récoltes, l'avilissement des prix, qui en est la suite ordinaire, y favorisaient les accusations contre le pouvoir, les calomnies propagées par des publications sans nombre, par des missions secrètes. Cette situation morale se révélait par des violences chaque jour plus nombreuses contre les représentants de l'autorité. Une partie de la France méridionale était encore soumise au régime exceptionnel de l'état de siège (la 6ᵉ division militaire), et beaucoup d'autres localités réclamaient l'application de mesures énergiques.

La gangrène avait pénétré partout, jusque dans ces riantes contrées du Midi, patrie du soleil au sol fécond, régions fertiles comme l'Espagne, industrieuses comme le Nord luimême, qui donc aurait pu croire qu'elles seraient atteintes de ce cancer du socialisme ? Quatre ans auparavant, la religion y était honorée et puissante : on n'y rencontrait d'autres associations que ces confrèries de piété et de bienfaisance qui rappellent les œuvres naïves des anciens jours. En dépit de la vivacité des esprits, de la mobilité des passions, l'administration y était facile. Déjà commençaient à s'affaiblir et à reculer dans l'histoire les mauvais souvenirs des vieilles querelles religieuses et politiques. Le descendant du proscrit des Cévennes passait sans colère à côté du fervent catholique. Le fils du blanc conduisait à l'autel la petite-fille du bleu. Trestaillon était renié par tous comme Saint-Just ou Robespierre. L'aisance régnait dans ces généreuses vallées, sur ces riches collines où s'étalaient à l'envi le mûrier qui donne la soie, l'olivier qui donne l'huile, le maïs, le blé du pauvre, le vin généreux qui semble retenir un rayon du soleil qui l'a mûri.

Et voilà que tout à coup les haines se réveillent : le fanatisme reparaît. On se réunit, mais pour se haïr, pour se menacer. Pas de village qui n'ait son cercle des blancs, son cercle des rouges. Des processions s'organisent et ces petites armées s'insultent et s'attaquent. Puis vient la paresse et, à sa suite, la misère. La confiance a disparu : le commerce s'arrête.

Qui a versé ce venin dont s'enivrent des populations tout

entières? Qui a pu, en si peu de jours, attrister et appauvrir cette terre féconde ! Le socialisme.

Eh! quoi, le socialisme, ce produit bizarre de la rêveuse Allemagne, enfant mystique et sceptique à la fois du cerveau enfumé des philosophes d'outre-Rhin, sorti d'une école bavarde ou d'une noire taverne, il avait pu si vite s'emparer de ce pays de lumière et de gaîté, de ces vives imaginations, de ces chaudes et joyeuses natures que la splendeur du climat dispose si mal aux brumeuses inspirations des pays du brouillard.

Non, ce n'étaient pas les creuses théories de Jean de Leyde, de Hégel ou de leurs modernes adeptes qui avaient séduit les paysans du midi de la France. Le socialisme, pour les entraîner, s'était métamorphosé lui-même. Il avait pris pour amorce les deux passions les plus ignobles, l'envie et la cupidité. Le dogme humanitaire n'eût pas pénétré dans ces saines et robustes intelligences. La justification du vol, l'absolution du pillage devaient être plus faciles à comprendre.

Au temps du duc Richard II, comme aujourd'hui, ce que réclamait l'instinct mauvais des masses, c'était la jouissance gratuite de la propriété d'autrui, surtout de cette propriété moins nettement définie, qui semble à l'homme grossier devoir appartenir à tous et à personne. Les grands bois avec leurs fruits sauvages, avec leurs hôtes dont l'homme ne se rend maître que par la violence ou la ruse, les eaux qui courent éternellement vers la mer avec leurs savoureux habitants, les airs qui transportent par bandes innombrables ces passagers que l'instinct ramène et remporte tous les ans, tous ces trésors de la forêt, de la plaine et du ciel, il leur semblait que la nature les offrait à qui saurait les prendre.

Ne sommes-nous pas des hommes, nous aussi, s'écriaient jadis les paysans normands. N'avons-nous pas des membres tout comme eux? Que nous manque-t-il donc? Un cœur.

> Nus sumes homes cum il sunt ;
> Tex (*tels*) membres avum cum il unt,
> Ne nus faut fors cuer sulement.

Voilà cette terrible doctrine de l'égalité mal comprise, dont le mot est : Envie! De là à la révolte, il n'y a qu'un pas.

Ecoutez la suite du chant de Robert Wace : Allions-nous par serment, jurons de nous défendre mutuellement et tenons-nous tous ensemble comme un seul homme. S'ils veulent combattre, nous aurons bien trente ou quarante braves paysans contre un chevalier.

> Alium nus par serement,
> Nus aveir e nus desfendum,
> E tuit ensemble nus tenum ;
> E se nus voilent guereier,
> Bien avum cuntre un chevalier
> Trente ou quarante païzans,
> Maniables e cumbatans.

Mais que feront-ils de la victoire? Le paysan révolté n'y voit qu'un moyen de satisfaire sans peine tous ses appétits, d'échapper à la dure et saine loi du travail. Couper du bois de l'arbre qu'il n'a pas semé, pêcher le poisson qu'il n'a pas enfermé dans le vivier, chasser le cerf dans la forêt qui ne lui appartient pas, voilà ce qu'il désire.

> Einsi porum aler as bois,
> Abres trenchier e prendre à chois;
> Es vivers (*dans les viviers*) prendre li peinsuns,
> E as forez li veneisuns;
> De tut ferum nos volentez,
> De bois, de ewes (*eaux*) et de prez.

De tout ferons nos volontés, par les bois, les eaux et les prés! C'est encore là qu'en était le socialisme au XIXe siècle. Vivre sans règle et sans loi, repousser la discipline qui enchaîne utilement les volontés humaines, chasser le lièvre sans port d'armes, prendre la perdrix au collet sans craindre le gendarme, couper l'arbre d'autrui sans peur du procès-verbal, manger les fruits qu'on n'a pas semés, dépouiller de sa moisson la terre qu'on n'a pas labourée, c'est l'éternel désir que souffle à l'homme l'esprit de mal et de révolte.

Dans trois départements surtout, dans l'Hérault, dans le Lot-et-Garonne et dans les Pyrénées-Orientales, l'organisation des sociétés secrètes était formidable. Le nombre des affiliés s'élevait à plus de cent vingt mille. Ces légions de l'insurrection et du pillage, divisées par décuries et centuries, prêtes à agir au premier glas du tocsin, occupaient pour ainsi dire à l'avance les villes, les villages, les hameaux. Chaque frère avait sa place désignée : à celui-ci la mairie, à celui-là la caisse du percepteur, à cet autre l'église ou le presbytère.

Enfin, à l'étranger même, l'attitude des ennemis éternels de l'ordre avait revêtu une allure menaçante.

A Londres, des conspirateurs, des insurgés, des condamnés réunis de tous les coins de l'Europe, qui les avait rejetés de son sein, peu soucieux de respecter cet asile ouvert à leurs malheurs, organisaient des gouvernements insurrectionnels, ouvraient publiquement des emprunts dont le remboursement était assigné sur le bien d'autrui, annonçaient de grands achats d'armes et de munitions de guerre, adressaient à toutes les passions avides et sanguinaires des appels quotidiens.

A toutes ces hideuses espérances, un terme fatal était indiqué, 1852, année néfaste qui devait voir à la fois la fin du pouvoir présidentiel et l'élection d'un nouveau chef de l'État. Il y avait dans cette menace, à terme fixe, quelque chose de semblable à ces épouvantes qui se manifestèrent vers la fin du xe siècle. L'an mil approchait et avec lui la fin du monde. *Appropinquante fine mundi*, telle était la formule funèbre qui figurait en tête de tous les actes publics, de tous les contrats particuliers. Ces mots terribles retentissaient chaque matin dans la chaire de chaque église, comme un glas funèbre au milieu des populations épouvantées.

La peur est épidémique. Ces alarmes continues amenaient une déperdition permanente de la fortune publique et comme un appauvrissement du sang social. Dès que l'esprit d'entreprise s'arrête, le travail s'arrête avec lui. Dès que le crédit manque aux patrons, le chômage arrive aux ouvriers. Avec le chômage, la détresse, les enfants qui manquent de pain et de vêtements, la femme malade et désespérée, l'homme qui cherche dans le vin, pris à crédit, l'oubli sauvage de la misère. Avec la détresse des populations laborieuses, la nécessité pour le gouvernement de leur venir en aide ; et en même temps que cette nécessité des secours, une plus grande impuissance à secourir, car le trésor public s'appauvrit de l'appauvrissement de tous, et les ressources diminuent à mesure que les besoins augmentent.

Quelques amis de l'ordre se désespéraient de voir manquer sous leurs pieds cette planche flottante, la révision de la Constitution. Ils ne savaient pas, ou ils avaient oublié par quel adroit machiavélisme le républicanisme de 1848 avait réussi à empêcher que ce remède pût être appliqué avant la crise. La Constitution, fruit du génie de M. Marrast, reconnaissait bien le droit de révision, mais elle en avait entouré l'exercice de délais et de formalités tels que le droit avait été rendu inapplicable. L'article 111 disposait que l'Assemblée nationale ne pourrait exprimer le vœu même de la révision que dans la dernière année de la législature. Le vœu ne pourrait être converti en résolution définitive qu'après trois délibérations consécutives, prises chacune à un mois d'intervalle et aux trois quarts des suffrages exprimés. Dans toute assemblée, une majorité des trois quarts est toujours très-difficile à obtenir. Dans l'Assemblée d'alors, et en présence de la division des partis, ce résultat était impossible. Le droit de révision disparaissait donc tout entier devant les conditions auxquelles il pouvait s'exercer. La forme emportait le fond.

Telle était l'impasse dans laquelle on avait réussi à enfermer la société. Et comment s'étonner de ces piéges, quand on pense que la Constitution avait été imposée par cette minorité violente qui avait pris la France par surprise?

Les coupables machinateurs de la double intrigue monarchique criaient bien haut que la fusion des prétendants s'accomplirait le jour où tous les princes, branche aînée et branche cadette, seraient réunis sur la terre de France. Aussi les intimes et les dévoués dressèrent-ils leurs batteries de ce côté. Obtenir, soit de l'intrigue, soit d'une maladroite générosité le rappel des lois d'exil, tel fut le but des chefs de la coalition monarchique.

Insigne folie! Ceux-là qu'une communauté d'exil et de malheur n'avait pu rapprocher, on s'imaginait qu'ils se rapprocheraient sur le sol de la France, devenu l'objet d'une nouvelle conquête. Comme si la légitimité et la révolution pouvaient se confondre dans un baiser de paix sincère!

Ainsi, nulle sécurité, ni dans la vie publique, ni dans la vie privée ; la désunion et la défiance chez les uns, le défi et la menace chez les autres ; la production arrêtée, le revenu public décroissant, la propriété avilie, les bras inoccupés, tous les esprits troublés à l'approche d'un danger dont on comprenait l'imminence, sans savoir, au milieu de l'incertitude générale, comment on pourrait le conjurer ; un pressentiment certain de ruine, un abandon complet de la défense, des accusations violentes lancées par les partis les uns contre les autres, l'anxiété, la division, la suspicion partout à l'ordre du jour, en attendant l'heure marquée de la terreur.

Voilà ce qu'était la France, lorsque Louis-Napoléon, s'inspirant d'un courageux patriotisme, entreprit de la délivrer.

LE COUP D'ÉTAT.

E coup le plus adroit, le plus décisif que le Prince pût porter à cette majorité monarchique qui menaçait, par ses intrigues, le salut de la France, c'était de prendre à son compte le rappel de la loi du 31 mai et le rétablissement du suffrage universel. Il en fit la proposition dans un nouveau Mesage, à la date du 5 novembre 1851.

Après y avoir montré le malaise général produit par l'incertitude, le ralentissement du travail, l'exaltation des espérances antisociales, il ne voyait de remède que dans le rétablissement « du seul principe qu'au milieu du chaos général, la Providence ait maintenu debout pour nous rallier. »

— « Quand, ajoutait-il, le suffrage universel a relevé l'édifice social par cela même qu'il substituait un droit à un fait révolutionnaire, est-il sage d'en restreindre plus longtemps la base ? Enfin je me suis demandé si, lorsque des pouvoirs nouveaux viendront présider aux destinées du pays, ce n'était pas d'avance compromettre leur stabilité que de laisser un prétexte de discuter leur origine et de méconnaître leur légitimité.

» Le doute n'était pas possible, et sans vouloir m'écarter un seul instant de la politique d'ordre que j'ai toujours suivie, je me suis vu obligé, bien à regret, de me séparer d'un ministère qui avait toute ma confiance et mon estime, pour en choisir un autre composé également d'hommes honorables, connus par leurs sentiments conservateurs, mais qui voulussent admettre la nécessité de rétablir le suffrage universel sur la base la plus large possible. »

Après avoir démontré que la loi du 31 mai, dans son application, avait dépassé le but qu'elle voulait atteindre et supprimé trois millions d'électeurs, presque tous habitants paisibles des campagnes ; après avoir prouvé que l'élection d'un nouveau président, dans les conditions nouvelles du suffrage, serait évidemment enlevée au pays et donnée à l'Assemblée, le prince réfutait à l'avance une objection personnelle.

« On objecte, je le sais, que, de ma part, ces propositions sont inspirées par l'intérêt personnel.

» Ma conduite, depuis trois ans, doit repousser une allégation semblable. Le bien du pays, je le répète, sera toujours le seul mobile de ma conduite. Je crois de mon devoir de proposer tous les moyens de conciliation, et de faire tous mes efforts pour amener une solution pacifique, régulière, légale, quelle qu'en puisse être l'issue.

» Ainsi donc, Messieurs, la proposition que je vous fais n'est ni une tactique de parti, ni un calcul égoïste, ni une résolution subite; c'est le résultat de méditations sérieuses et d'une conviction profonde. Je ne prétends pas que cette mesure fasse disparaître toutes les difficultés de la situation; mais à chaque jour sa tâche. Aujourd'hui, rétablir le suffrage universel, c'est enlever à la guerre civile son drapeau, à l'opposition son dernier argument. Ce sera fournir à la France la possibilité de se donner des institutions qui assurent son repos. Ce sera rendre aux pouvoirs à venir cette force morale qui n'existe qu'autant qu'elle repose sur un principe consacré et sur une autorité incontestable. »

Ce langage, qui exprimait noblement les besoins, les désirs et les espérances du pays, fit une profonde impression sur les partis qui voulaient troubler la France. Il agita profondément les membres de l'Assemblée législative ; et plusieurs d'entre eux manifestèrent hautement leur pensée à ce sujet.

« Messieurs, disait à ses collègues, dans une de ces conférences, un des plus spirituels de nos anciens hommes d'État, Messieurs, prenez garde. Nous sommes enfermés dans une chambre qui reçoit le jour par en haut : nous n'avons pas ici de fenêtres sur la rue, et nous ne savons guère ce qui se passe au dehors. *Lui*, au contraire, voit de près et sait bien. »

En effet, il comprenait, *Lui*, mieux que personne, les dangers de l'avenir et la situation du moment. Il ne devait donc pas rester inactif et abandonner les destinées nationales aux fureurs des anarchistes de haut étage.

Et que fût-il donc arrivé si ces conspirateurs de salon n'avaient pas manqué de cœur au moment d'accomplir leurs funestes desseins? Supposez qu'ils eussent requis les troupes de la première division militaire et donné l'ordre d'arrêter le prince : croit-on que l'armée eût suivi tout entière le drapeau du questeur? Croit-on qu'elle eût tourné ses armes contre celui qui, à ses yeux comme aux yeux de la France, représentait le gouvernement? Mais que quelques régiments, entraînés dans ce conflit terrible, eussent obéi aux réquisitions des avocats de l'Assemblée, et il y avait à Paris deux armées, l'une parlementaire, l'autre présidentielle, deux armées françaises campées en face l'une de l'autre et séparées par le pont de la Concorde!

C'était la guerre civile ! Affreuse extrémité devant laquelle n'avait pas reculé l'ambition de ces intrigants réunis par une haine commune.

Et supposez pour ces conspirateurs ridicules une victoire impossible. Qu'en eussent-ils fait ? A quel nom, à quelles mains assez honorées, assez fortes eussent-ils pu confier l'autorité provisoire ? Quel dictateur auraient-ils couronné qui eût été accepté à la fois par tous les partis ? Tous les drapeaux eussent surgi dans cette anarchie du succès et, par-dessus tous, le drapeau rouge. Convive non invité, le socialisme se fût assis à ce banquet et eût réclamé la plus belle part du festin. Tous les hommes dévoués aux pays, tous ceux dont les intérêts font un besoin de l'ordre, étaient unanimes dans cette opinion et tous tremblaient en songeant que les pouvoirs présidentiels touchaient à leur fin.

Consultait-on les chefs de maisons de commerce, de banque, les manufacturiers, les marchands, tous répondaient : *Dans six mois la France entrera en grève.*

Un jour était venu aussi pour la république romaine, cette vigoureuse dominatrice de l'ancienne Europe, où une horde de jeunes débauchés avait médité sérieusement l'incendie de la capitale du monde ; le pillage et l'orgie étaient devenus pour Catilina le principe et le but tout à la fois d'un gouvernement nouveau. Dans cette curée gigantesque, c'était le pays lui-même que le chef eût jeté en pâture aux vainqueurs. Dans l'appréhension de ces heures funestes qui s'apprêtaient à sonner pour la France, un seul espoir restait au cœur de tous : c'était la confiance en la protection divine.

Seigneur, sauve-nous, nous périssons, *Domine, salva nos, perimus !* criait l'apôtre au Sauveur pendant la tempête du lac de Génésareth. Ce fut là aussi le cri de la France. Sauve-moi, je péris, criait-elle à son chef en regardant l'abîme entr'ouvert.

Et ce cri fut entendu !

La situation était donc nettement dessinée, il fallait sortir, à tout prix, de cette impasse, ou y mourir !

Quelques paroles, prononcées dans une occasion solennelle par le Président de la république, firent comprendre à temps que les dangers dont le pays était menacé ne lui avaient pas échappé, et elles donnèrent en même temps lieu d'espérer que, le moment venu, il saurait y faire face.

« C'est lorsque le crédit commençait à peine à renaître, dit-il, en s'adressant aux *exposants de Londres ;* c'est lorsqu'une idée infernale poussait sans cesse les travailleurs à tarir les sources même du travail ; c'est lorsque la démence, se parant du manteau de la philanthropie, venait détourner les esprits des occupations régulières, pour les jeter dans les spéculations de l'utopie ; c'est alors que vous avez montré au monde des produits qu'un calme durable semblait seul permettre d'exécuter.

» En présence donc de ces résultats inespérés, je dois le répéter, comme elle pourrait être grande, la République française s'il lui était permis de vaquer à ses véritables affaires et de réformer ses institutions, au lieu d'être sans cesse troublée, d'un côté par les idées démagogiques, et de l'autre par les hallucinations monarchiques !

» Les idées démagogiques proclament-elles une vérité ? Non, elles répandent partout l'erreur et le mensonge. L'inquiétude les précède, la déception les suit, et les ressources employées à les réprimer sont autant de pertes pour les améliorations les plus pressantes, pour le soulagement de la misère.

» Quant aux hallucinations monarchiques, sans faire courir les mêmes dangers, elles entravent également tout progrès, tout travail sérieux. On lutte au lieu de marcher. On voit des hommes, jadis ardents promoteurs des prérogatives de l'autorité royale, se faire conventionnels afin de désarmer le pouvoir issu du suffrage populaire. On voit ceux qui ont le plus souffert, le plus gémi des révolutions, en provoquer une nouvelle, et cela dans l'unique but de se soustraire au vœu national et d'empêcher le mouvement qui transforme les sociétés, de suivre un paisible cours.

» Ces efforts seront vains. Tout ce qui est dans la nécessité des temps doit s'accomplir. L'inutile seul ne saurait revivre. Cette cérémonie est encore une preuve que si certaines institutions tombent sans retour, celles au contraire qui sont conformes aux mœurs, aux idées, aux besoins de l'époque, bravent les attaques de l'envie ou du puritanisme.

» Vous tous, fils de cette société régénérée qui détruisit les anciens priviléges et qui proclame comme principe fondamental l'égalité civile et politique, vous éprouvez néanmoins un juste orgueil à être nommés chevaliers de l'ordre de la Légion d'honneur. C'est que cette institution était, ainsi que toutes celles créées à cette époque, en harmonie avec l'esprit du siècle et les idées du pays. Loin de servir comme d'autres à rendre les démarcations plus tranchées, elle les efface en plaçant sur la même ligne tous les mérites, à quelque profession, à quelque rang de la société qu'ils appartiennent.

» Recevez donc ces croix de la Légion d'honneur, qui, d'après la grande idée du fondateur, sont faites pour honorer le travail à l'égal de la bravoure, et la bravoure à l'égal de la science.

» Avant de nous séparer, Messieurs, permettez-moi de vous encourager à de nouveaux travaux. Entreprenez-les sans crainte; ils empêcheront le chômage cet hiver. Ne redoutez pas l'avenir. La tranquillité sera maintenue quoi qu'il arrive. Un gouvernement qui s'appuie sur la masse entière de la nation, qui n'a d'autre mobile que le bien public, et qu'anime cette foi ardente qui vous guide sûrement, même à travers un espace où il n'y a pas de route tracée, ce gouvernement, dis-je, saura remplir sa mission, car il a en lui et le droit qui vient du peuple, et la force qui vient de Dieu. »

Un de ses anciens amis d'Angleterre, le spirituel et excentrique comte Alfred d'Orsay, aujourd'hui mort, lui conseillait de s'appuyer sur le parti démocratique : « Mon cher comte, lui répondit le Président, je ne veux m'appuyer sur d'autre parti que sur le mien ; tous les autres doivent s'appuyer sur moi. » « Pensez, lui disait encore le comte avant le coup d'État qu'il entrevoyait à l'horizon, pensez à la *page* que l'histoire écrira sur vous. » — « Ce n'est pas une page, mon cher comte, répondit le prince, ce sont des *volumes* que je lui donnerai à écrire. »

C'est cette inexorable fermeté d'opinion, basée sur une réflexion profonde, qui faisait que même des amis intimes accusaient le prince d'entêtement. Mais lui, bien qu'il professât un grand respect pour l'opinion, disait, avec l'Empereur, son oncle, qu'un homme politique doit quelquefois mettre son cœur dans sa tête. « *Tout le monde* est d'avis, lui disait-on quelquefois, que vous devriez faire ceci » — Et lui répondait avec son fin sourire : « Malgré mes égards pour *tout le monde*, je ne suis pas toujours de son avis. »

Pour résumer, en quelques mots, la situation de la France pendant les heures inquiètes qui précédèrent le coup d'État du 2 décembre, nous dirons que l'appréhension régnait dans tous les esprits et dans tous les cœurs. Du sommet à la base, l'édifice social était sourdement ébranlé ; les transactions commerciales s'arrêtaient ; tous les regards se portaient épouvantés vers ce fantôme de 1852, que l'on s'attendait à voir paraître à chaque instant. La société tout entière se sentait prise d'un malaise indéfinissable, d'une terreur indicible, et les craintes s'augmentaient encore de l'absence de tout pouvoir assez fort pour prévenir la désorganisation dont le pays était menacé.

Sans doute, à ce moment solennel, et par une sorte d'instinct, le Président de la république apparaissait à tous comme le seul homme capable de tout sauver. Mais réussirait-il dans une telle entreprise ? — Oserait-il seulement la tenter ? Ne serait-il pas prévenu, trahi ? aurait-il le temps d'accomplir ce coup d'État, dont chacun attendait son salut ?

Tel était l'état des esprits, quand eut lieu l'acte providentiel du 2 décembre.

Le 2 décembre tous les habitants de Paris purent voir, dès le matin, le décret suivant placardé sur les murs de la capitale :

Au nom du peuple français,

LE PRÉSIDENT DE LA RÉPUBLIQUE

Décrète :

ARTICLE PREMIER.

L'Assemblée nationale est dissoute.

ART. 2.

Le suffrage universel est rétabli, la loi du 31 mai est abrogée.

ART. 3.

Le peuple français est convoqué dans ses comices à partir du 14 décembre jusqu'au 21 décembre suivant.

ART. 4.

L'état de siége est décrété dans l'étendue de la 1re division militaire.

ART. 5.

Le conseil d'État est dissous.

ART. 6.

Le ministre de l'intérieur est chargé de l'exécution du présent décret.

Fait au palais de l'Élysée, le 2 décembre 1852.

LOUIS-NAPOLÉON BONAPARTE.

Le ministre de l'Intérieur,

DE MORNY.

Une proclamation contenant un appel et expliquant les raisons du coup d'État, suivit de près le décret qui précède :

« Français,

» La situation actuelle ne peut durer plus longtemps. Chaque jour qui s'écoule aggrave les dangers du pays. L'Assemblée, qui devait être le plus ferme appui de l'ordre, est devenue un foyer de complots. Le patriotisme de trois cents de ses membres n'a pu arrêter ces fatales tendances. Au lieu de faire des lois dans l'intérêt général, elle forge des armes pour la guerre civile, elle attente au pouvoir que je tiens directement du peuple ; elle encourage toutes les mauvaises passions ; elle compromet le repos de la France : je l'ai dissoute, et prends le peuple entier juge entre elle et moi.

» La Constitution, vous le savez, avait été faite dans le but d'affaiblir d'avance le pouvoir que vous alliez me confier. Six millions de suffrages furent une éclatante protestation contre elle, et cependant je l'ai fidèlement observée. Les provocations, les calomnies, les outrages m'ont trouvé impassible. Mais aujourd'hui que le pacte fondamental n'est plus respecté de ceux-là même qui l'invoquent sans cesse et que les hommes qui ont déjà perdu deux monarchies veulent me lier les mains, afin de renverser la république, mon droit est de déjouer leurs perfides projets, de maintenir le jugement solennel du seul souverain que je reconnaisse en France, le peuple.

» Je fais donc un appel loyal à la nation tout entière, et je vous dis : Si vous voulez continuer cet état de malaise qui nous dégrade et compromet notre avenir, choisissez un autre à ma place; car je ne veux plus d'un pouvoir responsable d'actes que je ne puis empêcher, et qui m'enchaîne au gouvernail quand je vois le vaisseau courir rapidement vers l'abîme.

» Si, au contraire, vous avez encore confiance en moi, donnez-moi les moyens d'accomplir la grande mission que je tiens de vous.

» Cette mission consiste à fermer l'ère des révolutions en satisfaisant les besoins légitimes du peuple, et en le protégeant contre les passions subversives. Elle consiste surtout à créer des institutions qui survivent aux hommes et qui soient enfin des fondations sur lesquelles on puisse asseoir quelque chose de durable.

» Persuadé que l'instabilité du pouvoir, que la prépondérance d'une seule assemblée sont des causes permanentes de trouble et de discorde, je soumets à vos suffrages les bases fondamentales suivantes d'une Constitution que les assemblées développeront plus tard.

» 1° Un chef responsable nommé pour dix ans ;

» 2° Des ministres dépendant du pouvoir exécutif seul.

» 3° Un conseil d'État formé des hommes les plus distingués, préparant les lois et soutenant les discussions devant le Corps législatif.

» 4° Un Corps législatif discutant et votant les lois, nommé par le suffrage universel sans scrutin de liste qui fausse l'élection.

» 5° Une seconde assemblée formée de toutes les illustrations du pays, pouvoir pondérateur, gardien du pacte fondamental des libertés publiques.

» Ce système, créé par le premier Consul au commencement du siècle, a déjà donné à la France le repos et la prospérité ; il les lui garantit encore.

» Telle est ma conviction profonde. Si vous la partagez, déclarez-le par vos suffrages. Si, au contraire, vous préférez un gouvernement sans force, monarchique ou républicain, emprunté à je ne sais quel passé ou à quel avenir chimérique, répondez négativement.

» Ainsi donc, pour la première fois depuis 1804, vous voterez en connaissance de cause, en sachant bien pour qui et pourquoi.

» Si je n'obtiens pas la majorité de vos suffrages, alors, je provoquerai la réunion d'une nouvelle assemblée, et je lui remettrai le mandat que j'ai reçu de vous.

» Mais si vous croyez que la cause dont mon nom est le symbole, c'est-à-dire la France régénérée par la révolution de 89 et organisée par l'Empereur, est toujours la vôtre, proclamez-le, en consacrant les pouvoirs que je vous demande.

» Alors la France et l'Europe seront préservées de l'anarchie, les obstacles s'aplaniront, les rivalités auront disparu, car tous respecteront dans l'arrêt du peuple, le décret de la Providence.

» Fait au palais de l'Elysée, le 2 décembre 1851.

» LOUIS-NAPOLÉON BONAPARTE. »

Enfin une autre proclamation s'adressait à l'armée :

« Soldats,

» Soyez fiers de votre mission, vous sauverez la patrie, car je compte sur vous, non pour violer les lois, mais pour faire respecter la première loi du pays, la souveraineté nationale, dont je suis le légitime représentant.

» Depuis longtemps vous souffriez comme moi des obstacles qui s'opposaient et au bien que je voulais vous faire et aux démonstrations de votre sympathie en ma faveur. Ces obstacles sont brisés. L'Assemblée a essayé d'attenter à l'autorité que je tiens de la nation entière ; elle acessé d'exister.

» Je fais un loyal appel au peuple et à l'armée, et je leur dis : Ou donnez-moi les moyens d'assurer votre prospérité, ou choisissez un autre à ma place.

» En 1830 comme en 1848, on vous a traités en vaincus. Après avoir flétri votre désintéressement héroïque, on a dédaigné de consulter vos sympathies et vos vœux, et cependant vous êtes l'élite de la nation. Aujourd'hui, en ce moment solennel, je veux que l'armée fasse entendre sa voix.

» Votez donc librement comme citoyens ; mais, comme soldats, n'oubliez pas que l'obéissance passive aux ordres du chef du gouvernement est le devoir rigoureux de l'armée, depuis le général jusqu'au soldat. C'est à moi, responsable de mes actions devant le peuple et devant la postérité, de prendre les mesures qui me semblent indispensables pour le bien public.

» Quant à vous, restez inébranlables dans les règles de la discipline et de l'honneur. Aidez, par votre attitude imposante, le pays à manifester sa volonté dans le calme et la réflexion. Soyez prêts à réprimer toute tentative contre le libre exercice de la souveraineté du peuple.

» Soldats, je ne vous parle pas des souvenirs que mon nom rappelle. Ils sont gravés dans vos cœurs. Nous sommes unis par des liens indissolubles. Il y a entre nous, dans le passé, communauté de gloire et de malheur; il y aura dans l'avenir communauté de sentiments et de résolutions pour le repos et la grandeur de la France.

» Louis-Napoléon Bonaparte. »

A vrai dire, personne ne fut surpris par l'événement, on s'y attendait, on l'espérait comme un acte sauveur.

Plusieurs tentatives d'insurrection eurent lieu sur divers points de la capitale, quelques représentants du peuple appartenant à la *Montagne* essayèrent d'appeler le peuple *aux armes*, mais l'indifférence leur répondit seule, on était las de révolutions, on avait un ardent besoin de repos, le coup d'État semblait le seul port ouvert après tant de tempêtes.

Les mesures avaient d'ailleurs été admirablement prises par le gouvernement.

Dès le matin, bon nombre de représentants étaient arrêtés à leur domicile, et des détachements dirigés sur tous les points où la résistance pouvait s'organiser.

L'Assemblée est devenue un foyer de complots, disait Louis-Napoléon dans sa proclamation; les faits devaient donner bientôt un éclatant témoignage de cette affirmation.

Un détachement avait été expédié vers l'Assemblée, à l'effet de s'emparer des questeurs qui y demeuraient, et de M. Baze, entre autres.

Toutefois, l'arrestation du pétulant avocat d'Agen n'était pas la tâche la plus importante qu'il eût à remplir. Il y avait encore à pénétrer dans les mystères de la questure, cet atelier de la conspiration parlementaire. Le quartier général de la coalition livra les secrets de ce complot de mélodrame qui n'avait pas eu le temps d'aboutir à son cinquième acte. Les décrets étaient là, sur le bureau. On en saisit les minutes, les duplicata, les ampliations. Le prudent M. Dupin avait tout ignoré, mais le vainqueur de Clichy, M. Baze, avait héroïquement apposé sur ces pièces le cachet de la présidence. C'était d'abord un décret qui confiait à un général en chef le commandement des troupes chargées de protéger l'Assemblée nationale. Or, il paraît que l'Assemblée, ou au moins ceux qui parlaient en son nom, avaient un tel besoin de protection qu'ils requéraient *toutes les forces* tant de l'armée que de la garde nationale stationnées dans la première division militaire. C'est là une façon toute particulière de veiller à sa propre sûreté, et il est évident que quand on a autour de soi toutes les baïonnettes, on n'a presque plus rien à craindre. Que serait-il resté à l'Élysée? Sans doute M. Baze s'en préoccupait peu, et il eût répondu que, par ce procédé, la route de Vincennes se trouvait admirablement dégagée.

Quant au général à désigner, le choix était fait à l'avance. L'épée de Monk était prête et le nom de Changarnier serait venu remplir le blanc laissé par prudence.

Au reste, cette terrible questure était un véritable état-major militaire. M. Baze, peu content sans doute de ses lauriers d'avocat, s'exerçait avant l'heure aux fonctions de ministre de la guerre. Il avait ses états de troupes, des listes nominatives des chefs de corps stationnés dans Paris, avec indication de leurs demeures. Sur un de ces tableaux se trouvait une désignation significative, celle des officiers de la 10e légion, sur laquelle comptait particulièrement le complot parlementaire.

Les papiers saisis confirmèrent ce qu'on savait déjà des menées des partis monarchiques, et montrèrent ce qu'il fallait entendre par le droit de réquisition directe, tel que le réclamaient les meneurs de l'Assemblée. On ne voulait laisser au Président de la république ni un homme de troupe, ni un garde national. Et on appelait cela se défendre !

Qu'on en juge par ces deux décrets :

« Le président de l'Assemblée nationale,

» Vu l'article 32 de la Constitution, ainsi conçu :

» L'Assemblée détermine le lieu de ses séances, elle fixe l'importance des forces militaires établies pour sa sûreté, et elle en dispose.

» Vu l'article 112 du décret réglementaire de l'Assemblée nationale ainsi conçu :

» Le président est chargé de veiller à la sûreté intérieure et extérieure de l'Assemblée nationale.

» A cet effet, il exerce au nom de l'Assemblée le droit confié au pouvoir législatif, par l'article 32 de la Constitution, de fixer l'importance des forces militaires établies pour sa sûreté, et d'en disposer.

» Ordonne à M. . . . . . , de prendre immédiatement le commandement de TOUTES LES FORCES, TANT DE L'ARMÉE QUE DE LA GARDE NATIONALE STATIONNÉES DANS LA PREMIÈRE DIVISION MILITAIRE, pour garantir la sûreté de l'Assemblée nationale.

» Fait au palais de l'Assemblée nationale, le. . . . »

Second décret :

« Le président de l'Assemblée nationale, etc.,

» Vu l'article 32 de la Constitution.

» Vu l'article 112 du décret réglementaire, etc.,

» Ordonne à tout général, à tout commandant de corps ou détachement, tant de l'armée que de la garde nationale, stationnées dans la première division militaire, d'obéir aux ordres du général. . . . . chargé de garantir la sûreté de l'Assemblée nationale.

» Fait au palais de l'Assemblée nationale, le. . . . »

Il était temps, comme on le voit, qu'un homme assez courageux se dévouât pour sauver la république ; sans l'acte du 2 décembre, la France, selon l'expression de Lamartine, retournait à des monarchies impossibles, ou descendait dans des anarchies inconnues.

Cependant, chacun en France se disposait à se rendre dans ses comices, ainsi que l'y conviait le décret de Louis-Napoléon.

Cette élection a laissé des souvenirs profonds dans tous les esprits. Jamais l'enthousiasme populaire n'avait encore éclaté avec une semblable unanimité, et le résultat du vote ne fut pas longtemps douteux.

Partout les électeurs se pressaient en foule autour de l'urne électorale, et malgré les excitations à l'abstention, les mêmes faits qui avaient distingué l'élection présidentielle, se reproduisirent de nouveau.

A Vouges (Côte-d'Or) un ouvrier de la poudrerie nationale était retenu dans son lit presque mourant. Il apprend que, plus heureux, les soixante-quinze électeurs de la commune se sont rendus, drapeau en tête, à l'urne du scrutin. Il n'y tient plus. Il veut qu'on l'enveloppe de quelques couvertures et qu'on le transporte à la maison commune. On cède à ce désir, il arrive, dépose son vote, et s'écrie : « Je ne serais pas mort content si je n'avais pas voté pour lui. » Le lendemain, le bureau chargé de dépouiller les votes trouvait dans l'urne soixante-seize *Oui*.

A Lamarche-sur-Saône, c'est en chantant des couplets composés par le curé pour la circonstance, que les jeunes gens du pays se rendent à la mairie. A leur tête sont deux vétérans de l'armée d'Italie, qui, malgré leurs quatre-vingt-cinq ans, marchent encore droit et d'un pas militaire. Ils ont tiré du bahut le vieil uniforme de Marengo, et chacun découvre son front sur leur passage.

C'est ainsi que le vote du peuple renouait, en 1851, la

chaîne du temps, brisée en 1815 par l'épée de l'étranger. Interrompue pendant trente-six ans, la tradition napoléonienne reprend désormais son rôle et sa place dans l'histoire nationale. Le vote du 20 décembre a inauguré une de ces époques caractéristiques qui sont comme une des grandes étapes de l'humanité sur la route de la civilisation. Cette acclamation populaire consacre plus qu'un fait : c'est l'inauguration d'une idée, l'idée démocratique descendant du pouvoir dans les masses, au lieu de s'élever des masses hostiles à l'assaut du pouvoir, et s'appuyant désormais sur le principe d'autorité qui seul protége et fonde.

Le 31 décembre au soir, la commission consultative se rendit à l'Élysée, et M. Baroche, vice-président, remit entre les mains du prince, le procès-verbal constatant que le vote des 86 départements, de l'Algérie, de l'armée et de la marine, sur le plébiscite du 2 décembre, donnait pour résultat :

OUI 7,439,216
NON 640,737

Voici le texte de ce document :

COMMISSION CONSULTATIVE.

Séance du 31 décembre 1851.

EXTRAIT DU REGISTRE DES DÉLIBÉRATIONS.

La commission consultative, chargée par le décret du 14 décembre de procéder au recensement général des votes émis sur le plébiscite proposé le 2 décembre par le président de la république à l'acceptation du peuple français ;

Après avoir examiné dans ses bureaux et pendant les séances des 24, 26, 27, 28, 29, 30 et 31 décembre, les procès-verbaux d'élections dressés dans les divers départements de la république et dans tous les corps composant l'armée de terre et de mer, lesquels procès-verbaux ont été transmis à la commission par les ministres de l'intérieur, de la guerre et de la marine ;

Après avoir, dans la séance générale de ce jour, entendu les rapports qui lui ont été faits au nom de chacun de ses bureaux ;

Considérant qu'il est établi par les pièces soumises à son examen, que les opérations électorales ont été librement et régulièrement accomplies ;

Que, si les procès-verbaux d'élections dressés dans le département des Basses-Alpes, ainsi que dans quelques communes de deux départements et dans une partie de l'Algérie, ne sont pas encore parvenus au ministre de l'intérieur, il convient, en présence de l'immense majorité obtenue par le projet de plébiscite, et pour ne pas retarder la proclamation du vote, de prendre provisoirement pour base, et sauf vérification ultérieure pour ces diverses localités, les chiffres indiqués par la correspondance des préfets, et de porter seulement pour l'Algérie les chiffres qui sont, quant à présent, connus ;

Déclare qu'il résulte du recensement général des votes émis sur le projet du plébiscite du 2 décembre, ainsi que du tableau général qui en a été dressé et qui sera annexé au procès-verbal,

Que les bulletins portant le mot *oui* sont au nombre de. 7,439,216

Ceux portant le mot *non* au nombre de. . . 640,737

Les bulletins déclarés *nuls* au nombre de. . 36,880

La commission consultative décide qu'elle se rendra ce soir, à huit heures et demie, à l'Élysée, pour présenter à M. le président de la république le résultat du recensement général des votes.

Une ampliation du présent procès-verbal, signé du vice-président et des secrétaires, sera adressée au ministre de l'intérieur pour être déposée aux archives nationales.

Fait au palais du quai d'Orsay, en séance générale de la commission consultative, le 31 décembre 1851.

M. Baroche a ensuite pris la parole en ces termes :

« Monsieur le président,

» En faisant appel au peuple français, par votre proclamation du 2 décembre, vous avez dit :

« Je ne veux plus d'un pouvoir qui est impuissant à faire le bien et m'enchaîne au gouvernail quand je vois le vaisseau courir vers l'abîme. Si vous avez confiance en moi, donnez-moi les moyens d'accomplir la grande mission que je tiens de vous. »

» A cet appel loyal, fait à sa conscience et à sa souveraineté, la nation a répondu par une immense acclamation, par plus de sept millions quatre cent cinquante mille suffrages.

» Oui, prince, la France a confiance en vous! elle a confiance en votre courage, en votre haute raison, en votre amour pour elle! Et le témoignage qu'elle vient de vous en donner est d'autant plus glorieux qu'il est rendu après trois années d'un gouvernement dont il consacre ainsi la sagesse et le patriotisme.

» L'élu du 10 décembre 1848 s'est-il montré digne du mandat que le peuple lui avait conféré? A-t-il bien compris la mission qu'il avait reçue?

» Qu'on le demande aux sept millions de voix qui viennent de confirmer ce mandat, en y ajoutant une mission et plus grande et plus belle!

» Jamais, dans aucun pays, la volonté nationale s'est-elle aussi solennellement manifestée! Jamais gouvernement obtint-il un assentiment pareil, eut-il une base plus large, une origine plus légitime et plus digne du respect des peuples!

» Prenez possession, prince de ce pouvoir qui vous est si glorieusement déféré.

» Usez-en pour développer par de sages institutions les bases fondamentales que le peuple lui-même a consacrées par ses votes.

» Rétablissez en France le principe d'autorité, trop ébranlé depuis soixante ans par nos continuelles agitations.

» Combattez sans relâche ces passions anarchiques qui attaquent la société jusque dans ses fondements.

» Ce ne sont plus seulement des théories odieuses que vous avez à poursuivre et à réprimer. Elles se sont traduites en faits, en horribles attentats.

» Que la France soit enfin délivrée de ces hommes toujours prêts pour le meurtre et le pillage, de ces hommes qui, au xixe siècle, font horreur à la civilisation et semblent, en réveillant les plus tristes souvenirs, nous reporter à cinq cents ans en arrière.

» Prince, le 2 décembre, vous avez pris pour symbole *la France régénérée par la révolution de 1789 et organisée par l'Empereur*, c'est-à-dire une liberté sage et bien réglée, une autorité forte et respectée de tous.

» Que votre sagesse et votre patriotisme réalisent cette noble pensée. Rendez à ce pays si riche, si plein de vie et d'avenir, les plus grands de tous les biens, l'ordre, la stabilité, la confiance. Comprimez avec énergie l'esprit d'anarchie et de révolte.

» Vous aurez ainsi sauvé la France, préservé l'Europe entière d'un immense péril, et ajouté à la gloire de votre nom une nouvelle et impérissable gloire. »

Louis Napoléon a pris ensuite la parole :

» Messieurs,

» La France a répondu à l'appel loyal que je lui avais fait. Elle a compris que je n'étais sorti de la légalité que pour rentrer dans le droit. Plus de sept millions de suffrages viennent de m'absoudre en justifiant un acte qui n'avait d'autre but que d'épargner à la France et à l'Europe peut-être des années de troubles et de malheurs.

» Je vous remercie d'avoir constaté officiellement combien cette manifestation était nationale et spontanée.

» Si je me félicite de cette immense adhésion, ce n'est pas par orgueil, mais parce qu'elle me donne la force de parler et d'agir ainsi qu'il convient au chef d'une grande nation comme la nôtre.

» Je comprends toute la grandeur de ma mission nouvelle, je ne m'abuse pas sur ses graves difficultés. Mais avec un cœur droit, avec le concours de tous les hommes de bien qui, ainsi que vous, m'éclaireront de leurs lumières et me soutiendront de leur patriotisme, avec le dévouement éprouvé de notre vaillante armée, enfin avec cette protection que demain je prierai solennellement le ciel de m'accorder encore, j'espère me rendre digne de la confiance que le peuple continue de mettre en moi. J'espère assurer les destinées de la France en fondant des institutions qui répondent à la fois et aux instincts démocratiques de la nation et à ce désir exprimé universellement d'avoir désormais un pouvoir fort et respecté. En effet, donner satisfaction aux exigences du moment en créant un système qui reconstitue l'autorité sans blesser l'égalité, sans fermer aucune voie d'amélioration, c'est jeter les véritables bases du seul édifice capable de supporter plus tard une liberté sage et bienfaisante. »

Des cris de : *Vive Napoléon! Vive le Président!* se font entendre. Les membres de la commission se pressent autour de Louis-Napoléon pour lui adresser leurs félicitations. Quelques conversations s'engagent entre le président et plusieurs des membres de la commission. Vingt minutes environ se passent avant la réception du corps diplomatique.

Le corps diplomatique a été présenté par le nonce apostolique. Il n'y a point eu de discours.

Mgr l'archevêque, le chapitre métropolitain et le clergé de Paris ont été reçus ensuite.

Mgr l'archevêque s'est exprimé en ces termes :

« Monsieur le président,

» Nous venons vous présenter nos félicitations et nos vœux. Ce que nous allons faire demain, nous le ferons tous les jours de l'année qui va commencer. Nous prierons Dieu avec ferveur pour le succès de la haute mission qui vous a été confiée ; pour la paix et la prospérité de la république, pour l'union et la concorde de tous les citoyens. Mais afin qu'ils soient tous bons citoyens, nous demanderons à Dieu d'en faire de bons chrétiens. »

Le prince a remercié Mgr l'archevêque d'avoir bien voulu

mettre sous la protection divine les actes qui lui ont été inspirés par le sentiment qui lui avait dicté ces paroles : « Que les bons se rassurent et que les méchants tremblent!»

Le doyen du clergé de Paris, le vénérable curé de Saint-Nicolas, âgé de quatre-vingt-sept ans, s'est approché vivement du président et lui a dit d'un ton allègre : « Je suis heureux, Monseigneur, de vous dire avec le prophète, *l'œuvre de Dieu réussira quand même.* »

Le prince ne voulut pas qu'un acte aussi important s'accomplît sans avoir la consécration divine.

Le 2 janvier suivant, un *Te Deum* fut chanté dans Notre-Dame, pour remercier le ciel d'avoir aussi manifestement répandu sa protection sur le pays, en le sauvant des horreurs de l'anarchie.

Ce fut une solennelle cérémonie, à la fois militaire et religieuse. Jamais depuis longtemps tant d'uniformes n'avaient brillé sous les voûtes de la vieille basilique.

Un brouillard épais et glacial recouvrait comme d'un voile l'immense église, la place et le ciel lui-même. Au moment de l'arrivée du cortége, ce brouillard se dissipa en partie et laissa voir les dispositions suivantes :

La façade de la cathédrale et la place du Parvis de Notre-Dame avaient un aspect inaccoutumé. La rue du Marché-Neuf, qui précède, était ornée de deux rangs de mâts pavoisés d'oriflammes tricolores. En avant de la place, on remarquait trois autres mâts très-élevés, également pavoisés de vastes oriflammes tricolores. On arrivait à la grande porte du milieu de la façade en passant sous un immense *velarium*, dont l'étoffe de velours rouge cramoisi était parsemée d'étoiles d'or et relevée par le chiffre de Louis-Napoléon. Les chiffres et les couronnes étaient en or comme les étoiles. Ce splendide *velarium* était supporté de chaque côté par trois mâts pavoisés d'oriflammes tricolores. A droite et à gauche, retombait une riche bannière aux couleurs du président de la république, d'étoffe verte parsemée d'étoiles et portant, dans une couronne, le chiffre de Louis-Napoléon. Les chiffres, les couronnes et les étoiles étaient en or, comme pour le *velarium*.

A droite et à gauche du *velarium*, on avait élevé un mât pavoisé d'une oriflamme tricolore flottant au-dessus d'un gigantesque faisceau d'armes et de trophées ; puis venait un autre mât pavoisé d'une bannière aux couleurs du président de la république avec des étoiles d'or se détachant sur un fond vert et le chiffre de Louis-Napoléon en or au centre d'une couronne de chêne en or. Des deux côtés, on avait ensuite disposé d'autres mâts pavoisés simplement d'oriflammes tricolores et formant, sur toute la longueur de la façade, une ligne splendide d'ornements de fête.

Au-dessus du grand portail, en avant de la rosace qui surmonte l'entrée du milieu, se déroulait une immense oriflamme d'étoffe rouge ponceau, sur laquelle on lisait 7,500,000, en chiffres d'or. A droite et à gauche, des drapeaux de diverses couleurs portant les noms des départements, complétaient cette ligne de décoration. En avant de chacune des tours flottait une bannière aux couleurs du président de la république, avec des étoiles d'or sur fond vert; le chiffre de Louis-Napoléon est toujours placé au milieu d'une couronne de chêne en or ; au-dessus de chacune des tours se déroulait dans les airs une oriflamme frangée d'or.

La galerie des Rois, qui se trouve sur la façade extérieure de la cathédrale faisant face à la place du Parvis, avait été garnie des figures des vingt-huit rois de Judée, peintes sur toile par M. Séchan : ces figures rentrent dans le ton de l'édifice et lui donnaient la physionomie générale qu'il aura après sa restauration complète. Au-dessus de la galerie des Rois, en avant des grandes ouvertures des deux tours, de chaque côté de la rose du centre, on avait placé quatre panneaux peints, représentant Charlemagne, saint Louis, Louis XIV, Napoléon.

Au moment où le président de la république arriva sur la place du Parvis de Notre-Dame, les tambours battirent aux champs au dehors et au dedans; les cloches de la cathédrale sonnèrent à toute volée ; les fanfares résonnèrent de divers côtés ; et la voix de la foule acclamant le neveu de l'Empereur s'élevait encore plus forte et plus puissante que le bruit des fanfares, des trompettes et des cloches parmi lesquelles on distinguait le mugissement sonore du bourdon qui ne s'ébranle que dans les occasions solennelles.

Le prince fut reçu à l'entrée de la basilique par monseigneur l'archevêque de Paris, assisté du clergé métropolitain.

L'intérieur de la cathédrale, resplendissant de lumière, orné de splendides décorations, présentait un coup d'œil vraiment féerique. Tout le contour de la grande nef centrale était tendu en velours cramoisi à crépines d'or, avec des guirlandes de feuillages verts du meilleur effet.

Dans la partie supérieure de l'église étaient disposés quatre-vingt-dix drapeaux portant, comme ceux du dehors, mais avec une décoration encore plus riche, les armes et les noms des départements et des colonies de la France. Au-dessous de ces bannières, on avait placé les écussons et les armoiries des principales villes de la république; chaque pilier avait reçu alternativement un écusson avec le chiffre de Louis-Napoléon, et un écusson portant le sceau métropolitain, qui représente la sainte Vierge terrassant le serpent.

Les dix colonnes du sanctuaire étaient couvertes, depuis la base jusqu'au chapiteau, de brocatelle cramoisi et or. Un riche autel gothique, recouvert en brocart d'or, avait été établi en avant du chœur, dans la partie centrale où se croisent la grande nef et la nef transversale. En face de l'autel s'élevait, au milieu du transept, une estrade portant le siège d'honneur et le prie-Dieu du prince. Louis-Napoléon se plaça sur cette estrade, sous un riche dais en velours cramoisi, orné de crépines, d'étoiles d'or et d'aigrettes entourées d'immenses panaches en plumes blanches.

Au *Te Deum*, monseigneur l'archevêque de Paris invoqua, pour la première fois, la bénédiction de Dieu en faveur du chef de l'État en ces termes : *Domine, salvum fac presidem nostrum Napoleonem.*

Après le *Te Deum*, chanté et accompagné par deux cents musiciens et trois cents chanteurs, l'archevêque se leva et donna la bénédiction du saint sacrement. A ce moment solennel, tous les genoux se ployèrent jusqu'à terre : les fronts, les épées s'inclinèrent; puis, cet acte de foi rempli, cet hommage rendu au seul pouvoir qui soit grand, parce qu'il est seul éternel, tous les fronts se relevèrent, excepté un seul. Le prince était absorbé dans l'adoration de celui qui élève les humbles et qui abaisse les superbes.

En sortant de la basilique, le prince retrouva sur le Parvis et sur toute sa route une population immense qui l'attendait pour l'acclamer encore, et, la nuit venue, de nombreuses illuminations, dues celles-là non à la menace, mais à la joie publique, rougirent de leurs feux pittoresques un des brouillards les plus intenses qui jamais ait enveloppé la capitale.

Ainsi, à cinquante ans de distance, deux Napoléons, fidèles interprètes du sentiment religieux et national de la France, avaient tous deux inauguré le commencement d'un glorieux Empire en s'agenouillant devant le Dieu qui fait les rois. Le 18 août 1802, la vieille basilique parisienne avait répété, par l'écho de ses voûtes saintes, le *Te Deum* chanté pour fêter la résurrection du culte catholique; le 2 janvier 1852, les mêmes accents retentissaient pour louer Dieu qui éclaire les nations et leur inspire ces sagesses soudaines qui font leur salut. La sublime musique de Lesueur était encore, après un demi-siècle, l'interprète des actions de grâce de la France régénérée.

Rien ne finit pourtant, tout continue. On a passé par des ténèbres effrayantes, mais comme on passe incessamment de la nuit au jour ! A travers les tristesses vagues, les terreurs et les épreuves, ce monde si vieux, qui se rajeunit tous les siècles, retrouve éternellement tout ce qu'il croit avoir perdu :

la lumière, l'intelligence, la liberté, la vie ; et il les retrouve plus éclatantes, plus complètes. Et alors ce sont des hymnes joyeux de reconnaissance et les nations chantent comme le Dante échappé aux ténèbres de l'enfer : « La douce teinte du saphir oriental, qui flotte dans l'air pur et lumineux, a réjoui mon regard consolé ; je suis sorti de cette morte vapeur qui contristait mon cœur et mes yeux. »

La forme de laquelle s'est revêtue définitivement la révolution française, c'est la monarchie populaire. Qu'on l'appelle du nom plus américain de présidence, qu'on lui donne le titre plus français d'empire, la monarchie populaire est désormais l'expression inévitable de la société française. En vain les sceptiques politiques des derniers jours ont-ils contesté l'importance des formes politiques. La forme est liée au fond, comme la parole à l'idée, le signe à la pensée ; c'est la manifestation même de l'être. La forme politique de la France, c'est celle qui résume tous les instincts, tous les besoins, toutes les traditions du pays : c'est l'autorité d'un seul consentie par tous.

Napoléon a dit un grand mot quand il a dit qu'il voulait que sa dynastie fût la plus *ancienne* de l'Europe. Oui, la plus ancienne ; car elle aura été la première sincèrement, unanimement intronisée par le choix de tout un peuple.

L'autorité était donc de nouveau constituée en France, et l'anarchie vaincue.

Louis-Napoléon avait reçu du peuple des pouvoirs étendus

pour donner au pays une constitution nouvelle, mieux appropriée à notre esprit et à nos mœurs.

Cette constitution ne se fit pas attendre, et dès le 14 janvier, chacun put en prendre connaissance.

CONSTITUTION.

LOUIS-NAPOLÉON, PRÉSIDENT DE LA RÉPUBLIQUE.

Au nom du peuple français.

Français !

Lorsque, dans ma proclamation du 2 décembre, je vous exprimai loyalement quelles étaient, à mon sens, les conditions vitales du pouvoir en France, je n'avais pas la prétention, si commune de nos jours, de substituer une théorie personnelle à l'expérience des siècles. J'ai cherché, au contraire, quels étaient dans le passé les exemples les meilleurs à suivre, quels hommes les avaient donnés, et quel bien en était résulté.

Dès lors, j'ai cru logique de préférer les préceptes du génie aux doctrines spécieuses d'hommes à idées abstraites. J'ai pris comme modèle les institutions politiques qui déjà, au commencement de ce siècle, dans des circonstances analogues, ont raffermi la société ébranlée et élevé la France à un haut degré de prospérité et de grandeur.

J'ai pris comme modèle les institutions qui, au lieu de disparaître au premier souffle des agitations populaires, n'ont été renversées que par l'Europe entière coalisée contre nous

En un mot, je me suis dit : Puisque la France ne marche, depuis cinquante ans, qu'en vertu de l'organisation administrative, militaire, judiciaire, religieuse, financière du Consulat et de l'Empire, pourquoi n'adopterions-nous pas aussi les institutions politiques de cette époque ? Créées par la même pensée, elles doivent porter en elles le même caractère de nationalité et d'utilité pratique.

En effet, ainsi que je l'ai rappelé dans ma proclamation, notre société actuelle, il est essentiel de le constater, n'est autre chose que la France régénérée par la révolution de 89 et organisée par l'Empereur. Il ne reste plus rien de l'ancien régime que de grands souvenirs et de grands bienfaits. Mais tout ce qui alors était organisé, a été détruit par la révolution, et tout ce qui a été organisé depuis la révolution et qui existe encore, l'a été par Napoléon.

Nous n'avons plus ni provinces, ni pays d'états, ni parlements, ni intendants, ni fermiers généraux, ni coutumes diverses, ni droits féodaux, ni classes privilégiées en possession exclusive des emplois civils et militaires, ni juridictions religieuses différentes.

A tant de choses incompatibles avec elle, la révolution avait fait subir une réforme radicale, mais elle n'avait rien fondé de définitif. Seul le premier Consul rétablit l'unité, la hiérarchie et les véritables principes du gouvernement. Ils sont encore en vigueur.

Ainsi, l'administration de la France confiée à des préfets,

à des sous-préfets, à des maires, qui substituaient l'unité aux commissions directoriales ; la décision des affaires, au contraire, donnée à des conseils depuis la commune jusqu'au département. Ainsi, la magistrature affermie par l'inamovibilité des juges, par la hiérarchie des tribunaux ; la justice rendue plus facile par la délimitation des attributions, depuis la justice de paix jusqu'à la Cour de cassation. Tout cela est encore debout.

De même, notre admirable système financier, la Banque de France, l'établissement des budgets, la cour des comptes, l'organisation de la police, nos règlements militaires datent de cette époque.

Depuis cinquante ans, c'est le Code Napoléon qui règle les intérêts des citoyens entre eux ; c'est encore le concordat qui règle les rapports de l'État avec l'Église.

Enfin, la plupart des mesures qui concernent les progrès de l'industrie, du commerce, des lettres, des sciences, des arts, depuis les règlements du Théâtre-Français jusqu'à ceux de l'Institut, depuis l'institution des prud'hommes jusqu'à la création de la Légion d'honneur, ont été fixées par les décrets de ce temps.

On peut donc l'affirmer, la charpente de notre édifice social est l'œuvre de l'Empereur, et elle a résisté à sa chute et à trois révolutions.

Pourquoi, avec la même origine, les institutions politiques n'auraient-elles pas les mêmes chances de durée ?

Ma conviction était formée depuis longtemps, et c'est pour cela que j'ai soumis à votre jugement les bases principales d'une constitution empruntée à celle de l'an VIII. Approuvées par vous, elles vont devenir le fondement de notre constitution politique.

Examinons quel en est l'esprit :

Dans notre pays, monarchique depuis huit cents ans, le pouvoir central a toujours été en s'augmentant. La royauté a détruit les grands vassaux ; les révolutions elles-mêmes ont fait disparaître les obstacles qui s'opposaient à l'exercice rapide et uniforme de l'autorité. Dans ce pays de centralisation, l'opinion publique a sans cesse tout rapporté au chef du gouvernement, le bien comme le mal. Aussi écrire en tête d'une charte que ce chef est irresponsable, c'est mentir au sentiment public, c'est vouloir établir une fiction qui s'est trois fois évanouie au bruit des révolutions.

La constitution actuelle proclame, au contraire, que le chef que vous avez élu est responsable devant vous ; qu'il a toujours le droit de faire appel à votre jugement souverain, afin que, dans les circonstances solennelles, vous puissiez en toute connaissance de cause lui continuer ou lui retirer votre confiance.

Étant responsable, il faut que son action soit libre et sans entraves. De là l'obligation d'avoir des ministres qui soient les auxiliaires honorés et puissants de sa pensée, mais qui ne forment plus un conseil responsable, composé de membres solidaires, obstacle journalier à l'impulsion particulière du chef de l'État, expression d'une politique émanée des chambres et, par là même sujette à des changements fréquents qui empêchent tout esprit de suite, toute application d'un système régulier.

Néanmoins, plus un homme est haut placé, plus il est indépendant ; plus la confiance que le peuple a mise en lui est grande, plus il a besoin de conseils éclairés, consciencieux. De là la création d'un conseil d'État, désormais véritable conseil du gouvernement, premier rouage de notre organisation nouvelle, réunion d'hommes pratiques élaborant des projets de loi dans des commissions spéciales ; les discutant à huis clos, sans ostentation oratoire, en assemblée générale, et les présentant ensuite à l'acceptation du corps législatif.

Ainsi le pouvoir est libre dans ses mouvements, éclairé dans sa marche.

Quel sera maintenant le contrôle exercé par les assemblées ?

Une chambre qui prend le titre de Corps législatif, vote les lois et l'impôt. Elle est élue par le suffrage universel, sans scrutin de liste. Le peuple, choisissant isolément chaque candidat, peut plus facilement apprécier le mérite de chacun d'eux.

La chambre n'est plus composée que d'environ deux cent soixante membres. C'est là une première garantie du calme des délibérations, car trop souvent on a vu dans les assemblées la mobilité et l'ardeur des passions croître en raison du nombre.

Le compte-rendu des séances, qui doit instruire la nation, n'est plus livré, comme autrefois, à l'esprit de parti de chaque journal; une publication officielle, rédigée par les soins du président de la chambre, en est seule permise.

Le corps législatif discute librement la loi, l'adopte ou la repousse; mais il n'y introduit pas à l'improviste de ces amendements qui dérangent souvent toute l'économie d'un système et l'ensemble du projet primitif. A plus forte raison n'a-t-il pas cette initiative parlementaire qui était la source de si graves abus, et qui permettait à chaque député de se substituer à tout propos au gouvernement en présentant les projets le moins étudiés, le moins approfondis.

La chambre n'étant plus en présence des ministres, et les projets de loi étant soutenus par les orateurs du conseil d'État, le temps ne se perd pas en vaines interpellations, en accusations frivoles, en luttes passionnées dont l'unique but était de renverser des ministres pour les remplacer.

Ainsi donc, les délibérations du corps législatif seront indépendantes; mais les causes d'agitations stériles auront été supprimées, des lenteurs salutaires apportées à toute modification de la loi. Les mandataires de la nation feront mûrement les choses sérieuses.

Une autre assemblée prend le nom de Sénat. Elle sera

composée des éléments qui, dans tout pays, créent les influences légitimes : le nom illustre, la fortune, le talent et les services rendus.

Le Sénat n'est plus, comme la Chambre des pairs, le pâle reflet de la Chambre des députés, répétant, à quelques jours d'intervalle, les mêmes discussions sur un autre ton. Il est le dépositaire du pacte fondamental et des libertés compatibles avec la constitution ; et c'est uniquement sous le rapport des grands principes sur lesquels repose notre société, qu'il examine toutes les lois et qu'il en propose de nouvelles au pouvoir exécutif.

Il intervient, soit pour résoudre toute difficulté grave qui pourrait s'élever pendant l'absence du Corps législatif, soit pour expliquer le texte de la constitution et assurer ce qui est nécessaire à sa marche. Il a le droit d'annuler tout acte arbitraire et illégal, et, jouissant ainsi de cette considération qui s'attache à un corps exclusivement occupé de l'examen de grands intérêts ou de l'application de grands principes, il remplit dans l'État le rôle indépendant, salutaire, conservateur, des anciens parlements.

Le Sénat ne sera pas, comme la Chambre des pairs, transformé en cour de justice ; il conservera son caractère de modérateur suprême, car la défaveur atteint toujours les corps politiques lorsque le sanctuaire des législateurs devient un tribunal criminel. L'impartialité du juge est trop souvent mise en doute, et il perd de son prestige devant l'opinion, qui va quelquefois jusqu'à l'accuser d'être l'instrument de la passion ou de la haine.

Une haute cour de justice, choisie dans la haute magistrature, ayant pour jurés des membres des conseils généraux de toute la France, réprimera seule les attentats contre le chef de l'État et la sûreté publique.

L'Empereur disait au conseil d'État: « *Une constitution est l'œuvre du temps ; on ne saurait laisser une trop large voie aux améliorations.* »

Aussi la constitution présente n'a-t-elle fixé que ce qu'il était impossible de laisser incertain. Elle n'a pas enfermé dans un cadre infranchissable les destinées d'un grand peuple ; elle a laissé aux changements une assez large voie pour qu'il y ait, dans les grandes crises, d'autres moyens de salut que l'expédient désastreux des révolutions.

Le Sénat peut, de concert avec le gouvernement, modifier tout ce qui n'est pas fondamental dans la constitution ; mais quant aux modifications à apporter aux bases premières, sanctionnées par vos suffrages, elles ne peuvent devenir définitives qu'après avoir reçu votre ratification.

Ainsi, le peuple reste toujours maître de sa destinée. Rien de fondamental ne se fait en dehors de sa volonté.

Telles sont les idées, tels sont les principes dont vous m'avez autorisé à faire l'application. Puisse cette constitution donner à notre patrie des jours calmes et prospères ! Puisse-t-elle prévenir le retour de ces luttes intestines où la victoire, quelque légitime qu'elle soit, est toujours chèrement achetée ! Puisse la sanction que vous avez donnée à mes efforts être bénie du ciel ! Alors la paix sera assurée au-dedans et au dehors, mes vœux seront comblés, ma mission sera accomplie !

Palais des Tuileries, le 14 janvier 1852.

Louis-Napoléon Bonaparte.

Constitution faite en vertu des pouvoirs délégués par le peuple français à Louis-Napoléon Bonaparte

Par les votes des 20 et 21 décembre 1851.

Le Président de la République,

Considérant que le peuple français a été appelé à se prononcer sur la résolution suivante :

« Le peuple veut le maintien de l'autorité de Louis-Napoléon Bonaparte et lui donne les pouvoirs nécessaires pour faire une constitution d'après les bases établies dans sa proclamation du 2 décembre. »

Considérant que les bases proposées à l'acceptation du peuple étaient :

« 1° Un chef responsable nommé pour dix ans ;

» 2° Des ministres dépendant du pouvoir exécutif seul ;

» 3° Un conseil d'État formé des hommes les plus distingués, préparant les lois et en soutenant la discussion devant le Corps législatif;

» 4° Un Corps législatif discutant et votant les lois, nommé par le suffrage universel, sans scrutin de liste qui fausse l'élection ;

» 5° Une seconde assemblée, formée de toutes les illustrations du pays, pouvoir pondérateur, gardien du pacte fondamental et des libertés publiques. »

Considérant que le peuple a répondu affirmativement par sept millions cinq cent mille suffrages,

Promulgue la constitution dont la teneur suit :

Titre premier.

Art. 1er. La constitution reconnaît, confirme et garantit les grands principes proclamés en 1789, et qui sont la base du droit public des Français.

Titre II. — Forme du gouvernement de la république.

Art. 2. Le gouvernement de la république française est confié pour dix ans au prince Louis-Napoléon Bonaparte, président actuel de la république.

Art. 3. Le président de la république gouverne au moyen des ministres, du conseil d'État, du Sénat et du Corps législatif.

Art. 4. La puissance législative s'exerce collectivement par le président de la république, le Sénat et le Corps législatif.

Titre III. — Du président de la répuplique.

Art. 5. Le président de la république est responsable

devant le peuple français auquel il a toujours le droit de faire appel.

Art. 6. Le président de la république est le chef de l'État ; il commande les forces de terre et de mer, déclare la guerre, fait les traités de paix, d'alliance et de commerce, nomme à tous les emplois, fait les règlements et décrets nécessaires pour l'exécution des lois.

Art. 7. La justice se rend en son nom.

Art. 8. Il a seul l'initiative des lois.

Art. 9. Il a le droit de faire grâce.

Art. 10. Il sanctionne et promulgue les lois et les sénatus-consultes.

Art. 11. Il présente, tous les ans, au Sénat et au Corps législatif, par un message, l'état des affaires de la république.

Art. 12. Il a le droit de déclarer l'état de siége dans un ou plusieurs départements, sauf à en référer au Sénat dans le plus bref délai.

Les conséquences de l'état de siége sont réglées par la loi.

Art. 13. Les ministres ne dépendent que du chef de l'État ; ils ne sont responsables que, chacun en ce qui le concerne, des actes du gouvernement : il n'y a point de solidarité entre eux ; ils ne peuvent être mis en accusation que par le Sénat.

Art. 14. Les ministres, les membres du Sénat, du Corps législatif et du conseil d'État, les officiers de terre et de mer, les magistrats et les fonctionnaires publics prêtent le serment ainsi conçu :

Je jure obéissance à la constitution et fidélité au président.

Art. 15. Un sénatus-consulte fixe la somme allouée annuellement au président de la république pour toute la durée de ses fonctions.

Art. 16. Si le président de la république meurt avant l'expiration de son mandat, le Sénat convoque la nation pour procéder à une nouvelle élection.

Art. 17. Le chef de l'État a le droit, par un acte secret et déposé aux archives du Sénat, de désigner au peuple le nom du citoyen qu'il recommande, dans l'intérêt de la France, à la confiance du peuple et à ses suffrages.

Art. 18. Jusqu'à l'élection du nouveau président de la république, le président du Sénat gouverne avec le concours des ministres en fonction, qui se forment en conseil de gouvernement, et délibèrent à la majorité des voix.

Titre IV. — Du Sénat.

Art. 19. Le nombre des sénateurs ne pourra excéder cent cinquante : il est fixé pour la première année à quatre-vingts.

Art. 20. Le Sénat se compose :

1° Des cardinaux, des maréchaux, des amiraux.

2° Des citoyens que le président de la république juge convenable d'élever à la dignité de sénateur.

Art. 21. Les sénateurs sont inamovibles et à vie.

Art. 22. Les fonctions de sénateur sont gratuites ; néanmoins, le président de la république pourra accorder à des sénateurs, en raison des services rendus et de leur position de fortune, une dotation personnelle, qui ne pourra excéder trente mille francs par an.

Art. 23. Le président et les vice-présidents du Sénat sont nommés par le président de la république et choisis parmi les sénateurs.

Ils sont nommés pour un an.

Le traitement du président du Sénat est fixé par un décret.

Art. 24. Le président de la république convoque et proroge le Sénat. Il fixe la durée de ses sessions par un décret.

Les séances du Sénat ne sont pas publiques.

Art. 25. Le Sénat est le gardien du pacte fondamental et des libertés publiques. Aucune loi ne peut être promulguée avant de lui avoir été soumise.

Art. 26. Le Sénat s'oppose à la promulgation :

1° Des lois qui seraient contraires ou qui porteraient atteinte à la constitution, à la religion, à la morale, à la liberté des cultes, à la liberté individuelle, à l'égalité des citoyens devant la loi, à l'inviolabilité de la propriété et au principe de l'inamovibilité de la magistrature ;

2° De celles qui pourraient compromettre la défense du territoire.

Art. 27. Le Sénat règle par un sénatus-consulte :

1° La constitution des colonies et de l'Algérie ;

2° Tout ce qui n'a pas été prévu par la constitution et qui est nécessaire à sa marche ;

3° Le sens des articles de la constitution qui donnent lieu à différentes interprétations.

Art. 28. Ces sénatus-consultes seront soumis à la sanction du président de la république, et promulgués par lui.

Art. 29. Le Sénat maintient ou annule tous les actes qui lui sont déférés comme inconstitutionnels par le gouvernement, ou dénoncés pour la même cause par les pétitions des citoyens.

Art. 30. Le Sénat peut, dans un rapport adressé au président de la république, poser les bases des projets de loi d'un grand intérêt national.

Art. 31. Il peut également proposer des modifications à la constitution. Si la proposition est adoptée par le pouvoir exécutif, il y est statué par un sénatus-consulte.

Art. 32. Néanmoins, sera soumise au suffrage universel toute modification aux bases fondamentales de la constitution, telles qu'elles ont été posées dans la proclamation du 2 décembre et adoptées par le peuple français.

Art. 33. En cas de dissolution du Corps législatif, et jusqu'à une nouvelle convocation, le Sénat, sur la proposition du président de la république, pourvoit, par des mesures d'urgence, à tout ce qui est nécessaire à la marche du gouvernement.

Titre V. — Du Corps législatif.

Art. 34. L'élection a pour base la population.

Art. 35. Il y aura un député au Corps législatif à raison de trente-cinq mille électeurs.

Art. 36. Les députés sont élus par le suffrage universel, sans scrutin de liste.

Art. 37. Ils ne reçoivent aucun traitement.

Art. 38. Ils sont nommés pour six ans.

Art. 39. Le Corps législatif discute et vote les projets de loi et l'impôt.

Art. 40. Tout amendement adopté par la commission chargée d'examiner un projet de loi sera renvoyé, sans discussion, au conseil d'État par le président du Corps législatif.

Si l'amendement n'est pas adopté par le conseil d'État, il ne pourra pas être soumis à la délibération du Corps législatif.

Art. 41. Les sessions ordinaires du Corps législatif durent trois mois ; ses séances sont publiques ; mais la demande de cinq membres suffit pour qu'il se forme en comité secret.

Art. 42. Le compte rendu des séances du Corps législatif fait par les journaux ou tout autre moyen de publication ne consistera que dans la reproduction du procès-verbal dressé à l'issue de chaque séance par les soins du président du Corps législatif.

Art. 43. Le président et les vice-présidents du Corps législatif sont nommés par le président de la république, pour un an ; ils sont choisis parmi les députés. Le traitement du président du Corps législatif est fixé par un décret.

Art. 44. Les ministres ne peuvent être membres du Corps législatif.

Art. 45. Le droit de pétition s'exerce auprès du Sénat. Aucune pétition ne peut être adressée au Corps législatif.

Art. 46. Le président de la république convoque, ajourne, proroge et dissout le Corps législatif. En cas de dissolution, le président de la république doit en convoquer un nouveau dans le délai de six mois.

Titre VI. — Du conseil d'État.

Art. 47. Le nombre des conseillers d'État en service ordinaire est de quarante à cinquante.

Art. 48. Les conseillers d'État sont nommés par le président de la république, et révocables par lui.

Art. 49. Le conseil d'État est présidé par le président de la république, et, en son absence, par la personne qu'il désigne comme vice-président du conseil d'État.

Art. 50. Le conseil d'État est chargé, sous la direction du président de la république, de rédiger les projets de loi et les règlements d'administration publique, et de résoudre les difficultés qui s'élèvent en matière d'administration.

Art. 51. Il soutient, au nom du gouvernement, la discussion des projets de loi devant le Sénat et le Corps législatif.

Les conseillers d'État chargés de porter la parole au nom du gouvernement sont désignés par le président de la république.

Art. 52. Le traitement de chaque conseiller d'État est de vingt-cinq mille francs.

Art. 53. Les ministres ont rang, séance et voix délibérative au conseil d'État.

Titre VII. — De la haute cour de justice.

Art. 54. Une haute cour de justice juge, sans appel ni recours en cassation, toutes personnes qui auront été renvoyées devant elle comme prévenues de crimes, attentats ou complots contre le président de la république et contre la sûreté intérieure ou extérieure de l'État.

Elle ne peut être saisie qu'en vertu d'un décret du président de la république.

Art. 55. Un sénatus-consulte déterminera l'organisation de cette haute cour.

Titre VIII. — Dispositions générales et transitoires.

Art. 56. Les dispositions des codes, lois et règlements existants, qui ne sont pas contraires à la présente constitution, restent en vigueur jusqu'à ce qu'il y soit légalement dérogé.

Art. 57. Une loi déterminera l'organisation municipale. Les maires sont nommés par le pouvoir exécutif, et pourront être pris hors du conseil municipal.

Art. 58. La présente constitution sera en vigueur à partir du jour où les grands corps de l'État qu'elle organise seront constitués.

Les décrets rendus par le président de la république, à partir du 2 décembre jusqu'à cette époque, auront force de loi.

Fait au palais des Tuileries, le 14 janvier 1852.

Louis-Napoléon.

Vu et scellé du grand sceau :

Le garde des sceaux, ministre de la justice,
E. Rouher.

Comme on peut s'en convaincre, le successeur de Napoléon n'a pas la pensée malheureuse de gouverner en arrière. Il a compris les besoins nouveaux et sa main n'aura que la force qui règle, jamais celle qui opprime. Il n'est pas un moment entré dans sa pensée de faire payer à la presse ses récents excès en la condamnant au mutisme. Au bruit désordonné des excitations et des passions provocantes, il ne fera pas succéder un silence absolu, remède extrême imaginé par les esprits excessifs. Dans le mouvement de la civilisation moderne, la diffusion universelle de la pensée, la propagation rapide des nouvelles sont devenues un besoin impérieux. Chaque jour accélère les communications des corps et des esprits. Au cheval lancé sur la route de terre qui résiste et qui retient la roue, a succédé la vapeur qui entraîne des masses formidables sur la glissante rainure des rails ; le télégraphe de Chappe est remplacé par la mystérieuse électricité qui porte la pensée sans tenir compte des temps et des distances. Toute invention nouvelle est un instrument de plus qui efface ou amoindrit l'espace et la durée. La presse répond donc aux nécessités de la vie moderne. Les justes sévérités de l'opinion publique, les salutaires rigueurs de la législation ne seront donc qu'un frein, jamais un bâillon.

Déjà d'ailleurs, l'effet du coup d'État du 2 décembre se faisait sentir dans tous les rangs, partout le calme revenait dans les cœurs, l'activité dans les transactions : partout on sentait s'opérer, avec une merveilleuse rapidité, un retour complet aux idées de discipline et d'autorité, dernier et irrécusable symptôme de la confiance des peuples et de la force de leurs chefs. On en était revenu à ce point où, comme le disait en son temps Estienne Pasquier, « les gens de bien se promettent un rétablissement de toute chose de mal en bien et de bien en mieux. »

A quelques jours de distance, Louis-Napoléon instituait un ministère d'État et un ministère de la police générale, et rendait les deux fameux décrets concernant les biens de la famille d'Orléans.

Comme ces décrets ont été l'objet d'interprétations diverses et que l'esprit public a pu être égaré en ce qui le touche, nous croyons devoir les reproduire ici en entier.

Voici le premier.

Le président de la république,

Considérant que tous les gouvernements qui se sont succédé ont jugé indispensable d'obliger la famille qui cessait de régner à vendre les biens meubles et immeubles qu'elle possédait en France ;

Quand le 12 janvier 1816, Louis XVIII contraignit les membres de la famille de l'empereur Napoléon de vendre leurs biens personnels dans le délai de six mois, et que, le 16 avril 1832, Louis-Philippe en agit de même à l'égard des princes de la famille aînée des Bourbons ;

Considérant que de pareilles mesures sont toujours d'ordre et d'intérêt public ;

Qu'aujourd'hui plus que jamais, de hautes considérations politiques commandent impérieusement de diminuer l'influence que donne à la famille d'Orléans la possession de près de trois cent millions d'immeubles en France.

Décrète :

Art. 1er. Les membres de la famille d'Orléans, leurs époux, épouses et leurs descendants ne pourront posséder aucuns meubles et immeubles en France ; ils seront tenus de vendre, d'une manière définitive, tous les biens qui leur appartiennent dans l'étendue du territoire de la république.

Art. 2. Cette vente sera effectuée dans le délai d'un an, à partir, pour les biens libres, du jour de la promulgation du présent décret, et pour les biens susceptibles de liquidation ou discussions, à partir de l'époque à laquelle la propriété en aura été irrévocablement fixée sur leur tête.

Art. 3. Faute d'avoir effectué la vente dans les délais ci-dessus, il y sera procédé à la diligence de l'administration des domaines dans la forme prescrite par la loi du 10 avril 1832.

Le prix des ventes sera remis aux propriétaires ou à tous autres ayants droit.

Fait au palais des Tuileries, le 22 janvier 1852.

Voici le second décret.

Le président de la république,

Considérant que, sans vouloir porter atteinte au droit de propriété dans la personne des princes de la famille d'Orléans, le président de la république ne justifierait pas la confiance du peuple français s'il permettait que les biens qui doivent appartenir à la nation soient soustraits au domaine de l'État.

Considérant que, d'après l'ancien droit public de la France, maintenu par le décret du 21 septembre 1790, et par la loi du 8 novembre 1814, tous les biens qui appartenaient aux princes lors de leur avénement au trône, étaient de plein droit et à l'instant même réunis au domaine de la couronne.

Qu'ainsi le décret du 21 septembre 1790, de même que la loi du 8 novembre 1814, porte :

« Les biens particuliers du prince qui parvient au trône et ceux qu'il avait pendant son règne à quelque titre que ce soit, sont de plein droit et à l'instant même unis au domaine de la nation, et l'effet de cette union est perpétuel et irrévocable. »

Que la consécration de ce principe remonte à des époques fort reculées de la monarchie : qu'on peut citer entre autres l'exemple de Henri IV. Ce prince ayant voulu empêcher, par des lettres patentes du 15 avril 1590, la réunion de ses biens au domaine de la couronne, le parlement de Paris refusa d'enregistrer ces lettres patentes, aux termes d'un arrêt du 15 juillet 1591, et Henri IV, applaudissant plus tard à cette fermeté, rendit, au mois de juillet 1607, un édit qui révoquait ses premières lettres patentes ;

Considérant que cette règle fondamentale de la monarchie a été appliquée sous les règnes de Louis XVIII et de Charles X, et reproduite dans la loi du 13 janvier 1835 ;

Qu'aucun acte législatif ne l'avait révoquée le 9 août 1830, lorsque Louis-Philippe a accepté la couronne ; qu'ainsi, par le fait seul de cette acceptation, tous les biens qu'il possédait à cette époque, sont devenus la propriété incontestable de l'État ;

Considérant que la donation universelle, sous réserve d'usufruit, consentie par Louis-Philippe au profit de ses enfants, à l'exclusion de l'aîné de ses fils, le 7 août 1830, le jour même où la royauté lui avait été déférée, et avant son acceptation, qui eut lieu le 9 du même mois, a eu uniquement pour but d'empêcher la réunion au domaine de l'État des biens considérables possédés par le premier appelé au trône ;

Que plus tard, lorsqu'il fut connu, cet acte souleva la conscience publique ;

Que si l'annulation ne fut pas prononcée, c'est qu'il n'existait pas, comme sous l'ancienne monarchie, une autorité compétente pour réprimer la violation des principes du droit public, dont la garde était anciennement confiée aux parlements ;

Qu'en se réservant l'usufruit des biens compris dans la donation, Louis-Philippe ne se dépouillait de rien, et voulait seulement assurer à sa famille un patrimoine devenu celui de l'État ;

Que la donation elle-même, non moins que l'exclusion du fils aîné, dans la prévoyance de l'avénement au trône de ce fils, était de la part du roi Louis-Philippe, la reconnaissance la plus formelle de cette règle fondamentale, puisqu'il fallait tant de précautions pour l'éluder ;

Qu'on exciperait vainement de ce que l'union au domaine public des biens du prince ne devait résulter que de l'acceptation de la couronne par celui-ci, et de ce que cette acceptation n'ayant eu lieu que le 9 août, la donation consentie le 7 du même mois, avait dû produire son effet ;

Considérant qu'à cette dernière date, Louis-Philippe n'était plus une personne privée, puisque les deux chambres l'avaient déclaré roi des Français, sous la seule condition de prêter serment à la charte ;

Que par suite de son acceptation, il était roi dès le 7 août, puisque, ce jour-là, la volonté nationale s'était manifestée par l'organe des deux chambres, et que la fraude à une loi d'ordre public n'existe pas moins lorsqu'elle est concertée en vue d'un fait certain qui doit immédiatement se réaliser ;

Considérant que les biens compris dans la donation du 7 août, se trouvait irrévocablement incorporés au domaine de l'État, n'ont pu en être distraits par les dispositions de l'article 22 de la loi du 2 mars 1832 ;

Que ce serait, contrairement à tous les principes, attribuer un effet rétroactif à cette loi que de lui faire valider un acte radicalement nul, d'après la législation existante à l'époque où cet acte a été consommé ;

Que, d'ailleurs, cette loi, dictée dans un intérêt privé par les entraînements d'une politique de circonstance, ne saurait prévaloir contre les droits permanents de l'État et les règles immuables du droit public ;

Considérant, en outre, que les droits de l'État ainsi revendiqués, il reste encore à la famille d'Orléans plus de cent millions avec lesquels elle peut soutenir son rang à l'étranger ;

Considérant aussi qu'il est convenable de continuer l'allocation annuelle de 300,000 francs, portée au budget pour le douaire de la duchesse d'Orléans ;

Décrète :

Art. 1er. Les biens meubles et immeubles qui sont l'objet de la donation faite le 7 août 1830, par le roi Louis-Philippe, sont restitués au domaine de l'État.

Art. 2. L'État demeure chargé du paiement des dettes de la liste civile du dernier règne.

Art. 3. Le douaire de 300,000 francs alloué à la duchesse d'Orléans est maintenu.

Art. 4. Les biens faisant retour à l'État, en vertu de l'article premier, seront vendus en partie à la diligence de l'administration des domaines, pour le produit en être réparti ainsi qu'il suit :

Art. 5. Dix millions seront alloués aux sociétés de secours mutuels, autorisées par la loi du 15 juillet 1850.

Art. 6. Dix millions seront employés à améliorer les logements des ouvriers dans les grandes villes manufacturières.

Art. 7. Dix millions seront affectés à l'établissement d'institutions de crédit foncier dans les départements qui réclameront cette mesure en se soumettant aux conditions jugées nécessaires.

Art. 8. Cinq millions serviront à établir une caisse de retraite au profit des desservants les plus pauvres.

Art. 9. Le surplus des biens, énoncés dans l'article premier, sera réuni à la dotation de la Légion d'honneur, pour le revenu en être affecté aux destinations suivantes, sauf, en cas d'insuffisance, à y être pourvu par les ressources du budget.

Art. 10. Tous les officiers, sous-officiers et soldats de terre et de mer en activité de service, qui seront à l'avenir nommés ou promus dans l'ordre national de la Légion d'honneur, recevront, selon leur grade dans la Légion, l'allocation annuelle suivante :

Les légionnaires (comme par le passé). 250 fr.
Les officiers 500
Les commandeurs 1000
Les grands officiers. 2000
Les grand'croix 3000

Art. 11. Il est créé une médaille militaire donnant droit à cent francs de rente viagère en faveur des soldats et sous-officiers de l'armée de terre et de mer placés dans les conditions qui seront fixées par un règlement ultérieur.

Art. 12. Un château national servira de maison d'éducation aux filles orphelines indigentes des familles dont les chefs auraient obtenu cette médaille.

Art. 13. Le château de Saverne sera restauré et achevé pour servir d'asile aux veuves des hauts fonctionnaires civils et militaires, morts au service de l'État.

Art. 14. En considération des présentes, le président de la république renonce à toute réclamation au sujet des confiscations prononcées en 1814 et en 1815 contre les familles Bonaparte.

Art. 15. Les ministres sont chargés, chacun en ce qui le concerne, de l'exécution du présent décret.

Fait au palais des Tuileries, le 22 janvier 1852.

LOUIS-NAPOLÉON.

Par le Président :

Le ministre d'État,

DE CASABIANCA

FIN DU TROISIÈME VOLUME.

TABLE DES MATIÈRES

	Pages.
L'héritier prédestiné. — Enfance et exil	1
L'Empereur est mort! Vive l'Empereur!	21
Premiers actes. — Révolution de France. — Insurrection d'Italie.	35
L'héritage de Napoléon II.	68
Strasbourg.	88
Boulogne.	124
La prison de Ham.	169
Évasion.	211
Louis-Napoléon et la République.	234
L'élection du 10 décembre.	253
Le coup d'État.	334

FIN DE LA TABLE.

LES

MILLE ET UNE NUITS

CONTES ARABES

POISSY. — TYPOGRAPHIE ARBIEU.

LE
LIVRE D'OR

DE LA

FAMILLE BONAPARTE

ÉTUDES HISTORIQUES

BIOGRAPHIES ET PORTRAITS NAPOLÉONIENS

PUBLIÉS

D'APRÈS DES DOCUMENTS AUTHENTIQUES ET DES NOTES PARTICULIÈRES

RECUEILLIES ET MISES EN ORDRE AVEC LE PLUS GRAND SOIN

PAR

PAR UNE SOCIÉTÉ DE PUBLICISTES ET DE LITTÉRATEURS

TOME TROISIÈME

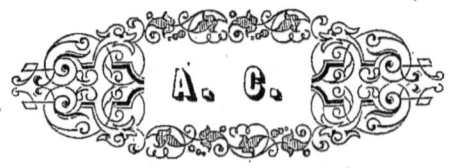

PARIS
LIBRAIRIE A. COURCIER, ÉDITEUR
RUE HAUTEFEUILLE, 9

www.ingramcontent.com/pod-product-compliance
Lightning Source LLC
Chambersburg PA
CBHW071856230426
43671CB00010B/1358